O PROJETO ÉTICO-POLÍTICO do SERVIÇO SOCIAL BRASILEIRO

Ruptura com o Conservadorismo

EDITORA AFILIADA

Coordenadora do Conselho Editorial de Serviço Social
Maria Liduína de Oliveira e Silva

Conselho Editorial de Serviço Social
Ademir Alves da Silva
Dilséa Adeodata Bonetti *(in memoriam)*
Elaine Rossetti Behring
Ivete Simionatto
Maria Lúcia Carvalho da Silva *(in memoriam)*
Maria Lucia Silva Barroco

Dados Internacionais de Catalogação na Publicação (CIP)
(Câmara Brasileira do Livro, SP, Brasil)

Abramides, Maria Beatriz Costa
  O projeto ético-político do serviço social brasileiro : ruptura com o conservadorismo / Maria Beatriz Costa Abramides. — São Paulo : Cortez, 2019.

  Bibliografia.
  ISBN 978-85-249-2755-3

  1. Assistentes sociais - Prática profissional 2. Projeto ético-político 3. Serviço social - Brasil I. Título.

19-29370   CDD-361.3023

Índices para catálogo sistemático:
1. Projeto ético-político : Prática profissional : Serviço social   361.3023

Maria Alice Ferreira - Bibliotecária - CRB-8/7964

Maria Beatriz Costa Abramides

O PROJETO ÉTICO-POLÍTICO do SERVIÇO SOCIAL BRASILEIRO

Ruptura com o Conservadorismo

São Paulo – SP

2019

O PROJETO ÉTICO-POLÍTICO DO SERVIÇO SOCIAL BRASILEIRO: RUPTURA COM O CONSERVADORISMO
Maria Beatriz Costa Abramides

Capa: de Sign Arte Visual
Preparação de originais: Ana Paula Luccisano
Revisão: Patrizia Zagni
Composição: Linea Editora
Coordenação editorial: Danilo A. Q. Morales
Assessoria Editorial: Maria Liduína de Oliveira e Silva
Editora-assistente: Priscila Flório Augusto

Nenhuma parte desta obra pode ser reproduzida ou duplicada sem autorização expressa da autora e do editor.

© 2019 by Autora
Direitos para esta edição
CORTEZ EDITORA
R. Monte Alegre, 1074 — Perdizes
05014-001 — São Paulo — SP
tel. (5511) 3864 0111; 3611 9616
cortez@cortezeditora.com.br
www.cortezeditora.com.br

Impresso no Brasil — setembro de 2019

Este livro é dedicado a todas e todos os trabalhadores que cotidianamente lutam por melhores condições de vida e de trabalho, contra a exploração e opressão capitalista de classe, gênero, raça, etnia, geracional e orientação sexual na direção de uma sociedade igualitária e libertária, comum a todos os indivíduos sociais. As(os) assistentes sociais, como parte da classe trabalhadora vêm travando essa dura batalha anti-capitalista, ao longo dos últimos 40 anos de ruptura com o conservadorismo, e certamente as aguerridas novas gerações darão continuidade a esse legado emancipatório.

SUMÁRIO

LISTA DE SIGLAS 13

APRESENTAÇÃO — *José Paulo Netto* 17

INTRODUÇÃO 21

CAPÍTULO I ■ O projeto ético-político profissional do serviço social brasileiro: processo de ruptura com o conservadorismo 33
1. Contextualização 33
2. Problematização 39
3. Projeto Profissional e Projetos Societários 40
4. A Dimensão Política das Atividades Socioprofissionais ... 43
5. A Organização Político-sindical das Assistentes Sociais — APAS/Sindicatos — CENEAS/ANAS 44
6. A Organização da Categoria no Âmbito do Exercício Profissional — o Conjunto CFESS/CRESS 50
7. A Organização no Âmbito da Formação Profissional: ABEPSS 52
8. Os Instrumentos Legais que Conformam o PEP na década de 1990 56
   8.1 O Código de Ética Profissional e os desafios da profissão 56

8.2 As Diretrizes Curriculares aprovadas pela ABEPSS.................. 60
    8.2.1 Diretrizes gerais... 62
    8.2.2 Os pressupostos da formação profissional..................... 63
    8.2.3 Os princípios da formação profissional........................... 64
8.3 Lei de regulamentação da profissão.. 65

CAPÍTULO II ■ Os anos 1980 e a direção sociopolítica da profissão no processo de ruptura com o conservadorismo..... 67

1. Bases Teóricas de Fundamentação do Projeto Ético-Político Profissional.. 67
   1.1 Produção social.. 67
   1.2 O trabalho: categoria fundante do ser social 69
2. Concepções Políticas de Democracia e Socialismo...................... 77
3. Bases do PEP na Década de 1990... 80
4. Condição de Assalariamento das Assistentes Sociais 81
5. Condições Políticas de Constituição do *PEP* no Brasil............... 85
   5.1 Projeto de ruptura: gênese e evolução................................. 86
   5.2 Consolidação do projeto de ruptura..................................... 88
      5.2.1 Organização político-sindical da categoria: base da direção sociopolítica no processo de ruptura profissional.. 88
      5.2.2 Produção acadêmica: relações sociais e Serviço Social no Brasil.. 103
      5.2.3 Organização da categoria na formação profissional: ABEPSS — Associação Brasileira de Ensino e Pesquisa em Serviço Social.. 105
      5.2.4 Organização da categoria no exercício profissional: o conjunto CFESS/CRESS 111
      5.2.5 O Código de Ética Profissional de 1986..................... 112

CAPÍTULO III ■ As crises macroestruturais e os desafios para a
classe trabalhadora 115
1. A Confluência da Crise nos anos 1970 e 1980 115
   1.1 A crise do capital 117
       1.1.1 Crise do binômio fordismo-keynesianismo no interior
             da crise capitalista 119
   1.2 A resposta do capital à sua crise estrutural 123
       1.2.1 O processo de "acumulação flexível" no mundo do
             trabalho 124
       1.2.2 Reestruturação do capital no âmbito do Estado: o
             neoliberalismo 129
       1.2.3 Esfera da cultura: investida da "pós-modernidade" 131
2. A Confluência das Várias Crises: Final dos Anos 1980 e Década
   de 1990 133
   2.1 Crise nos países pós-capitalistas 134
   2.2 A crise da esquerda e seus rebatimentos para a
       classe trabalhadora 137
   2.3 O neoliberalismo no contexto da América Latina 139

CAPÍTULO IV ■ O processo de reestruturação do capital no Brasil:
acumulação flexível e neoliberalismo 143
1. A Reestruturação Produtiva no Brasil no Período da *Acumulação
   Flexível* e os Rebatimentos para a Classe Trabalhadora 143
   1.1 O capitalismo tardio nos anos 1980 e o "toyotismo restrito" ... 144
   1.2 O momento predominante da acumulação flexível:
       anos 1990 e o "toyotismo sistêmico" 146
2. O Neoliberalismo Inaugural de Collor de Mello 149
3. Os Oito Anos de Consolidação do Neoliberalismo: os Dois
   Governos de Fernando Henrique Cardoso (FHC) — 1995 a 2003 152
   3.1 O Programa Comunidade Solidária: a prevalência de
       políticas compensatórias 156

3.2 As contrarreformas no governo de FHC: do Estado,
    do ensino superior, sindical e previdenciária.................................. 158
    3.2.1 A contrarreforma do Estado no governo de FHC 159
    3.2.2 A contrarreforma do ensino superior 168
    3.2.3 A contrarreforma sindical.. 171
    3.2.4 A contrarreforma previdenciária 173
4. Dois Governos de Luiz Inácio Lula da Silva: a Continuidade do
   Neoliberalismo — 2003 a 2011 174
   4.1 A contrarreforma do ensino superior 176
   4.2 A contrarreforma sindical proposta pelo governo Lula 179
   4.3 A contrarreforma da previdência social.. 181
5. Um Governo e Meio de Dilma Rousseff — 2011 a 2016 182
6. O Governo Golpista de Michel Temer.. 185
   6.1 O contexto do golpe.. 185
   6.2 O período golpista — 2016 a 2018 187
       6.2.1 A contrarreforma trabalhista... 187
       6.2.2 A terceirização 188
       6.2.3 A contrarreforma previdenciária 189
       6.2.4 Projetos de lei, decretos-lei e ajuste fiscal....................... 191
   6.3 As lutas de resistência contra o governo Temer e
       suas medidas.. 192

CAPÍTULO V ■ Os anos 1990 e os primeiros 18 anos do
                 século XXI: desafios para o projeto ético-político
                 profissional do serviço social brasileiro 197
1. Caracterização do Período 197
2. A Relação Histórica das Direções da Categoria Profissional com
   a Trajetória Petista: a Questão da Autonomia Profissional e das
   Entidades de Organização da Categoria 200
   2.1 Antecedentes: anos 1980 e 1990 e o projeto
       democrático-popular do Partido dos Trabalhadores (PT)......... 202

2.2 A institucionalidade e a política de conciliação de classes do PT 206
    2.2.1 Debatendo a participação institucional 208
2.3 O período Lula/Dilma 209
2.4 A política reformista da CUT, nos anos 1990, e a CUT governista no período petista — de 2003 a 2016 211
3. Desafios e Perspectivas de Lutas Postos à Classe Trabalhadora....... 216
    3.1 Qual a crise da sociedade do trabalho?... 218
    3.2 Plano de lutas no campo sindical 219
4. Desafios Contemporâneos do *PEP* do Serviço Social Brasileiro 221
    4.1 Transitoriedade sindical ainda inconclusa no século XXI 222
    4.2 Assistência social: política pública de direito e/ou programa social compensatório? 231
    4.3 As relações de exploração de classe e opressão de gênero, raça, etnia e sexualidades, e seus desafios para a formação e exercício profissional.. 233
    4.4 O projeto de formação profissional — reafirmando as diretrizes curriculares: polêmica e questões para o debate 238
    4.5 Contrarreforma no ensino superior: implicações para o Serviço Social, desafios e lutas necessárias.................................. 245
        4.5.1 As diretrizes curriculares e a contrarreforma do ensino superior no Brasil 246
        4.5.2 Os cursos sequenciais 249
        4.5.3 Os mestrados profissionalizantes..................................... 250
        4.5.4 O ensino a distância.. 251
    4.6 Lutas gerais da categoria com o movimento da educação 253
5. As Lutas da Categoria sob a Direção das Entidades de Formação — ABEPSS do Exercício Profissional — Conjunto CFESS/CRESS, Articuladas com a Representação Estudantil — ENESSO................ 255

ALGUMAS CONSIDERAÇÕES FINAIS 259

REFERÊNCIAS 265

LISTA DE SIGLAS

ABEPSS — Associação Brasileira de Ensino e Pesquisa em Serviço Social.
ABESS — Associação Brasileira de Ensino de Serviço Social.
AE — Agência Executiva.
ALAEITS — Associação Latino-Americana de Ensino e Investigação em Trabalho Social.
ALAETS — Associação Latino-Americana de Escolas de Trabalho Social.
ALCA — Área de Livre Comércio das Américas.
ANAMPOS — Articulação Nacional dos Movimentos Populares e Sindicais.
ANAS — Associação Nacional de Assistentes Sociais.
ANDES — Sindicato Nacional — Associação Nacional dos Docentes do Ensino Superior.
APAS — Associação Profissional de Assistentes Sociais.
APASSP — Associação Profissional dos Assistentes Sociais do Estado de São Paulo.
APS — Associação Popular Socialista.
BIRD — Banco Interamericano de Desenvolvimento.
BH — Belo Horizonte.
BNH — Banco Nacional da Habitação.
CBAS — Congresso Brasileiro de Assistentes Sociais.
CCQ — Centro de Controle de Qualidade.
CEDEPSS — Centro de Documentação e Pesquisa em Políticas Sociais e Serviço Social.
CELATS — Centro Latino-Americano de Trabalho Social.
CENEAS — Comissão Executiva Nacional de Entidades Sindicais e Pré--Sindicais de Assistentes Sociais.

CFAS — Conselho Federal de Assistentes Sociais.
CFESS — Conselho Federal de Serviço Social.
CLT — Consolidação das Leis do Trabalho.
CMP — Central de Movimentos Populares.
CNAS — Conselho Nacional da Assistência Social.
CNE — Conselho Nacional de Educação.
CNTSS — Confederação Nacional dos Trabalhadores em Seguridade Social.
CONCLAT — Conferência Nacional da Classe Trabalhadora.
CONCUT — Congresso Nacional da CUT.
CONED — Congresso Nacional de Educação.
CONLUTAS — Coordenação Nacional de Lutas.
CONLUTE — Coordenação Nacional de Lutas Estudantis.
CRAS — Conselho Regional de Assistentes Sociais.
CRESS — Conselho Regional de Serviço Social.
CSP-CONLUTAS — Central Sindical Popular — Coordenação Nacional de Lutas.
CTTB — Central dos Trabalhadores e Trabalhadoras do Brasil.
CUT — Central Única dos Trabalhadores.
DEM — Democratas — Partido político brasileiro.
DF — Distrito Federal.
DIAP — Departamento Intersindical de Assessoria Parlamentar.
DIEESE — Departamento Intersindical de Estatística e Estudos Socioeconômicos.
EaD — Ensino a Distância.
EBES — Estado de Bem-Estar Social.
EC — Emenda Constitucional.
ECA — Estatuto da Criança e do Adolescente.
EEUU — Estados Unidos.
ENESSO — Executiva Nacional de Estudantes de Serviço Social.
EUA — Estados Unidos da América.
FASUBRA — Federação de Sindicatos de Trabalhadores Técnico-administrativos em Instituições de Ensino Superior Públicas no Brasil.
FAT — Fundo de Amparo ao Trabalhador.
FENAS — Federação Nacional dos Assistentes Sociais.

FGTS — Fundo de Garantia do Tempo de Serviço.
FHC — Fernando Henrique Cardoso.
FIES — Financiamento Estudantil.
FIESP — Federação das Indústrias do Estado de São Paulo.
FMI — Fundo Monetário Internacional.
FUP — Federação Única dos Petroleiros.
GTP — Grupo de Trabalho e Pesquisa da ABEPSS.
IBGE — Instituto Brasileiro de Geografia e Estatística.
INEP — Instituto Nacional de Estudos e Pesquisas Educacionais Anísio Teixeira.
INOCOOP — Instituto de Orientação às Cooperativas Habitacionais.
LBA — Legião Brasileira de Assistência.
LDB — Lei de Diretrizes e Bases.
LDO — Lei de Diretrizes Orçamentárias.
LGBTT — Lésbicas, Gays, Bissexuais, Travestis, Transexuais.
LER-QI — Liga Estratégia Revolucionária-Quarta Internacional.
LOAS — Lei Orgânica da Assistência Social.
LOM — Lei Orgânica dos Municípios.
LRF — Lei de Responsabilidade Fiscal.
MBL — Movimento Brasil Livre.
MDB — Movimento Democrático Brasileiro.
MEC — Ministério da Educação e Cultura.
MNU — Movimento Negro Unificado.
MPL — Movimento Passe Livre.
MRT — Movimento Revolucionário dos Trabalhadores.
MST — Movimento dos Trabalhadores Rurais Sem Terra.
MTST — Movimento dos Trabalhadores Sem Teto.
OIT — Organização Internacional do Trabalho.
ONG — Organização Não Governamental.
OS — Organização Social.
OSCIP — Organização da Sociedade Civil de Interesse Público.
PCB — Partido Comunista Brasileiro.
PCdoB — Partido Comunista do Brasil.
PDT — Partido Democrático Trabalhista.

PEC — Projeto de Emenda Constitucional.
PEP — Projeto Ético-Político Profissional.
PFL — Partido da Frente Liberal.
PIB — Produto Interno Bruto.
PL — Partido Liberal.
PLC — Partido Liberal Cristão.
PMDB — Partido do Movimento Democrático Brasileiro.
PMN — Partido da Mobilização Nacional.
PNE — Plano Nacional de Educação.
POR — Partido Operário Revolucionário.
PPE — Programa de Proteção ao Emprego.
PPP — Parceria Público-Privada.
PPS — Partido Popular Socialista.
PR — Partido da República.
PRN — Partido da Reconstrução Nacional.
PROUNI — Programa Universidade para Todos.
PSB — Partido Socialista Brasileiro.
PSC — Partido Social Cristão.
PSDB — Partido da Social Democracia Brasileira.
PSOL — Partido Socialismo e Liberdade.
PSTU — Partido Socialista dos Trabalhadores Unificado.
PT — Partido dos Trabalhadores.
PUC-SP — Pontifícia Universidade Católica de São Paulo.
PV — Partido Verde.
REUNI — Reestruturação e Expansão das Universidades Federais.
RGPS — Regime Geral de Previdência Social.
RJU — Regime Jurídico Único.
SESSUNE — Subsecretaria de Serviço Social na UNE.
SINDISAÚDE — Sindicato da Saúde.
SINSPREV — Sindicato dos Previdenciários.
TQC — Controle de Qualidade Total.
UFAL — Universidade Federal de Alagoas.
UGT — União Geral dos Trabalhadores.
UNE — União Nacional dos Estudantes.

APRESENTAÇÃO

Livros importantes dispensam qualquer apresentação — que não seja, quando muito, o prefácio do próprio autor. Este livro que o eventual leitor tem em mãos é importante, mas uma de suas peculiaridades justifica esta *apresentação* que se lerá em poucas páginas. Comecemos, porém, por sinalizar a sua importância.

Há alguns anos, o Professor Hobsbawm, um dos maiores historiadores — senão mesmo o maior dentre eles — da segunda metade do século XX, observava que um traço característico da cultura contemporânea era o que designa por *presentismo*, isto é, o apagamento do passado e o obscurecimento do futuro: os indivíduos são induzidos a tomar por *real* tão somente o que percepcionam no presente imediato, num *agora* cada vez mais efêmero e evanescente.

Tome-se, no caso do Serviço Social e de seus agentes técnicos, os assistentes sociais (que, também no Brasil, são majoritariamente mulheres): eles/elas, particularmente os/as mais jovens, se defrontam hoje com algo meio nebuloso, a que se pespegou o rótulo fácil e simplista de *projeto ético-político* da profissão, conhecido pela sigla PEP. A sigla recobre, atualmente e quase sempre, orientações profissionais heterogêneas, todas autoqualificadas "críticas" (afinal, quem se dispõe, nos tempos presentes, a não reivindicar o qualificativo "crítico"?). Defendido ardorosamente por muitos, discretamente (já nem tanto) desacreditado por outros, o *PEP* é um *dado* do senso comum profissional contemporâneo — os mais generosos tendem a visualizá-lo até como parte da *cultura profissional*.

Curiosa, mas não estranhamente, boa parte dos que defendem o *PEP*, assim como boa parte dos seus detratores murmurantes (e outros mais audíveis), desconhece a sua gênese e as condições de seu desenvolvimento, ignora os seus condicionantes e as suas interações com o movimento social e mesmo o movimento profissional, assim como as suas limitações. Numa palavra, o processo do *presentismo* incide no Serviço Social de modo a *desistoricizar* o *PEP*. (Não é esta a oportunidade para assinalar que, no quadro atual da formação dos/das assistentes sociais, o que corre o risco de uma inteira desistoricização é o próprio movimento de que a profissão é produto. Neste livro de Maria Beatriz Abramides há elementos que podem clarificar este ponto.)

Não é que faltem contribuições teóricas e críticas para *explicar* e *compreender* historicamente o *PEP*; na bibliografia profissional, desde os anos 1990, surgiram estudos que propiciam uma adequada aproximação a ele. Entretanto, salvo erro de avaliação, são muito raras aproximações histórico-críticas *abrangentes* e *inclusivas* do *PEP*. E é precisamente uma abordagem abrangente e inclusiva a que Maria Beatriz Abramides — a *Bia* que todos julgamos conhecer bem — se propõe no livro que agora chega às mãos dos seus colegas, profissionais e acadêmicos. Abordagem que, diga-se de passagem, vale-se amplamente dos contributos já existentes na bibliografia profissional.

Num movimento intelectual caleidoscópico, *Bia* pensa e apresenta o *PEP*, que ela defende e assume com a paixão que caracteriza todo o seu itinerário cívico, como intersecção de um amplo leque de dimensões que configuram o universo profissional brasileiro: a formação (observando os parâmetros curriculares), os dilemas do exercício prático do Serviço Social, as suas organizações corporativas, as entidades da categoria, as relações tensas com o Estado, a vida sindical e, sobretudo, com o movimento das classes sociais. E o faz sem descair em qualquer endogenismo: ela, efetivamente, procura apreender a profissão como instituição inscrita na complexidade própria a uma sociedade capitalista periférica — o que justifica as suas incursões na crítica da economia política do capitalismo contemporâneo.

O esforço de *Bia* para resgatar a historicidade do *PEP* resulta numa panorâmica do Serviço Social brasileiro das últimas quatro décadas — mais exatamente, desde 1979 (o marco é o III Congresso Brasileiro de Assistentes Sociais, o "congresso da virada"). Observei que, no seu trabalho, *Bia* socorreu-se da massa crítica que a profissão já acumulou. Mas a sua importância adquire um relevo especial quando se registra a conjuntura em que ele é publicado: a um momento em que ao presentismo generalizado que vem acompanhando a maré-montante da "educação a distância", que despeja anualmente nas praças do chamado mercado volumosas safras de novos profissionais, soma-se um giro ideológico na política educacional do governo parido pelas eleições de 2018, giro que abre a via ao obscurantismo mais reacionário. Nesta conjuntura — em que o *PEP, e muito mais que ele*, vê-se medularmente ameaçado —, o lançamento do livro de *Bia* é um significativo ato de resistência.

Certamente que o trabalho de *Bia* abre-se à crítica. Pode-se problematizar a sua estrutura expositiva; é possível discordar de suas formulações, juízos e ilações e, ainda, questionar a própria modulação das suas investigações. Só não é cabível duvidar da honestidade intelectual que o vertebra e da autoridade moral e profissional que exsuda — a autoridade de uma protagonista que interveio, ativa e criticamente, em todas as dimensões a partir das quais trata o seu objeto, o *PEP*. Esta é uma peculiaridade deste livro: *Bia*, ao longo das quatro últimas décadas, exerceu intensivamente a prática profissional, investiu na formação (prova-o a sua atividade docente), jogou pesado na organização sindical da categoria, articulou-se de fato aos movimentos dos trabalhadores e teve notórias vinculações partidárias.

Certamente não foi a única assistente social a fazê-lo. Mas poucas o fizeram com a firmeza político-ideológica tão coerente e tão explícita de *Bia* — quando examino a sua inteira trajetória, lembro-me sempre da caracterização com que J. C. Mariátegui se apresentou: *um marxista convicto e confesso*. Ninguém se engana com *Bia* — pouco diplomaticamente, como é seu jeito de ser, seus compromissos político-ideológicos foram e são cristalinos e transparentes. E nunca foram de última hora: da adolescência à maturidade que anuncia a terceira idade, *Bia* permanece inabalavelmente socialista e revolucionária.

É possível discordar dela, quer no seu trato do Serviço Social, quer no tocante às suas posições políticas e/ou partidárias (e quem assina esta *apresentação* já o fez, nos dois planos). O que não é possível é questionar, de um lado, a sua séria dedicação profissional ao Serviço Social e, de outro, a sua coerência nas lutas de classes — ela nunca renunciou ao seu lugar na trincheira dos trabalhadores.

O livro que agora o leitor tem em mãos é, como a sua autora, polêmico e instigante. Chega aos/às assistentes sociais quando *Bia* já é figura de destaque nacional. Entretanto, quem a conhece pelos seus escritos e pelas intervenções públicas (congressos, seminários, debates) — e é assim que a maioria dos seus leitores a conhece — tem dela a imagem de uma ativista movida à paixão e de uma polemista intransigente.

Tal imagem corresponde só parcialmente à *Bia*. Um pouco do motivo desta *apresentação* é completar a imagem plena de *Bia*, atestando para a maioria dos leitores que ela exercitou e exercita toda a sua vida profissional e política *sem perder a ternura jamais*.

José Paulo Netto

INTRODUÇÃO

O livro *O Projeto Ético-Político do Serviço Social Brasileiro: ruptura com o conservadorismo*, que ora vem a público, resulta de minha tese de doutorado, defendida em 2006, no Programa de Estudos Pós-Graduados em Serviço Social da PUCSP, orientada pelo professor Dr. José Paulo Netto. Sua exposição se estende, até 2018, pela necessidade advinda dos desafios postos à classe trabalhadora e ao projeto profissional, e incorpora reflexões e artigos escritos no período de aprofundamento da crise estrutural do capital em suas determinações nos planos internacional e nacional.

Sua publicação ocorre, em 2019, por ocasião da celebração dos *40 anos do projeto de ruptura do Serviço Social Brasileiro com o conservadorismo*, momento em que debatemos, em todo o país, suas múltiplas inflexões e enfrentamos a mais dura conjuntura para os trabalhadores, após o período da ditadura civil-militar de 1964 a 1985, marcada pela posse do capitão reformado do exército, eleito presidente, Jair Bolsonaro, de extrema-direita. Via estado democrático de direito se instaurou o obscurantismo, o que nos remete à necessidade da construção de uma frente única classista, autônoma, independente, articulada com todos e todas que buscam isolar e derrotar o governo Bolsonaro contra o desmonte da nação, presente nas avassaladoras medidas de destruição de direitos dos trabalhadores em um sistema repressivo de retrocesso civilizatório.

O livro se norteia pela **direção sociopolítica da profissão**[1] e poderá contribuir, assim como outras publicações, com o *Projeto Ético-Político do*

---

1. A direção sociopolítica do projeto de formação profissional expressa o horizonte da profissão do ponto de vista de sua utilidade social (teleologia) vinculada à sua perspectiva projetivo-estratégica (ontologia).

Serviço Social, o *PEP* (denominado carinhosamente), *cuja* gênese eclode, no final dos anos 1970, no cenário das grandes mobilizações operárias realizadas por reivindicações econômicas; na luta contra a ditadura, o imperialismo e o capitalismo, constituindo-se no projeto hegemônico da profissão.[2] Sua inflexão, fruto de práxis profissional e política, se expressa pública e coletivamente, na ruptura com o conservadorismo, no *III Congresso Brasileiro de Assistentes Sociais — CBAS*, em 1979, denominado *"Congresso da Virada"*.[3] Os profissionais se reconhecem como parte da classe trabalhadora em sua condição de assalariamento, partícipe do trabalho coletivo, e se inserem nas grandes mobilizações e lutas sociais do país. A análise das conjunturas, relacionadas à internacionalização do capital e seus rebatimentos para os trabalhadores, é fundamental para assimilar *o projeto de intenção de ruptura*[4] (Netto, 1991a), *que posteriormente identifico como processo de ruptura* (Abramides, 2006) que se encontra em *movimento* no interior da profissão e na luta mais geral da classe trabalhadora.

O projeto profissional e suas contradições, no âmbito das determinações estruturais e conjunturais sócio-históricas, econômicas, ideopolíticas e culturais, se manifestam na correlação de forças existentes entre as classes sociais (dominante e dominadas) em disputa na sociedade brasileira, na particularidade do capitalismo contemporâneo, em sua crise estrutural, a partir de 1973, atingindo todos os países. O projeto profissional de ruptura com o conservadorismo, coletivamente construído e conquistado pelos profissionais, articula-se ao projeto societário de emancipação humana ancorado em um referencial teórico-metodológico, ético-político, técnico-operativo e em instrumentos jurídicos que o sustentam. Sua referência é a concepção da totalidade da vida social alicerçada na teoria social de Marx e na tradição marxista; a investigação e análise nele contidas enlaçam os fios condutores

---

2. Referimo-nos ao projeto hegemônico da profissão, no âmbito da renovação profissional (Iamamoto, 1992), na vertente de intenção de ruptura com o conservadorismo (Netto, 1991a).

3. III CBAS — Congresso Brasileiro de Assistentes Sociais —, ocorrido em São Paulo em 1979, denominado *Congresso da Virada* por romper coletivamente com o conservadorismo ao assumir o compromisso com os interesses imediatos e históricos da classe trabalhadora.

4. Netto analisa a perspectiva de *intenção de ruptura* com o Serviço Social tradicional, expressão do pensamento conservador (tradição positivista) a partir de referências teórico-metodológicas, ideopolíticas e de intervenção profissional.

das duas dimensões do projeto hegemônico da profissão: sua utilidade social (teleologia)[5] e fundação sócio-histórica (ontologia)[6] na realidade social.

O livro tem por objetivo desvendar, apresentar e debater alguns dos desafios contemporâneos relativos à *direção sociopolítica* do *Projeto Ético--Político Profissional do Serviço Social Brasileiro (PEP)* e contribuir para o enfrentamento necessário à manutenção da autonomia relativa que construímos e consolidamos ao longo destas quatro décadas. O *PEP* deita raízes na configuração de *um novo éthos profissional,* que, sob a direção das entidades profissionais e estudantis, o reafirma em suas instâncias representativas. Nesta quadra histórica, a partir do século XXI, delineia-se uma nova situação a ser enfrentada e pode-se afirmar como sendo uma das mais duras que a categoria profissional já passou:

> A prova a que, nos marcos dessa conjuntura, já estão sendo e continuarão a sê-lo mais severamente nos próximos anos submetida àquelas vanguardas da categoria profissional. O que está (e estará cada vez mais) em jogo é a sua autonomia política para conduzir o denominado projeto ético-político que construíram para a profissão nos anos 1980 e 1990. Compreender o que está envolvido nesta prova supõe retomar componentes histórico-políticos muito expressivos da gênese e do desenvolvimento desse projeto profissional (Netto, 2004a, p. 22).

A década de 1980 afirmou a direção social da profissão, com a luta política e sindical, pelo reconhecimento dos profissionais como trabalhadores, em sua condição de assalariamento, e no compromisso com os direitos e conquistas da classe trabalhadora, inscritos no Currículo de 1982 e no Código de Ética de 1986. A década de 1990 conferiu maturidade teórica ao *PEP,* que no legado marxiano e na tradição marxista contém suas referências teórico--metodológica e ético-política hegemônicas; enfeixa um conjunto de leis e de

---

5. Teleologia ou Prévia-Ideação: a construção, na consciência, do resultado provável de uma determinada ação, que pressupõe uma finalidade.

6. Ontologia: parte da Filosofia que trata do ser como ser. Referimo-nos à ontologia do ser social, correspondente à teoria social de Marx, que apresenta a produção social como momento predominante da vida dos homens.

regulamentações que dão sua sustentabilidade institucional: o Novo Código de Ética Profissional de 1993; a nova Lei de Regulamentação da Profissão de 1993; as Diretrizes Curriculares dos cursos de Serviço Social, de 1996; as legislações sociais que referenciam o exercício profissional e vinculam-se à garantia de direitos, como o Estatuto da Criança e do Adolescente (ECA) de 1990, a Lei Orgânica da Saúde de 1990, a Lei Orgânica da Assistência Social (LOAS), de 1993. Estes instrumentos que norteiam a formação e o exercício profissional se concretizam no debate e combate permanentes desenvolvidos por profissionais e estudantes de Serviço Social organizados em suas entidades representativas que imprimem a direção social da profissão, fruto de luta e conquista cotidiana.

O projeto profissional de *ruptura* deve ser apreendido a partir de uma análise da realidade e do movimento da categoria a partir:

a) da implantação do neoliberalismo, que ganha fôlego e consolidação nos dois mandatos de Fernando Henrique Cardoso (FHC), de 1994 a 1998 e 1998 a 2002;

b) dos governos do PT, de Lula da Silva, de 2003 a 2006 e de 2007 a 2010, e no governo Dilma Rousseff, de 2011 a 2016, e que desde 2008 se referencia no neo ou social-desenvolvimentismo, mas que mantém os pilares centrais do neoliberalismo;

c) do golpe institucional parlamentar de direita, em 2016, que culminou com o *impeachment* da presidente Dilma Rousseff, sem crime de responsabilidade;

d) do governo golpista de Michel Temer que introduziu com celeridade as contrarreformas, as mais destrutivas à classe trabalhadora, e permaneceu até 2018;

e) da compreensão da dramática conjuntura a partir de 2018, com a eleição do presidente de extrema-direita no país, cujo alcance não se encontra neste livro, mas que certamente contribuirá para a luta de resistência de nosso projeto no conjunto das lutas da classe trabalhadora;

f) do posicionamento da categoria contra o neoliberalismo, o reacionarismo, o conservadorismo, na formação e no exercício profissional, em sua agenda socioprofissional e de sua vinculação aos interesses e lutas dos trabalhadores.

A direção sociopolítica e o balanço do projeto ético-político profissional como processo de ruptura com o conservadorismo constituem seu objeto de análise e se pautarão: a) pelo posicionamento e direção sociopolítica da categoria; b) pelo avanço teórico-filosófico que estabelece um novo patamar à profissão; c) pelos desafios postos à profissão e ao profissional para manter as conquistas e avançar teórica e praticamente na formação e no exercício profissional, em um período de resistência contra o neoliberalismo que se implantou no país, a partir de 1989, aí inscrito o *projeto de ruptura com o conservadorismo*, pois *"o que estará no centro da polêmica profissional será a seguinte questão: manter, consolidar e aprofundar a atual direção estratégica ou contê-la, modificá-la e revertê-la"* (Netto, 1999, p. 89, grifos nossos).

O livro pretende desvelar algumas das questões presentes no debate profissional e na adoção do *PEP*, em diferentes ângulos teóricos, políticos e programáticos, em seus avanços imediatos e históricos, seus limites e possibilidades a partir da hegemonia conquistada frente às diversas concepções em disputa no campo de ruptura profissional com o conservadorismo. O *PEP* não ocorre linearmente; ao contrário, manifesta-se em movimentos diferenciados e análises distintas e, não raro, conflitantes e colidentes entre si, em suas dimensões teleológica e ontológica, e é *esse movimento das forças sociais vivas e ativas* que pretendemos apreender na realidade. Por último, analiso alguns desafios do *PEP*, a partir do século XXI, posto que seu irromper anuncia duas conjunturas bem distintas das existentes nos anos 1980 (lutas sociais) e nos anos 1990 (consolidação do *PEP)*; nos deparamos, portanto: de um lado, com o projeto democrático-popular do Partido dos Trabalhadores, por 13 anos no governo central, e a necessidade de o *PEP* manter-se autônomo como o construímos; e de outro, com um golpe de direita em 2016, que culmina com a eleição de um presidente de extrema-direita em 2018. Netto, a esse respeito, nos convoca a uma *história nova* da profissão para pensar o presente e o futuro, o que vai exigir projetos coletivos para a *"revisão crítica do projeto, trazendo à luz os seus reais e eventuais estrangulamentos"* (Netto, 2016, p. 68-9, grifos nossos) e poder reafirmá-lo.

No **balanço histórico do *processo de ruptura*** tenciono decifrar alguns desafios contemporâneos, incluídas as diferentes interpretações que designamos de *pluralismo*,[7] cujos elementos buscam consolidar a ação coletiva dos profissionais em suas entidades de representação.

O livro parte de um estudo detido na bibliografia profissional, no debate contemporâneo das ciências humanas e sociais, na trajetória da luta de classes do período, e ancora-se no legado marxiano e na tradição marxista do ponto de vista da análise: a) dos fundamentos do *PEP do Serviço Social Brasileiro* (centralidade do trabalho como categoria fundante do ser social, totalidade da vida social, igualdade, liberdade, teleologia, ontologia, emancipação humana); b) das condições sócio-históricas da realidade social (cultura da crise: crise do capital e do capitalismo e suas respostas; *acumulação flexível, neoliberalismo e a "pós-modernidade"*); c) da crise do Estado de Bem-Estar Social; d) da crise das sociedades pós-capitalistas; e) da crise da esquerda e a perspectiva imediata e histórica da classe trabalhadora; f) das respostas do capital à sua crise; g) das diferentes conjunturas nacionais e desafios ao *PEP*; h) dos elementos constitutivos do *PEP*: o Código de Ética Profissional, a Lei de Regulamentação da Profissão e as Diretrizes Curriculares; i) da preservação e avanço do *projeto profissional* em suas lutas em articulação com o projeto societário emancipatório.

O livro se estrutura por uma introdução, cinco capítulos e considerações finais. A introdução identifica o tema, o objeto, a justificativa, as indagações, os caminhos da investigação e a forma de exposição tratados em sua relevância contemporânea, qual seja: o debate e a contextualização da **direção sociopolítica do projeto profissional de ruptura com o conservadorismo** no horizonte da emancipação humana.

O capítulo I contextualiza *o projeto profissional* como **processo de ruptura com o conservadorismo** e estabelece a necessária relação entre projeto profissional e projeto societário, aí contidas a dimensão política das atividades socioprofissionais e a **direção sociopolítica** *da profissão*. Revela as formas de organização da categoria na esfera sindical, da formação acadêmica e do

---

7. O pluralismo pode ser compreendido como um fenômeno social e político (teoria política) e como elemento na construção do conhecimento (epistemologia). O pluralismo apresenta sua degradação teórica no ecletismo; e sua degradação política no liberalismo (Netto, 1999, p. 96). A questão polêmica do pluralismo foi tratada diferentemente por Coutinho (1991, p. 5-7) e por Tonet (1996, p. 203-37).

exercício profissional que materializam as opções teórico-metodológicas e ético-políticas desse processo. Evidencia as bases legais que orientam a profissão na década de 1990 e conformam o *PEP*: o Código de Ética Profissional de 1993, a Lei de Regulamentação da Profissão de n. 8.662, de 7 de junho de 1993, e as Diretrizes Curriculares de 1996, circunscritas às condições sócio-históricas que ensejam o seu desenvolvimento teórico-metodológico e ético-político com mediações técnico-operativas.

O capítulo II compreende a conjuntura em que emerge o *PEP*, no final dos anos 1970 e anos 1980, período em que se define a *direção social da profissão*. São evidenciadas suas bases teóricas fundantes: a produção social e o trabalho em suas dimensões teleológica e ontológica; bem como as concepções políticas voltadas ao tema da democracia socialista, mediação necessária na relação entre projeto profissional e projeto societário. Analisa as condições políticas, do final dos anos 1970 e anos 1980, e a vinculação da categoria profissional aos movimentos sociais que explicitam o fundamento da *direção sociopolítica* da profissão. Portanto, são delineados a gênese, a evolução e o desenvolvimento do *projeto de ruptura como processo*, que adquire maturidade a partir dos anos 1990, com seus avanços teóricos. A consolidação desse projeto estrutura-se a partir da imanência e conquistas por meio da (re)organização das assistentes sociais em suas entidades: a) político-sindical pela Associação Profissional de Assistentes Sociais (APAS), sindicatos (plano estadual), Comissão Executiva Nacional de Entidades Sindicais e Pré-Sindicais de Assistentes Sociais (CENEAS) e Associação Nacional de Assistentes Sociais (ANAS) (âmbito nacional); b) de formação acadêmica: Associação Brasileira de Ensino em Serviço Social (ABESS) e, posteriormente, Associação Brasileira de Ensino e Pesquisa em Serviço Social (ABEPSS); c) do exercício profissional: Conselho Federal de Assistentes Sociais (CFAS) e Conselho Regional de Assistentes Sociais (CRAS), conjunto CFAS/CRAS, e posteriormente Conselho Federal de Serviço Social (CFESS) e Conselho Regional de Serviço Social (CRESS), conjunto CFESS/CRESS; d) de representação estudantil pela Subsecretaria de Serviço Social na União Nacional dos Estudantes (SESSUNE) e, posteriormente, Executiva Nacional de Estudantes de Serviço Social (ENESSO).

O capítulo III expressa a conjuntura internacional do capital, a partir de meados dos anos 1970, marcada por um conjunto de crises macroestruturais com desdobramentos para a América Latina, aí incluído o Brasil, em que se configuram: a crise do capital e a do capitalismo (crise do binômio fordismo-taylorismo), no Estado de Bem-Estar Social (EBES), e a ofensiva do capital para responder à sua própria crise, contida no binômio *acumulação flexível-neoliberalismo* e seus desdobramentos na esfera da cultura, a pós-modernidade. As crises macroestruturais de meados dos anos 1970 incidem no processo regressivo da classe trabalhadora, do final dos anos 1980 e na década de 1990, que se estendem nos anos 2000, com agudização em 2008. Eclodem-se outras crises: a crise dos países pós-capitalistas e a crise da esquerda; trata-se, portanto, de apreender os novos impasses e desafios para os trabalhadores e sua relação com o **processo de ruptura profissional com o conservadorismo**.

O capítulo IV analisa a restruturação do capital, na particularidade do caso brasileiro, por meio da *acumulação flexível* e do *neoliberalismo*. No mundo do trabalho, estabelece-se a diferenciação entre acumulação flexível no toyotismo restrito, dos anos 1980, e o toyotismo sistêmico dos anos 1990 com seus impactos para os trabalhadores. No âmbito do Estado, evidencia-se a implantação do neoliberalismo (Collor de Mello), sua consolidação (nos governos de FHC) e sua *inesperada* continuidade (no governo de Lula da Silva) e da já esperada, por setores da esquerda, no governo de Dilma Rousseff e, de forma intensificada, no governo golpista de Temer.

No desenvolvimento do neoliberalismo no Brasil se implantam as contrarreformas do Estado, do ensino superior, trabalhista, sindical e da previdência, e se verificam os desastres daí advindos para as massas trabalhadoras, no período de 1989 a 2018. As análises *nas esferas do mundo do trabalho, do Estado e da cultura* desvendam desafios a serem enfrentados na **direção sociopolítica do processo de ruptura**.

O capítulo V situa as polêmicas e os desafios presentes na profissão no período dos anos 1990 aos 18 primeiros anos do século XXI, para a continuidade do **projeto de ruptura**, e evidencia: a) a preservação da direção sociopolítica do PEP; b) a transitoriedade inconclusa na organização sindical da categoria; c) as diretrizes curriculares e o projeto de formação profissional; d) questões e polêmicas no interior das diretrizes curriculares; e) as contrarreformas do ensino superior e seu rebatimento na formação profissional; f) a organização da categoria no exercício profissional; g) um sindicalismo atado à institucionalidade nos anos 1990, que abdica dos métodos de luta de ação direta dos anos 1980; e a partir do século XXI, com o governo Lula, que se mantém no governo Dilma, perde sua autonomia ao se transformar em uma central sindical governista; h) a política de conciliação de classes do PT, partido cuja trajetória histórica foi acompanhada por expressivas direções do movimento da categoria; i) a luta permanente de resistência contra o neoliberalismo; j) o golpe em 2016 e a instauração da direita em 2018; k) a perspectiva da autonomia e independência de nossas entidades e a perspectiva do *PEP*.

As considerações finais externam reflexões advindas dos avanços obtidos no **processo de ruptura profissional**, bem como dos desafios a serem enfrentados na conjuntura de destruição de direitos historicamente conquistados, do avanço do neoconservadorismo e de posturas pós-modernas. Esta quadra histórica nos convoca a repensar estratégias, na formação e no exercício profissional, em seu horizonte imediato, em sua *utilidade social* (teleologia) e em sua dimensão *histórica (ontológica)* emancipatória. *Nesta direção é que este livro pretende se somar ao conjunto das contribuições ao Projeto Ético-Político Profissional do Serviço Social Brasileiro para que tenha futuro em sua perspectiva teórica, histórica, ética, ideopolítica e programática.*

As análises aqui reveladas são de minha inteira responsabilidade e pretendem experimentar um balanço de nosso processo de ruptura com o conservadorismo, com acertos e erros, lacunas e desafios, porém, na certeza de que outros balanços possam vir a público no sentido de reafirmar nossos compromissos imediatos e históricos com o projeto de emancipação humana.

Exponho, a título de indagações, algumas questões que serão tratadas e outras ficarão para debates e pesquisas futuras: a) os anos 1980 estabeleceram a **direção sociopolítica** da profissão e a década de 1990 expressou suas bases teórico-filosóficas (éticas); nesta trajetória, pergunto que novas contradições se apresentam, a serem enfrentadas, a partir do século XXI? b) De que maneira o avanço do *PEP* nos anos 1990 desenvolve sua *ação organizativa,* prioritariamente (ou não) nos marcos institucionais? c) As duas mediações da profissão (ética e política) se inter-relacionam, a partir das determinações da realidade, nas relações entre as classes e as lutas sociais travadas no período; de que maneira isto se estabelece? d) As dimensões da profissão nos diferentes espaços sócio-ocupacionais têm sido tratadas teórica e praticamente, ou a atenção da profissão esteve voltada, centralmente, para a política da assistência social, secundarizando as outras políticas em que a práxis profissional se efetiva? e) Como a categoria profissional tem debatido (ou não) e apresentado sua agenda política no sentido de contrapor-se *à cultura que invade os sindicatos, os partidos, as universidades, os movimentos populares e sindical na direção da adesão, conformismo e no limite, na atuação via negociação institucional* em relação às transformações no mundo do trabalho, ao neoliberalismo e ao avanço do neoconservadorismo pela pós-modernidade?

Diante desse conjunto de implicações sócio-históricas, ideológicas, políticas e da organização profissional, pergunto: a) desde a década de 1990 até a segunda década do século XXI, os nossos CBAS têm se colocado contra o neoliberalismo; como têm se movimentado a categoria e as entidades em suas ações? b) Qual a contribuição teórica e político-organizativa na esfera profissional na direção de ruptura com a ordem burguesa, tal qual ontologicamente prescrita no Código de Ética e nas diretrizes curriculares da formação? c) Qual a vinculação das lutas da categoria com as lutas do conjunto da classe trabalhadora? d) A ação voltada para a democratização do Estado e a ilusão na democracia formal, expressa no *politicismo,* atingem nossa concepção e prática profissional? e) A transitoriedade inconclusa de nossa organização sindical, marcada em momento de giro da CUT, para a superestrutura organizativa, em detrimento do sindicalismo de base, interferiu na dispersão da categoria profissional em seus espaços sócio-ocupacionais? f) O *PEP* ficou comprometido pela orientação governista democrático-popular ou tem se constituído no sentido de fortalecer a sua autonomia?

Em relação à formação e ao exercício profissional, indago: a) como as unidades de ensino têm-se apropriado da concepção de formação profissional definida pela ABEPSS? b) De que maneira a ABEPSS e o conjunto CFESS/CRESS têm respondido aos *combates teóricos e políticos* presentes em uma conjuntura de precariedade do ensino, das condições de trabalho, do elitismo na educação, do novo perfil dos estudantes, da desqualificação profissional, do avanço do ensino a distância (EaD), do estágio na formação profissional como responsabilidade primeira da unidade de ensino e do enfrentamento necessário contra a "mão de obra" barata imposta pelo mercado, da formação de docentes para o desenvolvimento da formação acadêmica e do exercício profissional? c) De que modo a pesquisa, a produção de conhecimentos, o ensino, a extensão e as alternativas de atuação voltam-se para as graves manifestações da *Questão Social* diante das transformações do mundo do trabalho e da ofensiva neoliberal que destroem direitos conquistados e ampliam a barbárie? Os desafios postos ao profissional e à profissão, e não só a ela, expressam um conjunto de determinações, que, para enfrentá-las, faz-se necessário compreendê-las e interpretá-las na luta por alternativas emancipatórias.

CAPÍTULO I

O projeto ético-político profissional do serviço social brasileiro:
processo de ruptura com o conservadorismo

1. Contextualização

A profissão, inscrita na divisão sociotécnica do trabalho, no âmbito das relações sociais capitalistas, é apreendida a partir da *teoria social de Marx e da tradição marxista*; adquire materialidade na conjuntura de cada período, nas múltiplas determinações sócio-históricas, econômicas, políticas e culturais a partir de interesses de classes sociais antagônicas e em disputa na sociedade brasileira. O *PEP* é fruto de um processo histórico de lutas pela construção de sua hegemonia e expõe contradições e matizes diferenciados, *em um campo plural, que combate e recusa o ecletismo*[1] *e, portanto, o liberalismo*. O debate de ideias engloba conflitos e embates teóricos, ideológicos, ético-políticos e de método de análise e interpretação da realidade a serem preservados para

---

1. Ecletismo: tentativa de conciliar interesses inconciliáveis em nome do pluralismo, constituindo-se em sua "degradação teórica" (Netto, 1999, p. 96). A esse respeito, consultar: Coutinho (1991), Tonet (1996).

o avanço da perspectiva que construímos no projeto de *intenção de ruptura* (Netto, 1991a) *que se configurou em um processo de ruptura profissional com o conservadorismo* (Abramides, 2006).

No campo do legado marxiano e da tradição marxista, as diferentes interpretações teórico-metodológicas e ético-políticas constituem referências substantivas na construção da mais ampla democracia, *em um efetivo e permanente combate à propagação ideológica do pensamento único*, tão fortemente determinado pelo projeto hegemônico de dominação burguesa, no processo da crise estrutural orgânica e metabólica destrutiva do capital (Mészáros, 2002). As mutações sócio-históricas incidem nas condições de vida e trabalho da população usuária dos serviços sociais, bem como afetam as relações de trabalho e exercício profissional. As assistentes sociais, partícipes do trabalho coletivo, na divisão social e técnica do trabalho, em sua condição de assalariamento, sofrem as determinações impostas pela acumulação flexível ao conjunto da classe trabalhadora, nas esferas da produção social (na extração de mais-valor para recuperar as taxas de lucro) e na reprodução social (prestação de serviços na esfera do Estado). Esta percepção sustenta o debate do *PEP* na *conquista, consolidação e ampliação de direitos,* no horizonte da luta pela emancipação humana.[2]

Recusa-se, portanto, a ilusão *politicista*[3] que submete o movimento social, em sua independência e autonomia no plano extrainstitucional, à exclusividade da ação no plano institucional. O luta dos trabalhadores se efetiva pela ação direta (greves, mobilizações, ocupações de terras, fábricas, universidades) e pela atuação na esfera institucional, sendo a última um instrumento subordinado à luta social, no campo de independência de classe. Seus desdobramentos políticos conduzem a formulações distintas, no âmbito da formação e do exercício profissional nos diferentes espaços sócio-ocupacionais.

---

2. "Somente quando o homem individual, real recupera em si mesmo o cidadão abstrato e se converte como homem individual em *ser genérico* na sua vida empírica, no seu trabalho individual e nas suas relações individuais; somente quando o homem tenha reconhecido e organizado suas *próprias forças* como *forças sociais* e quando, portanto, já não separa de si a força social sob a forma de *força política,* somente então a emancipação humana se realiza" (Marx, 1991, p. 52, grifos do autor).

3. O politicismo se configura em uma tendência que superestima a esfera da política, como se fosse possível sua autonomia em relação ao processo produtivo, consequentemente, o privilégio dessa ação política encontra-se centrado no espaço da institucionalidade.

O entendimento do conjunto das crises, nos marcos dos projetos societários, diante do projeto do grande capital, é central para assimilar os desafios postos à classe trabalhadora, respectivamente: a) a crise do capital e do capitalismo, em seu interior a crise do Estado de Bem-Estar Social (*Welfare State*); b) a crise do chamado "socialismo real existente" (Netto, 1995) ou das sociedades pós-capitalistas (Mészáros, 2002); c) a crise das esquerdas, na perspectiva de retomada das lutas anticapitalistas, anti-imperialistas e socialistas.

O âmbito da cultura da crise (Mota, 1995), com suas determinações estruturais e conjunturais, incide em desafios ao *projeto profissional* em sua relação com os *projetos societários* em disputa na sociedade capitalista contemporânea. A referência teórica, portanto, é propulsora da práxis cotidiana e da perspectiva ontológica que supõe o fim da sociedade de classes, da propriedade privada dos meios de produção, da exploração do homem pelo homem, que traz como possibilidade histórica a supressão positiva do capital, a dissolução do Estado, na auto-organização livre dos indivíduos sociais. Sob essa concepção e **direção sociopolítica**, o Código de Ética Profissional foi construído: "*Opção por um projeto profissional vinculado ao processo de construção de uma nova ordem societária, sem dominação — exploração de classe, etnia e gênero*" (CRESS-SP, 2004, p. 39, grifos nossos). Fundado em uma ontologia do ser social, assentada no trabalho, adota como princípios fundamentais a democracia e o pluralismo; posiciona-se a favor da igualdade e da liberdade; baseia-se em um aprofundamento teórico permanente no sentido de vincular suas dimensões teleológica (finalidade) e ontológica (transistórica).

A crise estrutural do capital eclodiu no epicentro do capitalismo, a partir de 1973, e manifestou-se na rápida queda tendencial da taxa de lucro, na crise de superprodução e no processo de estagflação com consequências determinantes para os países periféricos subordinados ao capital imperialista; entre eles o Brasil que, nos anos 1980, vive sua *década perdida* na esfera da economia. Contraditoriamente, nessa década, se desenvolve no país um período de grandes mobilizações sociais, operárias, de amplas parcelas da classe trabalhadora e de construção do chamado "*novo sindicalismo*",[4] de

---

4. O "novo sindicalismo" aparece entre aspas, posto que, de fato, não é novo. Fruto da luta dos trabalhadores em âmbito internacional no século XIX, no Brasil apresenta a gênese na prática sindical do

lutas, de base autônoma e classista, em que a categoria profissional se insere, por meio de suas direções políticas, no interior das associações pré-sindicais (APAS) e sindicatos, bem como em sua entidade sindical nacional, Associação Nacional de Assistentes Sociais (ANAS). A **direção sociopolítica** do **processo de ruptura** com o conservadorismo foi assumida no III CBAS — Congresso Brasileiro de Assistentes Sociais, o *Congresso da Virada* (1979, SP), e sua vinculação orgânica à classe trabalhadora em seus interesses imediatos (trabalho, salário, reforma agrária, reforma urbana, direitos sociais, trabalhistas, entre outros), acoplados à luta contra a ditadura e pela conquista da democracia em articulação com seus interesses históricos na luta anticapitalista.

O *Projeto Ético-Político Profissional do Serviço Social Brasileiro* incorpora a profissão como processo histórico, cujo significado social e ideopolítico se inscreve no âmbito das relações sociais entre as classes e suas frações e destas com o Estado. O projeto *de intenção de ruptura* no país se inscreve na conjuntura da "transição democrática" realizada em um pacto "pelo alto", das classes dominantes, consentido pelos militares (Fernandes, 1986c), na efervescência da luta de classes. A consolidação do projeto de ruptura tem sua referência central na obra teórica e histórica de Iamamoto e Carvalho: *Relações sociais e Serviço Social no Brasil*, o clássico inaugural da literatura profissional ancorado no legado marxiano e na tradição marxista que explicita o Serviço Social como especialização do trabalho coletivo, inscrito na divisão sociotécnica do trabalho, no processo de produção e reprodução das relações sociais no capitalismo. Os anos 1980 sintetizam o período de consolidação teórico-política da vertente de *ruptura* na organização político-sindical, formação acadêmica, exercício profissional e estudantil, por suas concepções, em disputa por projetos profissionais, tratadas neste livro.

Os ajustes estruturais na esfera da infraestrutura (base econômica da sociedade) pela reestruturação produtiva e na superestrutura (esfera política do Estado) pelo neoliberalismo se implantam no Brasil a partir dos anos 1990 e atingem a classe trabalhadora, aí inseridas as assistentes sociais, bem como o seu trabalho, ao atuar nas múltiplas manifestações da "*Questão Social*", base

---

anarcossindicalismo com o método de ação direta, caracterizado por um sindicalismo classista, autônomo e independente do Estado e do patronato.

da *fundação sócio-histórica da profissão*. No caso brasileiro, as contrarreformas do Estado, da previdência social, do ensino superior, trabalhista e sindical, estruturadas nos governos de FHC (1994 a 2002), de continuidade nos dois mandatos do governo Lula (2003 a 2010) e nos governos de Dilma (2011 a 2016), e ampliadas no governo golpista de Temer (2016 a 2018), período analisado, dilapidam o Estado e destroem direitos sociais e trabalhistas duramente conquistados pelos trabalhadores. Os elementos econômicos, sociais, ideopolíticos e culturais ganham particularidades, a cada um desses governos, e revelam novos desafios a serem enfrentados pelos trabalhadores e pelos profissionais que atuam com as diversas manifestações da "Questão Social", que se aprofundam a partir das determinações estruturais e conjunturais postas na realidade social.

Consequentemente, a análise da profissão e de seus desafios supõe compreender as determinações que a influenciam e a conformam, no contexto dos diversos processos sociais de luta e conquista da **hegemonia do projeto de ruptura profissional com o conservadorismo e de sua direção sociopolítica**. A gênese da *Questão Social* encontra-se fundada na contradição capital-trabalho com a formação da classe operária no modo capitalista de produção e expressa sua atualidade no interior da crise do capital, em que incidem a acumulação flexível, a ofensiva neoliberal e as teorias pós-modernas, e é neste cenário que apreendemos o trabalho profissional nos marcos dos novos e complexos embates da vida social.

A continuidade do neoliberalismo pelo Partido dos Trabalhadores (PT) — que significou para as grandes massas trabalhadoras a perspectiva de conquistas sociais e que alicerçou a militância de setores expressivos das direções das entidades da categoria profissional — manifesta um grande desafio: o de manter a autonomia das entidades e da profissão em relação aos partidos, ao governo e ao Estado, como a concebemos.

A quadra histórica contemporânea impulsiona-nos a um combate coletivo teórico, político e programático que se orienta: a) por lutar incessantemente contra o neoliberalismo e o conservadorismo; b) a favor das políticas sociais públicas universais e estruturantes de emprego; c) pela reforma agrária e urbana; d) pelo salário igual para trabalho igual; e) contra a destruição e a precarização das relações de trabalho; f) contra a criminalização dos movimentos sociais; g) contra a exploração do trabalho humano; h) contra todas as formas de opressão social, preconceito, discriminação de classe, gênero, raça, etnia, orientação sexual; i) pela soberania nacional; j) contra a ALCA (Área de Livre Comércio das Américas); k) pelo ensino público, laico, estatal, gratuito, de qualidade, para todos e em todos os níveis, na direção do fim da escola de classes, como projeção, e que atenda aos trabalhadores inseridos na produção e fora dela, como os trabalhadores desempregados, mas que só têm a vender sua força de trabalho, os quais constituem a maioria da população.

A *direção sociopolítica* estratégica do projeto profissional pressupõe articular-se a um processo de lutas e mobilizações de massas, que possam reverter o quadro de barbárie social imposto pela ditadura do capital. Lutar por consolidação e ampliação de direitos sociais implica somar forças com o conjunto das massas trabalhadoras, da cidade e do campo, em uma perspectiva de autonomia e independência de classe na luta anticapitalista, anti-imperialista e socialista. A luta de classes é um campo de disputa mediante o antagonismo existente na sociedade; de um lado, os interesses do capital em crise, que ampliam a exploração da força de trabalho, e de outro a classe trabalhadora, que produz a riqueza social apropriada privadamente pela burguesia. O socialismo, portanto, não será produto de ações espontâneas das massas; é necessário que ocorra um processo consciente de luta por uma sociedade emancipada, pois não haverá revolução socialista se não houver um movimento de massas, estratégia, programas e partidos em uma perspectiva revolucionária.

> Assim a cruzada antidemocrática do grande capital, expressa na cultura do neoliberalismo (que entre nós é conduzida por setores políticos partidários que se dizem vinculados a um projeto societário social-democrata), é uma ameaça real ao projeto profissional do Serviço Social. Do ponto de vista neoliberal, defender e implementar este projeto ético-político é sinal de atraso, é marchar na contramão da história. Porém, do ponto de vista da história humana é marchar com a grande maioria das massas assalariadas do planeta na construção de uma nova ordem social igualitária e libertária, e aí reside o futuro de nosso projeto ético-político profissional que caminha no combate ético, teórico, político e prático social ao neoliberalismo (Netto, 1999, p. 20).

2. Problematização

A denúncia e a contraposição da profissão ao conservadorismo têm origem na década de 1960, com o movimento de reconceituação que perdura até 1975. No final dos anos 1970 e início dos anos 1980, a profissão se move firmemente no combate ao conservadorismo, no protagonismo das direções e vanguardas profissionais, articuladas e progressivamente organizadas, o que proporciona a condição objetiva de conquista de sua hegemonia no lastro das grandes mobilizações sociais desencadeadas neste período histórico do país. Sobretudo significa dizer que *a vinculação com o movimento social, no final dos anos 1970 e na década de 1980, foi decisiva para estabelecer a direção social da profissão* que se torna *constitutiva* do PEP no início da década de 1990, que supõe a luta por direitos sociais na conquista da liberdade, da igualdade; no horizonte de uma sociedade sem exploração de classe, sem discriminação e opressão de gênero, raça, etnia, no horizonte emancipatório.

Neste contexto, apreende-se a dimensão política da profissão em que

> [...] muitos dos confrontos entre as correntes renovadoras da profissões, nos últimos trinta anos, tiveram como pano de fundo propostas socialistas que se enfrentaram no ponto de clivagem entre reformismo social-democrata e ação revolucionária (Santos, 1998, p. 37).

Combinam-se lutas imediatas e históricas em uma **direção sociopolítica** que retrata, no Currículo de 1982, a ruptura com o conservadorismo; no Código de Ética de 1986, a ruptura com o neotomismo[5] e, nos anos 1990, o *PEP* ganha sua materialidade com a Nova Lei de Regulamentação da Profissão (1993), o Novo Código de Ética (1993) e as Diretrizes Curriculares (1996).

Se o Projeto Ético-Político Profissional, no final dos anos 1970 e nos anos 1980, se move em um campo de conquistas, nos marcos das lutas sociais no

---

5. O neotomismo se constitui em uma corrente de pensamento filosófico que influencia o Serviço Social (Maritain) e se identifica com o anticapitalismo conservador, se orienta "por um conjunto de princípios de ordem espiritual e pela centralidade ontológica dada à pessoa humana" (Barroco, 2001, p. 136). Esse pensamento expressa a filosofia do teólogo Tomás de Aquino, do século XII, inspirado na teologia e nos ensinamentos de Aristóteles, retomado nos séculos XIX e XX (Barroco, 2001).

país se defronta, nos anos 1990, com a ofensiva do capital sobre o trabalho que conduz ao aumento da precarização das condições de vida, com aniquilamento dos direitos sociais conquistados, que se aprofundam, em meados da segunda década do século XXI, agudizando a miséria social.

O *PEP* reconhece as demandas e as aspirações das massas trabalhadoras e vincula-se "a um projeto societário que, antagônico ao das classes possuidoras e exploradoras, tem raízes efetivas na vida social brasileira" (Netto, 1999, p. 106). Esta direção se expressa por *"um combate ético, teórico, político e prático-social ao neoliberalismo e aí reside o futuro do projeto ético-político profissional"* (Netto, 1999, p. 15, grifos nossos).

3. Projeto Profissional e Projetos Societários

As assistentes sociais empreendem ações profissionais, em conjunturas sócio-históricas diferenciadas, a serem analisadas na correlação de forças imanentes na sociedade. Quando estas se apresentam favoravelmente às classes trabalhadoras, pode haver uma ampliação dos direitos sociais, políticos e cívicos, frutos de lutas e conquistas. Contudo, não se semeiam ilusões quanto ao caráter de classe do Estado, de dominação e de hegemonia da burguesia, a quem se submete a classe dominante. Mesmo que ampliado, o Estado se constitui em Estado de direito burguês, sob o controle e dominação de classe. Esta caracterização nos orienta para combater o *politicismo*, que submete as lutas sociais, extrainstitucionais aos desígnios dos marcos regulatórios do Estado, o que pressupõe reconhecer as restrições de seu alcance para os trabalhadores; caso contrário, estes viverão no limite dos pactos sociais ordenados como estratégia da ordem burguesa, pelos detentores do poder, a serviço de sua perpetuação. É no capitalismo, historicamente determinado, que se realizam os projetos profissionais articulados a projetos societários.

> Os projetos profissionais apresentam a autoimagem de uma profissão, elegem os valores que a legitimam socialmente, delimitam e priorizam os seus objetivos e funções, formulam os requisitos (teóricos, institucionais e práticos) para o seu

exercício, prescrevem normas para o comportamento dos profissionais e estabelecem as balizas da sua relação com os usuários de seus serviços, com as outras profissões e com as organizações e instituições sociais, privadas e públicas (entre estas, também e destacadamente com o Estado ao qual coube, historicamente, o reconhecimento jurídico dos estatutos profissionais) (Netto, 1999, p. 95).

Os projetos societários são projetos coletivos, macroscópicos que, na sociedade capitalista, se constituem em projetos de classe (Netto, 1999). A relação entre *projeto profissional e projeto societário* pressupõe, no plano imediato, um processo de resistência e de *oposição ao neoliberalismo, e uma organização socioprofissional independente e autônoma de governos e partidos*. Torna-se necessário ainda alertar quanto ao *risco de vincular o projeto profissional à concepção hegemônica social-democrática*, predominante nos setores de centro-esquerda que assumiram governos democráticos e aplicaram uma política neoliberal a partir de 2003 no país.

Na história da humanidade, nos últimos dois séculos, no interior do modo de produção capitalista, os trabalhadores obtiveram algumas vitórias e sofreram outras derrotas em seu processo de lutas sociais. A classe trabalhadora é potencialmente constituída pelos assalariados, despossuídos, envolvidos na produção global do capitalismo (produção, reprodução, circulação, troca e consumo), isto é, no processo de produção e realização de mais-valor, advindo da superexploração da força humana de trabalho, e no processo de reprodução social em sua condição de assalariamento. No interior da classe, o proletariado industrial tem o papel tendencialmente central, pela sua posição estratégica no sistema produtivo (produz valor e mais-valor), na organização da classe trabalhadora e na construção de partidos operários independentes. A ruptura com a ordem burguesa implica, necessariamente, desvendar o caráter de mediações mistificadoras entre a infraestrutura-esfera econômica, com interesses antagônicos entre as classes — capital e trabalho e a aparência de neutralidade do Estado, na esfera da superestrutura. A tarefa de revelar o caráter mistificador dessas mediações, pelos trabalhadores, prevê identificar não somente a burguesia, mas também o Estado, o seu outro inimigo inconciliável, que em sua função legitimadora pode permear-se — *sempre* com a hegemonia da burguesia — por interesses *também* dos trabalhadores, fruto de suas lutas.

Apesar de os trabalhadores se organizarem em partidos políticos que disputam a institucionalidade, esta luta tem limites, pois o Estado, por mais ampliado que seja, é o Estado de dominação capitalista; decorre desta concepção a análise de que a luta institucional não se sobrepõe à luta de classes desenvolvida no movimento de massas nas lutas sociais. A tomada do poder político pela classe trabalhadora, portanto, configura-se apenas como um meio transitório para a realização do socialismo. A rigor,

> [...] a revolução visa basicamente liberar as forças sociais contidas no mundo do trabalho e, por meio da nova sociabilidade a elas inerente, abolir o poder político, vale dizer o Estado enquanto instrumento de dominação política e não somente uma forma particular de Estado (Frederico, 1995, p. 116).

> [...] o proletariado estará condenado a permanecer na ótica da parcialidade se agir apenas politicamente. Mas ao contrário, se guiar-se pela lógica social que recusa as artimanhas da dominação estatal e o círculo vicioso a ela ligado, poderá agir como classe universal capaz de emancipar toda a sociedade (Frederico, 1995, p. 117).

A *emancipação política* deve, portanto, estar subordinada à *emancipação humana*, rompendo com o *politicismo* que transforma a política em uma atividade estatal positiva de administração de pessoas e coisas, nos limites da ordem do capital, mesmo em sociedades pós-capitalistas (Mészáros, 2002). Consequentemente, a condição da genericidade humana poderá constituir-se tão somente com a autodissolução do Estado, após a tomada do poder político pelo proletariado e os trabalhadores a ele aliados, na transição socialista pela autodissolução do proletariado como classe e na supressão do capitalismo.

Do legado marxiano, apreende-se o *comunismo* como uma expressão do *movimento real* contra esse estado de coisas que surge da contradição entre o capital (propriedade privada dos meios de produção) e o trabalho alienado (de produção de valor e mais-valor), em direção à auto-organização dos indivíduos sociais livremente associados. Os *projetos societários* se encontram em curso nos processos sociais em que as classes em luta disputam interesses antagônicos e têm uma *dimensão transistórica* ao considerar que "*a história de todas as sociedades até nossos dias tem sido a história das lutas de classes*" (Marx e Engels, 1998, p. 4, grifos nossos).

Pressupõem-se aprender na história da humanidade, em épocas distintas, as situações de exploração econômica, opressão social de classe, gênero, raça, etnia, sexualidade, geracional e outras formas que possam vir a existir. Porém, o que se configuram inerentes e, consequentemente, constitutivas do modo de produção capitalista são a exploração da força de trabalho pelo capital, na produção de valor e mais-valor, e a existência da propriedade privada dos meios de produção na sociedade. Esse entendimento nos remete, impreterivelmente, à luta pelo fim da exploração econômica, do trabalho alienado, da propriedade privada dos meios de produção, das classes sociais, de qualquer opressão política e social de classe, gênero, raça e etnia, o que se vincula necessariamente à luta anticapitalista e à luta pela transição socialista na perspectiva emancipatória.

4. A Dimensão Política das Atividades Socioprofissionais

A dimensão política, como uma das mediações centrais das atividades socioprofissionais, tem sido debatida e incorporada na formação e no exercício profissional, de maneira diferenciada no quadro de renovação da profissão a partir dos anos 1960, quando o movimento de reconceituação desponta, de forma inaugural, nesta trajetória. O amadurecimento teórico e da práxis profissional terá, no final dos anos 1970, um ponto de partida decisivo na apropriação de construtos da tradição marxista para analisar a realidade; da profissão, porém, é somente nos anos 1990 que sua dimensão ética adquire fundamentação ontológica e filosófica que passa a sustentá-la.

A dimensão política da profissão, como de qualquer profissão, não pode ser confundida com a perspectiva partidária, posto que:

> [...] analisar as relações entre profissão e partido supõe acentuar as suas diferenças para elucidar as suas relações e não diluí-las numa identidade. Profissão não é partido, embora articule-se com uma dimensão política da prática profissional (Iamamoto, 1992, p.128).

As análises aqui presentes partem da perspectiva teórica e política da totalidade da vida social, cujas referências sócio-históricas são decisivas para decifrar os projetos coletivos como expressão da sociabilidade humana. Dentre os *projetos coletivos da sociedade*, situam-se os *projetos profissionais*, aqueles "que dizem respeito às profissões — não a quaisquer profissões, mas àquelas que, reguladas juridicamente, supõem uma formação teórica e/ou técnico-interventiva, em geral de nível acadêmico superior" (Netto, 1995, p. 3). Os *projetos profissionais* se encontram em mutações decorrentes de uma série de componentes estruturais e conjunturais da realidade social, a serem continuamente analisados; além dos acúmulos teórico-metodológicos, técnico-operativos, de sistematização e produção de saberes advindos do acúmulo e da maturidade teórica, investigativa e de intervenção da profissão e dos profissionais, o que pressupõe uma *categoria fortemente organizada*.

A organização da categoria será constantemente referida, esclarecendo, porém, que o objeto deste livro não se dirige à análise interna de sua representação; encaminha-se, sobretudo, ao potencial estruturante da profissão e de seus acervos que consubstanciam sua **direção sociopolítica**, em que as dimensões ética e política guardam uma relativa autonomia, possuem naturezas referenciadas, mas se articulam no mesmo projeto.

O presente livro pretende contribuir com algumas análises e indagações, no sentido de manter e ampliar o projeto hegemônico da categoria profissional com a maturidade intelectual e de práxis conquistadas, e que requer um processo de atuação coletiva nesse processo de ruptura articulado ao movimento de lutas de resistência na sociedade brasileira.

5. A Organização Político-sindical das Assistentes Sociais – APAS/Sindicatos – CENEAS/ANAS

A organização político-sindical se estabelece por meio das entidades sindicais das assistentes sociais — sindicatos e APAS, regionais e estaduais; e nacional, CENEAS (1979 a 1983); e, posteriormente, ANAS, a federação autônoma das assistentes sociais (1983 a 1994). As organizações sindicais das assistentes sociais encontraram-se inseridas, majoritariamente, em um primeiro momento e, totalmente, no final dos anos 1980, no movimento sindical classista referenciado na Central Única dos Trabalhadores — CUT (período de 1978 a 1994), até a extinção da ANAS e dos Sindicatos de Assistentes Sociais. As entidades sindicais a partir da aprovação da nova estrutura sindical aprovada no II Congresso Nacional da CUT,[6] em 1986, deliberaram pela construção dos sindicatos por ramo de atividade econômica; em sindicatos gerais por esfera de contratação (servidores públicos municipais e estaduais) ou por atividade de trabalho (sindicato de trabalhadores da saúde, da previdência), em que a maioria das assistentes sociais se insere.

A inserção no sindicalismo classista e de lutas, nos anos 1980, possibilitou organização e politização significativas da classe trabalhadora, aí inscritas as assistentes sociais que, sem dúvida alguma, desempenharam um papel importante em sua própria organização política, mas também no conjunto das lutas mais gerais, contribuindo com a fundação da CUT, em muito estados do país, e compondo suas direções em âmbito regional, estadual e nacional. A extinção dos sindicatos, em sua grande maioria, e da ANAS, em 1994, ocorreu por deliberação das assembleias sindicais da categoria nos estados e, em âmbito nacional, na III Assembleia Nacional Sindical de Assistentes Sociais — ANAS, aprovada por unanimidade em 1989, em Belo Horizonte, e reafirmada na IV ANAS em 1991, em Campinas. Esta decisão caminhou para implantar a nova estrutura sindical e participar ativamente dos sindicatos gerais ou por contratação dos trabalhadores em serviço público, onde majoritariamente os profissionais atuam.

Característica dos anos 1980, a perspectiva classista da CUT passa por um giro, nos anos 1990, de abandono gradativo do sindicalismo de lutas, de ação direta das massas, de greves localizadas e gerais, de organização de base nos locais de trabalho, para uma ação majoritária de negociação nas Câmaras Setoriais no Congresso Nacional. Estas instâncias eram compostas por representantes do governo, dos empresários e dos trabalhadores, em um

---

6. O II Congresso da CUT, realizado em 1986 no Rio de Janeiro, delibera sobre a Nova Estrutura Sindical a ser construída pela classe trabalhadora, no sentido de romper com a estrutura sindical vigente desde o Estado Novo, na década de 1930, atrelada ao Estado (cf. CONCUT, 2. *Caderno de Resoluções*, São Paulo, 1986).

fórum tripartite, em que os trabalhadores possuíam um terço da representação, e o Estado e o patronato, dois terços na defesa majoritária dos interesses do capital. De outro lado, a pauta de reivindicações dos trabalhadores estava circunscrita aos empregados contratados no mercado de trabalho com vínculo trabalhista; os trabalhadores terceirizados, temporários, por "pessoa jurídica", na esfera privada ou pública, altamente precarizados estiveram fora das negociações e acordos trabalhistas. O processo de reestruturação produtiva pela acumulação flexível (Harvey, 1992) na gestão da força de trabalho tornou a classe trabalhadora cada vez mais *heterogênea, complexificada e diversificada* (Antunes, 1995), o que a pulveriza e a atomiza nas relações de trabalho, e apresenta novos desafios para a organização sindical. Um dos maiores desafios se configura na unificação das reivindicações dos trabalhadores por ramo de atividade econômica, abarcando as diferentes formas de contratações (estáveis, temporários, sem carteira assinada, subcontratados, terceirizados) nas lutas por melhores condições de trabalho.

A negociação com o governo, ao prescindir de mobilizações dos trabalhadores, estabelece uma outra concepção e prática sindical, na direção de um sindicalismo de forte traço social-democrata, de acordos e pactos, muito próximo ao sindicalismo de resultados da Força Sindical (Central Sindical). A capitulação e o deslocamento ideológico da posição hegemônica da CUT, pelo agrupamento denominado Articulação Sindical, presente em toda a década de 1990, marcam um sindicalismo atado à imediaticidade das lutas no campo institucional, a este subordinando a luta social.

O sindicalismo combativo do período anterior, do campo da CUT, inicia sua fase regressiva diante do avanço da reestruturação produtiva e do neoliberalismo, de um lado, e da ilusão politicista no domínio da institucionalidade, de outro. Os dois primeiros elementos trazem como consequências: a ampliação do desemprego, a precarização das relações de trabalho, a destruição de direitos sociais conquistados, o que conduz a classe trabalhadora a ações defensivas. O terceiro elemento decorre da ilusão politicista de grande parte das direções sindicais, a partir de 1989, em que governos intitulados democráticos e populares assumem os poderes executivos estaduais e municipais, e o sindicalismo passa a estabelecer negociações que prescindem de ações diretas, como os movimentos grevistas. Grande parte dos sindicatos no serviço público se constitui em *"sindicatos cidadãos"*, que administram recursos do Fundo de Amparo ao Trabalhador (FAT) em cursos técnicos de especialização, quando deveriam reivindicar que estes fossem fornecidos pelo Estado. O sindicato desloca sua função para prestação de serviços, em vez de se constituir como uma ferramenta de luta independente do Estado. Esta tendência se amplia e se espraia com forte influência em outras organizações populares e profissionais; semeiam-se ilusões na democracia formal, política, em detrimento do avanço da radicalidade democrática, que se assenta centralmente no movimento da classe em luta, de forma autônoma. O desdobramento desta política *social-democrata* traz consequências para os trabalhadores que deslindam no recuo ideológico e político no campo sindical e popular, e aprofundam o quadro de regressão histórica dos trabalhadores.

De forma majoritária, no final dos anos 1970 e na década de 1980, as direções das entidades de trabalhadores, alinhadas ao *novo sindicalismo*, aos movimentos populares e às organizações profissionais, constroem o Partido dos Trabalhadores (PT), fundado em fevereiro de 1980, como um partido de esquerda, de massas, de lutas e na direção do socialismo.

A relação entre partido, sindicato e movimentos sociais merece destaque por seus significados e intercorrências, na conjuntura nacional dos anos 2000. Afinal, em que essa análise se referencia ao nosso debate ancorado no PEP? Aí reside uma questão de fundo, qual seja, a vinculação hegemônica das vanguardas profissionais, atuantes nas entidades organizativas de assistentes sociais, ao PT, nos anos 1980 e anos 1990, e uma pequena parcela alinhada ao Partido Comunista do Brasil (PCdoB), seu aliado nos governos municipais, estaduais e federal (2003 a 2016). Interesso-me, sobretudo, analisar em nosso projeto profissional a autonomia que sempre defendemos, e de que maneira os giros da institucionalidade rebateram (ou não) em nossas ações organizativas e nos desdobramentos da intervenção técnico-operativa, ético-política a partir de sua concepção teórico-metodológica, ancorada no legado marxiano e na tradição marxista na análise da realidade sócio-histórica da vida social.

A partir desses *componentes*, explicito *os combates teóricos, políticos e organizativos*, que se evidenciam às assistentes sociais e ao conjunto dos trabalhadores, da cidade e do campo, na direção da independência de classe, como sempre defendemos. A questão da *autonomia* dos trabalhadores se tornou crucial para o combate teórico-político, no momento em que o poder federal foi alcançado por um governo no qual as grandes massas trabalhadoras depositaram esperanças de ver parte de suas reivindicações e direitos contemplados; a partir de 2003, com os dois governos de Lula da Silva, seguido em 2011 de um governo e meio de Dilma Rousseff, até 2016, ambos do PT.

Em vários países do mundo, constatamos que os governos democrático-populares seguiram à risca as exigências do grande capital internacional, aderiram ao neoliberalismo, tornaram-se antinacionais, antipopulares e antidemocráticos, transferiram poderes para o capital financeiro nos interesses do agronegócio, dos banqueiros e do imperialismo. Essa é uma tendência macroestrutural de domínio do capital internacional de financeirização da economia. Na América Latina, aí inserido o Brasil, realizou-se um processo semelhante a partir de 1989, com a avalanche do neoliberalismo que completa 30 anos em 2019.

As contrarreformas do Estado, previdenciária, do ensino superior, sindical e trabalhista implantadas no governo de FHC, por meio de uma política macroeconômica, de ortodoxia neoliberal do FMI/BIRD, realizaram-se em detrimento das necessidades sociais dos trabalhadores. Esse projeto teve sua continuidade, a partir de 2003, nos dois governos de Lula da Silva e nos de Dilma, ambos do PT, que nos anos 1990 manifestava-se como um partido de oposição ao neoliberalismo e contava com o apoio e inserção em suas fileiras de amplos setores da classe trabalhadora. Seu avassalador aprofundamento ocorreu com o governo golpista de Temer, a partir de 2016.

Importante registrar que a crise do neoliberalismo atingiu a América Latina, no final dos anos 1990, com as crises financeiras, antes de atingir o centro imperialista com a crise de 2008. Sob esse ângulo, o neo ou social-desenvolvimentismo propalado como saída ao neoliberalismo trata-se de uma *nuance* "a serviço da economia política do capital financeiro nacional e internacional em todas as suas frações — finanças, indústrias, comércio, agroindústria, logística, etc. — que, aliás, estão cada vez mais integradas com o processo de concentração e centralização do capital, algo típico em um momento de crise" (Castelo, 2013, p. 135).

Os governos Lula e Dilma talvez sejam os melhores exemplos do social-liberalismo latino-americano [...] que muda certos aspectos do neoliberalismo para preservar a sua essência, a saber: a retomada dos lucros dos grandes monopólios capitalistas via o novo imperialismo, a financeirização da economia, a reestruturação produtiva e precarização do trabalho, o aumento das taxas de exploração da força de trabalho, a reconfiguração das intervenções do Estado ampliado na economia e na questão social, o apassivamento e cooptação da classe trabalhadora, e, em determinados casos, a decapitação de suas lideranças mais combativas (Castelo, 2013, p.122).

Nesta quadra histórica, o capitalismo tardio e dependente no Brasil, em sua investida social-liberal, externa traços de um novo desenvolvimentismo, como expressão do neoliberalismo cada vez mais atado à centralização do capital na etapa imperialista de financeirização da economia, do capital rentista. Se o PT nos anos 1990, como um partido de massas, se colocava em oposição ao neoliberalismo, com a ascensão de Lula ao governo adere ao projeto do grande capital responsável por apresentar uma face "humanizada" ao capitalismo por meio de programas sociais compensatórios.

Abre-se, portanto, um novo momento na luta de classes no Brasil, a partir de 2003, o que supõe travar a luta antigovernista e antiburocrática nos movimentos sociais, com o objetivo de retomar a possibilidade de lutas sociais massivas. Essa orientação reivindica a unidade na ação, em uma *política de frente única classista* dos movimentos sociais. Deve-se lutar pela conquista de uma nova hegemonia, contra a capitulação adesista dos movimentos sociais e da CUT. Trata-se de uma tarefa complexa, posto que a CUT foi fundada e construída na perspectiva de um sindicalismo classista. Apesar de a tendência social-democrata ser hegemônica desde a sua criação, os setores à esquerda, socialistas, tencionavam para imprimir uma ação sindical classista, posto que a luta, no final dos anos 1970 e meados de 1980, era contra a ditadura militar e o imperialismo norte-americano, o que impulsionava o movimento social a ações diretas de maior radicalidade, como as ocupações de fábricas, de terras, greves generalizadas, mobilizações de massa, organização de uma central única de base, com instâncias verticais e horizontais de representação dos trabalhadores.

6. A Organização da Categoria no Âmbito do Exercício Profissional — o Conjunto CFESS/CRESS

Até o final da década de 1970, o conjunto CFAS/sustentou-se nos setores vinculados à *tecnocracia e/ou ao conservadorismo* e, a partir do *III CBAS*, em 1979, é disputado pelos setores de esquerda da profissão, que se organizavam nas entidades sindicais da categoria.

Por meio de uma articulação política, assistentes sociais atuantes nos sindicatos e APAS incentivaram, em todo o território nacional, a formação de chapas para disputar as eleições dos CRAS, no sentido de avançar na democratização das entidades profissionais e estabelecer uma articulação permanente entre as diversas entidades da categoria que se expressam na: a) organização político-sindical nacional CENEAS (1979 a 1983) e ANAS (1983 a 1994), e estaduais e municipais APAS e sindicatos (1977 a 1994); b) organização do exercício profissional: CFAS-CRAS até 1993 e, posteriormente, CFESS-CRESS; c) organização da formação profissional: ABESS até 1995 e, posteriormente, ABEPSS; d) organização estudantil, por meio da SESSUNE até 1993 e, posteriormente, na ENESSO.[7]

A hegemonia do *projeto de profissão de intenção de ruptura* é, sobretudo, fruto da luta política travada no final dos anos 1970 e na década de 1980, que tem nas lutas sociais do período seu grande mote de sustentação política vinculada ao aprofundamento e ao amadurecimento teóricos necessários aos processos da formação e do exercício profissional. É na efervescência política, intelectual, teórica e cultural dos anos 1980 que o Código de Ética de 1986 se constrói no combate ao neotomismo e, pela primeira vez no interior do conjunto CFAS/CRAS, a perspectiva marxista apresenta-se hegemonicamente. O Código de Ética Profissional, de 1986, representa uma ruptura com a concepção ética até então vigente que se encontrava em descompasso com os avanços teóricos já obtidos na formação profissional, desde 1982, pela aproximação à teoria social de Marx e ao marxismo. O conjunto de conquistas obtidas

---

7. No período de 1978 a 1983, ENESSO significa Encontro Nacional de Estudantes em Serviço Social. Em 1988, é criada a SESSUNE — Subsecretaria de Serviço Social na UNE; em 1993, é criada a ENESSO — Executiva Nacional de Estudantes de Serviço Social.

no Código de Ética de 1986 pode ser sintetizado em: "rompimento com a pretensa perspectiva 'imparcial' dos Códigos anteriores; desenvolvimento do caráter político da intervenção ética; a explicitação do caráter de classe dos usuários, antes dissolvidos no conceito abstrato de 'pessoa humana'; a negação de valores a-históricos; a recusa do compromisso velado ou explícito com o poder instituído" (Barroco e Terra, 2012, p. 48).

De outro lado, os avanços político-organizativos da categoria profissional na esfera sindical estabeleceram o suporte necessário e impulsionador de outras esferas e dimensões da profissão no combate ao conservadorismo. Indubitavelmente, essa orientação política torna-se decisiva para se reformular, de forma progressiva, o Código de Ética de 1986, porém ainda insuficiente naquele momento, devido ao pouco acúmulo filosófico que possibilitasse discernir as diferenças na natureza da dimensão ética e da dimensão política, embora ambas se apresentem inter-relacionadas e configurem-se mediações profissionais. Os anos 1990 refletem a apreensão da questão da ética em seus valores e princípios fundados na perspectiva ontológica, materializados no Código de Ética de 1993.

O processo de dissolução das APAS, sindicatos da categoria e da ANAS se estabeleceu no sentido da inserção de assistentes sociais no ramo de atividade econômica, por meio dos sindicatos gerais ou de contratação. Todavia, apesar de todo debate, um conjunto de *demandas do trabalho* passa a se direcionar ao conjunto CFESS/CRESS decorrente de inúmeros fatores, a saber: a não vivência sindical dos recém-formados; a precarização das relações de trabalho advindas da reestruturação produtiva em que muitos profissionais são terceirizados, contratados como pessoa jurídica, por tempo determinado, sem carteira assinada, portanto não pertencendo ao quadro de servidores públicos concursados, embora atuando na prestação de serviços da esfera pública; a não absorção nos sindicatos de profissionais sem vínculo empregatício; o pouco avanço em geral da organização dos ramos; o recuo das direções sindicais a partir dos anos 1990 e de sua cooptação, a partir de 2003, pelo Estado.

Mediante todos estes aspectos, um dos grandes desafios colocados a um sindicalismo classista, organizado por ramo de atividade econômica, como o dos trabalhadores em serviço público, é o de unificar e organizar o conjunto dos trabalhadores por atividade econômica, nos estados e federação (saúde, previdência) ou nos sindicatos de contratação (servidores municipais), independentemente de suas contratações (efetivos, estáveis, temporários, pessoa jurídica, por tempo determinado). São trabalhadores coletivos, inscritos na divisão sociotécnica do trabalho, exercem as mesmas funções, porém recebem salários desiguais em condições de trabalho desiguais, como parte da ampliação da precarização do trabalho.

O VIII CBAS, em Salvador, em 1998, apresentou uma série de resoluções para que as entidades de formação profissional — ABEPSS — e do exercício profissional — CFESS-CRESS —, sem se desviarem de sua natureza específica, contribuíssem no sentido de se articularem às organizações sindicais já existentes ou embrionárias, por ramos de atividade econômica, e sindicatos gerais, para que estes assimilassem as demandas do trabalho de assistentes sociais. Este movimento ocorreu, e ainda ocorre, de forma bastante diversificada nos estados, cabendo, portanto, o desvelamento, ainda existente, das dificuldades da transitoriedade sindical, dos sindicatos de categorias para os sindicatos de ramo de atividade econômica.

7. A Organização no Âmbito da Formação Profissional: ABEPSS

A Associação Brasileira de Ensino e Pesquisa em Serviço Social (ABEPSS) é a entidade que congrega as unidades de ensino do país, na esfera da graduação e da pós-graduação na articulação entre ensino, pesquisa e extensão, e que expressa sua concepção de formação profissional no Currículo de 1982. Em sua gênese, a *renovação no Serviço Social Brasileiro na vertente de intenção de ruptura* se apresenta a partir da segunda metade dos anos 1970 no irromper das lutas sociais, na expansão do mercado profissional de trabalho, afinada às exigências do capitalismo no país. Ampliam-se os cursos de Serviço Social, assim como outros cursos de formação universitária, notadamente nas instituições privadas de ensino, de favorecimento das empresas privadas e mercantis em detrimento do ensino público estatal, gratuito e universal.

A ABESS, desde os anos 1970, e a ABEPSS, desde os anos 1990, sempre se colocaram na defesa intransigente do ensino público, laico, gratuito, universal, na compreensão das diferenças existentes entre os interesses privados das mantenedoras e os interesses dos docentes que se constituem trabalhadores do ensino. No interior da ABEPSS, os docentes do ensino público e privado somam-se, na luta por condições acadêmicas e de trabalho, aos estudantes, das diferentes esferas, e unificam-se em suas lutas.

A *renovação do Serviço Social Brasileiro* abrange três tendências: a) *a perspectiva modernizadora*, que tem nos documentos de Araxá (1967) e Teresópolis (1971) suas referências sistematizadas na literatura e concebe o Serviço Social no arsenal de técnicas sociais a serem operacionalizadas nos marcos do desenvolvimento capitalista; b) *a reatualização do conservadorismo* expresso pela fenomenologia a partir da autorrepresentação do trabalho profissional, cuja base teórica rejeita o positivismo e recusa o pensamento crítico-dialético de raiz marxista; c) *o projeto de intenção de ruptura* que tem nos espaços político-organizativos sindical, acadêmicos, do exercício profissional da categoria e estudantil sua concepção e prática de projeto profissional com **direção sociopolítica**, pautada nos interesses e direitos da classe trabalhadora (Netto, 1991a). Embora as diferentes tendências teórico-metodológicas estejam permanentemente presentes no espectro profissional, pode-se afirmar que:

> O projeto de intenção de ruptura a partir de 1979, em suas clivagens internas, é o projeto de profissão que se constrói e se consolida hegemonicamente, fruto de um processo de combates teóricos e ideopolíticos travados pelas assistentes sociais nos espaços democráticos de organização e representação da categoria profissional. Os avanços obtidos nesse período são extremamente significativos à profissão, embora possa se conferir a distância entre as vanguardas acadêmicas e a massa dos profissionais de campo [...] posto que a categoria profissional não dispõe de suficientes canais e circuitos que operem uma efetiva socialização de tais avanços (Netto, 1996, p. 109).

Pode-se acrescentar um conjunto de implicações a ser incorporado, do final dos anos 1970 aos anos 1980, como a expansão do ensino privado e a consequente proliferação de cursos de Serviço Social; a mudança no perfil dos estudantes oriundos das camadas mais pauperizadas; a precarização das condições de trabalho docente — o que requer repensar o próprio processo de formação e buscar alternativas que possibilitem alavancar *a direção sociopolítica* do projeto de formação no **processo de ruptura**.

Na esfera do exercício profissional, encontram-se efetivos avanços, em várias áreas sócio-ocupacionais, que se concretizam em procedimentos metodológicos, técnico-operativos, de investigação e propostas de intervenção, sistematização e produção de conhecimentos comprometidos com os direitos e conquistas sociais. Encontram-se também impasses a serem superados, sendo que um deles relaciona-se ao próprio mercado nacional de trabalho que vem se modificando, cujas respostas profissionais às suas exigências ainda são insuficientes; acrescentam-se os impactos ideopolíticos e teórico-culturais que incidem no campo profissional pelos desdobramentos conjunturais característicos dos anos 1990.

A formulação inicial do *projeto de intenção ruptura,* na esfera da formação profissional, se assenta na experiência acadêmica realizada pela Escola de Serviço Social da Universidade Católica de Minas Gerais (Belo Horizonte), conhecida como Método BH, desenvolvida entre 1972 e 1975 e que se baseia no legado do movimento latino-americano de *reconceituação* do Serviço Social. Como experiência de trabalho profissional, podemos identificar a experiência sistematizada e publicada com habitação popular desenvolvida no Instituto de Orientação às Cooperativas Habitacionais em São Paulo (INOCOOP-SP), orientada pela *reconceituação* do Serviço Social latino-americano, de 1975 a 1979 (Abramides, Mazzeo, Fingermann, 1980) e, posteriormente, na Secretaria de Bem-Estar Social (SEBES) da Prefeitura Municipal de São Paulo, de 1979 a 1982 (Raichelis, 1988). No âmbito acadêmico-profissional, estabeleceu-se uma forte articulação da ABESS com o "trabalho social crítico" desenvolvido na América Latina, advindo da influência da reconceituação do Serviço Social e do papel acadêmico-político exercido pela Associação Latino-Americana de Escolas de Trabalho Social (ALAETS) em todo o continente. O Centro Latino-Americano de Trabalho Social (CELATS), organismo acadêmico da ALAETS, apoiou ainda projetos de formação, pesquisa e organização político-sindical da categoria. Na particularidade da realidade brasileira, registramos os apoios à: a) pesquisa histórico-teórica de Marilda Villela Iamamoto e Raul de Carvalho que originou o livro *Relações sociais e Serviço Social no Brasil* (1982); b) experiência inovadora de intenção de ruptura com habitação social (INOCOOP Rio de Janeiro,1978); c) organização político-sindical por meio de projetos à CENEAS/ANAS, entre eles o da pesquisa nacional sobre condições de trabalho que culminou no Projeto-Lei com carga horária, salário e condições de trabalho de assistentes sociais (1982); à época, o CELATS estava sob a coordenação da professora Leila Lima Santos, que também havia participado da experiência pioneira do Método BH. Em 1986, em um amplo movimento organizativo, o Brasil assume a direção da ALAETS, tendo na presidência a professora Josefa Batista Lopes do curso de Serviço Social da Universidade Federal do Maranhão. A partir da realização de oficinas regionais e nacional da ABESS, acompanhada e apoiada pela ANAS, foi aprovada uma proposta programática inicial a ser apresentada na Convenção da ALAETS, em Medellín, na Colômbia, somada às propostas dos setores vinculados ao Serviço Social crítico na América Latina, e a chapa cujo programa se voltava aos interesses populares sai vencedora no pleito, de 1986 a 1989; há um profundo debate e articulação do Serviço Social Crítico (assim denominado) em toda a América Latina, Centro América e Caribe.

O *projeto profissional de intenção de ruptura* se traduz no Currículo de 1982 aprovado na Convenção da ABESS, em 1979, com um envolvimento das unidades de ensino e referendado pelo Conselho Nacional de Educação (CNE) como currículo mínimo pelo Parecer 412-82. Todavia, ainda permaneceram resquícios do Serviço Social Tradicional no Currículo de 1982, cujas ambiguidades[8] sugeriram modificações para poder avançar na concepção de profissão, no processo de produção e reprodução das relações sociais, as quais foram superadas nas Diretrizes Curriculares de 1996.

O processo de renovação do Serviço Social, na vertente de ruptura com o conservadorismo e tradicionalismo na profissão, expande-se no período da crise da autocracia burguesa no país em um contexto vigoroso de lutas sociais contra a ditadura e pela democratização, aliadas à luta anti-imperialista,

---

8. As ambiguidades do Currículo de 1982 são amplamente analisadas no projeto de revisão curricular da Faculdade de Serviço Social da PUC-SP, publicado na revista *Serviço Social & Sociedade*, n. 14, p. 29-103, 1984.

anticapitalista no horizonte socialista. O Serviço Social se aproxima das ciências sociais em interlocução com as diversas áreas do conhecimento e se insere no circuito universitário, mas é em sua *evolução* nos anos 1980 que os profissionais se defrontam com as fontes clássicas da teoria social e imprimem um novo *estatuto teórico à profissão no legado marxiano e na tradição marxista*.

8. Os Instrumentos Legais que Conformam o PEP na década de 1990

O *Código de Ética Profissional de 1993, a Lei de Regulamentação da Profissão de 1993 e as Diretrizes Curriculares de 1996 constituem* os instrumentos legais do *PEP* que alicerçam a formação e o exercício profissional. Novos e instigantes desafios eclodem nas diferentes conjunturas no país, e os profissionais, sujeitos deste processo, têm a responsabilidade intelectual, teórica, política e ética de enfrentá-los na direção do *projeto profissional de ruptura como processo em permanente movimento*.

8.1 O Código de Ética Profissional e os desafios da profissão

O Código de Ética Profissional, de 1993, insere-se no *processo de ruptura cujos fundamentos* sustentam-se na ontologia do ser social:

> A revisão que se procedeu, compatível com o espírito do texto de 1986, partiu da compreensão de que a Ética deve ter como suporte uma ontologia do ser social: os valores são determinações da prática social, resultantes da atividade criadora tipificada no processo de trabalho. É mediante o processo de trabalho que o ser social se constitui, se instaura como distinto do ser natural, dispondo da capacidade teleológica, projetiva, consciente; e por esta socialização que ele se põe como ser capaz de liberdade (CFESS, 1993, p. 10).

Os princípios fundamentais do Código de Ética são definidos pela Resolução CFESS n. 273, de 13 de março de 1993, por meio do/a:

> a) Reconhecimento da liberdade como valor ético central e das demandas políticas a ela inerentes — autonomia, emancipação e plena expansão dos indivíduos sociais; b) Defesa intransigente dos direitos humanos e recusa do arbítrio e do autoritarismo; c) Ampliação e consolidação da cidadania, considerada tarefa primordial de toda a sociedade, com vistas à garantia dos direitos civis, sociais e políticos das classes trabalhadoras; d) Defesa do aprofundamento da democracia, enquanto socialização da participação política e da riqueza socialmente produzida; e) Posicionamento em favor da equidade e justiça social, que assegure universalidade de acesso aos bens e serviços relativos aos programas e políticas sociais, bem como sua gestão democrática; f) Empenho na eliminação de todas as formas de preconceito, incentivando respeito à diversidade, à participação de grupos socialmente determinados e à discussão das diferenças; g) Garantia do pluralismo, através do respeito às correntes profissionais democráticas existentes e suas expressões teóricas e constante aprimoramento intelectual; h) Opção por um projeto profissional vinculado à construção de uma nova ordem societária, sem dominação-exploração de classe, etnia e gênero; i) Articulação com os movimentos de outras categorias profissionais que partilhem dos princípios desse Código e a luta geral dos trabalhadores; j) Compromisso com a qualidade dos serviços prestados à população e com o aprimoramento intelectual na perspectiva de competência profissional; k) Exercício do Serviço Social sem ser discriminado, nem discriminar, por questão de inserção de classe social, gênero, etnia, religião, nacionalidade, opção sexual, idade e condição física (CRESS-SP, 2004, p. 38).

O intenso debate sobre as revisões necessárias ao Código de 1986 inicia-se, em 1992, pela análise da questão da ética em geral para, a seguir, tratar da ética profissional, no âmbito das atividades sociais da vida cotidiana, que desponta na elaboração do Código de 1993. Este se diferencia do discurso liberal ao afirmar a democracia e a equidade como valores ético-políticos, cuja luta em seu interior do ponto de vista de classe prevê:

> [...] a ultrapassagem das limitações reais que a ordem burguesa impõe ao desenvolvimento pleno da cidadania, dos direitos e garantias individuais e sociais

e das tendências à autonomia e à autogestão social (CFESS, 1993, p. 10) [...] resgatando a concepção marxiana presente no pensamento socialista revolucionário (Barroco, 2001, p. 203). [...] A defesa da equidade explicita os limites da liberdade burguesa, incompatível com a igualdade, a justiça social e a cidadania plena, pois a cidadania burguesa no âmbito da democracia liberal é suporte para a desigualdade (Barroco, 2001, p. 204).

As escolhas teóricas, que norteiam o Código de Ética de 1996, fundamentam-se na *teoria do ser social*, que tem no trabalho sua categoria fundante, e sustentam a profissão em suas dimensões *teleológica* e *ontológica*. A dimensão *teleológica* da profissão indica sua finalidade social na divisão sociotécnica do trabalho, nos espaços sócio-ocupacionais contraditórios, na relação capital-trabalho, com hegemonia das classes dominantes; se dirige ao *enfrentamento* da *"Questão Social"*, que exige resistência e luta pelos direitos sociais. A dimensão *ontológica* pressupõe o horizonte da emancipação humana, que incide na compreensão da necessidade da revolução social para a superação da barbárie capitalista. Reafirmar essas duas dimensões pressupõe estabelecer mediações profissionais, com base na realidade sócio-histórica, nas esferas institucionais e nas esferas autônomas dos movimentos sociais.

O trato teórico destas questões pode auxiliar a desmistificar o aparato ideopolítico e programático dos governos que se submetem à ordem do capital e se tornam obstáculos à luta de classes ao cooptar as massas trabalhadoras para o seu projeto de dominação; ao tratar a internacionalização do capital como condição inexorável e irreversível; e ao negar o potencial histórico-revolucionário da classe que vive da venda de sua força de trabalho. O discurso dominante e preponderante, de alguns setores progressistas e de esquerda, é de que a crítica radical aos governos que tiveram legitimidade nas massas trabalhadoras favorece o conservadorismo. Porém, essa posição esconde e bloqueia teórica e politicamente o avanço da consciência social e política dos trabalhadores. Expande-se a *política do consenso*, em que as divergências políticas tendem a ser sufocadas, fazendo com que o movimento se imobilize, se burocratize e se constitua em correia de transmissão dos governos, do pensamento dominante que se transforma em pensamento único como força teórica, política e ideológica. Se o nosso projeto *profissional de ruptura tem futuro* (Netto, 2004a), devem-se combater as tendências governistas e adesistas na defesa intransigente da autonomia do projeto e da organização profissional, tal qual o construímos.

Contemporaneamente, a social-democracia impõe o neoliberalismo como defensora da ordem do capital sob o domínio imperialista. Ir à raiz se faz cada vez mais imperativo para avançar e combater, com mobilizações de massas nas ruas, o sectarismo de toda ordem, o vanguardismo, o burocratismo, e construir a unidade política na ação para fazer frente a essa destruição encoberta e camuflada pelo Estado de direito da democracia formal burguesa, que tem nos partidos de massas aliados do grande capital. Cabe destacar que os governos brasileiros de Lula da Silva, em seus dois mandatos, e o primeiro mandato de Dilma Rousseff tornaram-se mais interessantes para o grande capital dos oligopólios do que os governos de FHC, pois os primeiros têm apoio popular e de amplos setores de esquerda, nas organizações sociais massivas, como a CUT, a CMP, o MST. Os governos petistas passam a não interessar mais ao capital quando há uma queda vertiginosa de popularidade, no segundo mandato de Dilma Rousseff, frente às medidas neoliberais implantadas, o que levou a direita a se articular para depô-la, em 2016, para que um governo, com maior celeridade, aplicasse as contrarreformas necessárias ao grande capital. O processo brutal de capitulação, durante os governos de conciliação de classes, acrescido da despolitização das massas trabalhadoras, recoloca para os marxistas revolucionários a tarefa histórica de repensar táticas e estratégias improrrogáveis no processo da luta de classes.

O desafio de desvelar a relação entre ética e política, captar os substratos nela contidos, as dimensões objetivas da base material e subjetivas da organização e da consciência, interessa-nos para capturar de que modo — concreta e materialmente — o nosso projeto ético-político profissional se move nos marcos do avanço do neoliberalismo em nosso país, que a partir do golpe de direita, em 2016, e a eleição da extrema-direita em 2018, nos exigem novas estratégias de ação, posto que o recrudescimento da classe dominante se torna brutal na destruição dos direitos da classe trabalhadora.

As novas configurações da realidade social se apresentam cotidianamente ao projeto profissional nos diferentes espaços sócio-ocupacionais, nas esferas públicas estatais e na iniciativa privada, conforme cada particularidade; no último caso, desde a empresa privada lucrativa até as entidades sociais e as organizações não governamentais. As modificações incidem, sobretudo: a) no modo de ser e pensar, de existir e realizar a profissão, para reafirmar o projeto hegemônico; b) na relação do projeto profissional ao projeto societário no campo de classe; c) na construção de respostas profissionais às necessidades e demandas sociais. A posição teórico-política assumida defende a solidariedade de classe em contraposição à solidariedade indiferenciada, tão propagada pelo neoliberalismo para substituir as funções do Estado, destruindo as políticas sociais que transformam o fundo público em fundo privado. A orientação estratégica reafirmada nos fóruns organizativos de assistentes sociais, ao longo dos últimos 40 anos, revelou *"não ter nenhum medo de estar absolutamente contra a corrente política de nosso tempo"* (Anderson, 1995, p. 197, grifos nossos). Cabe-me, porém, verificar quais os desdobramentos e os enfrentamentos profissionais colocados na atual quadra histórica com a *"coragem cívica e intelectual"* (Netto, 1996, p. 119, grifos nossos) que nos é permanentemente exigida.

8.2 As Diretrizes Curriculares[9] aprovadas pela ABEPSS

As Diretrizes Curriculares aprovadas no fórum na Oficina Nacional da ABEPSS, em 1996, regional e nacionalmente debatidas em mais de 200 oficinas, no período de 1991 a 1996, consubstanciam, no âmbito da formação profissional, os elementos do projeto de ruptura. As diretrizes fundadas no compromisso social e político da formação acadêmica e do exercício profissional adotam um explícito ponto de vista de classe, na análise da sociedade e da função social da profissão. A profissão é concebida processualmente, sendo "o currículo um instrumento de fazer história, como obra cultural, constitui-se em espaço para a produção e reprodução de saberes e experiências, e

---

9. O MEC, pela Lei de Diretrizes e Bases da Educação Nacional — Lei 9.394, 20 de dezembro de 1996 —, extingue o currículo mínimo para os cursos graduados de nível superior e define que as formações acadêmicas graduadas devem se pautar em diretrizes curriculares.

quem inventou pode desinventar, reinventar, inventar de novo" (Silva, 1999, p. 61). As profissões, portanto, são criações humanas geradas na trama das relações sociais, podendo modificar-se, renovando-se ou conservando-se em direções ideopolíticas, sócio-históricas e culturais a partir da correlação de forças existentes na sociedade.

> *A direção social* do curso implica a defesa dos direitos sociais conquistados e sua ampliação, hoje ultrajados pela política neoliberal; a defesa da equidade e da justiça social enquanto universalização do acesso a bens e serviços relativos à reprodução da vida social; a defesa da qualidade e gestão democrática desses serviços; a defesa do trabalho; a luta contra a exclusão de amplas parcelas da população do processo produtivo; a luta contra a exploração nas diversas formas de trabalho tendo como horizonte a autonomia, a socialização da política, a apropriação coletiva da riqueza socialmente produzida, no pleno desenvolvimento dos indivíduos sociais (ABESS, 1998, p. 99, grifos nossos).

O novo Currículo de 1996, orientado pelas diretrizes curriculares, mantém uma interlocução crítica com o Currículo de 1982; trata, sobretudo, de preservar seus avanços, reafirmando-os, e superar suas lacunas expressando traços de continuidade e ruptura; tendo-se clareza, acima de tudo, de que deve ser constantemente avaliado, diante das exigências impostas pela realidade sócio-histórica, estrutural e conjuntural que incidem sobre a profissão e o profissional.

Os traços de continuidade, relativos ao Currículo de 1982, revelam-se na compreensão da profissão como produto histórico; como uma forma de especialização do trabalho coletivo inscrito na divisão sociotécnica do trabalho, no âmbito das relações entre as classes sociais e suas frações e destas com o Estado brasileiro. Por outro lado, superar as lacunas do Currículo de 1982 pressupõe estabelecer outra lógica de organização da formação, posto que "a profissão não é fundada em disciplinas ou teorias, mas no movimento histórico concreto da realidade social" (ABESS, 1998, p. 98). Substantivamente, sua continuidade se assenta nos pilares da concepção estratégica da profissão, e as Diretrizes Curriculares de 1996 buscam tornar efetiva essa direção com as mediações do projeto profissional articulado ao mercado de trabalho e à conjuntura nacional com suas determinações.

As Diretrizes Curriculares para o curso de Serviço Social,[10] aprovadas em 1996, estabelecem as diretrizes gerais, os pressupostos e princípios da formação em estreita articulação ao exercício profissional.

8.2.1 Diretrizes gerais

As diretrizes gerais da formação profissional, compreendidas nas Diretrizes Curriculares, se definem por:

a) Apreensão crítica do processo histórico como totalidade; b) Investigação sobre a formação e os processos sociais contemporâneos que conformam a sociedade brasileira, no sentido de apreender as particularidades da constituição e desenvolvimento do capitalismo e do Serviço Social no país; c) Apreensão do significado social da profissão desvelando as possibilidades de ação contidas na realidade; d) Apreensão das demandas — consolidadas e emergentes — postas ao Serviço Social via mercado de trabalho, visando formular respostas profissionais que potenciem o enfrentamento da questão social, considerando as novas articulações entre o público e o privado; e) Exercício profissional cumprindo as competências e atribuições previstas na Legislação Profissional em vigor (Diretrizes Gerais para o Curso de Serviço Social, ABESS. *In*: CRESS-SP, 2004, p. 60).

As diretrizes gerais, os pressupostos e os princípios do projeto de formação profissional organizam uma nova lógica curricular em três núcleos de fundamentação: Fundamentos Teórico-Metodológicos da Vida Social; Fundamentos da Formação Sócio-Histórica da Sociedade Brasileira; e Fundamentos do Trabalho Profissional. A nova estruturação pretende superar a fragmentação e a pulverização dos conteúdos desenvolvidos em áreas

---

10. Esta proposta se finaliza no documento intitulado "Proposta Básica para o Projeto de Formação Profissional: Novos Subsídios para o Debate", ABESS, 1996, apresentado na XIX Convenção Nacional da ABESS, realizada em Recife (PE), em novembro de 1995, para subsidiar as discussões sobre a revisão curricular, ABESS/CEDEPSS. *In*: *Serviço Social & Sociedade*, O Serviço Social no século XXI, São Paulo: Cortez, ano XXVII, n. 50, p. 143-71, abr. 1996..

de conhecimento, a partir de uma compreensão da totalidade histórica. Porém, o novo reordenamento somente poderá avançar se as dimensões teórico-metodológica, ético-política e técnico-operativa forem incorporadas do ponto de vista da teoria do ser social e das múltiplas determinações postas na realidade, na divisão sociotécnica do trabalho, na inserção do profissional diante das demandas do mercado de trabalho, dos sujeitos de classe em disputa na sociedade, das lutas e movimentos sociais autônomos em direção às suas conquistas e projeção histórica. Por outro lado, é importante conhecer como se expressam os projetos pedagógicos dos cursos de Serviço Social, a partir da concepção de formação profissional assumida pela ABEPSS.

8.2.2 Os pressupostos da formação profissional

Os pressupostos da formação profissional nas diretrizes curriculares para o curso de Serviço Social se referem a:

a) O Serviço Social se particulariza nas relações sociais de produção e reprodução da vida social como uma profissão interventiva no âmbito da questão social, expressa pelas contradições do desenvolvimento do capitalismo monopolista; b) A relação do Serviço Social com a questão social — fundamento básico de sua existência — é mediatizada por um conjunto de processos sócio-históricos e teórico-metodológicos constitutivos de seu processo de trabalho; c) O agravamento da questão social em face das particularidades de reestruturação produtiva no Brasil, nos marcos da ideologia neoliberal, determina uma inflexão no campo profissional do Serviço Social. Esta inflexão é resultante de novas requisições postas pelo reordenamento do capital e do trabalho, pela reforma do Estado e pelo movimento das classes, com amplas repercussões no mercado profissional de trabalho; d) O processo de trabalho do Serviço Social é determinado pelas configurações estruturais e conjunturais da questão social e pelas formas históricas de seu enfrentamento, permeadas pela ação dos trabalhadores, do capital e do Estado, através das políticas e lutas sociais (CRESS-SP, 2004, p. 57-8).

As implicações estruturais, conjunturais, ético-políticas, organizativas e teóricas serão analisadas para uma compreensão desse período, bem como a proliferação das escolas privadas que passa a se constituir em um limite a ser debatido e enfrentado. Registro ainda a necessidade de uma revisão teórica do trato categorial utilizado em dois dos pressupostos (letras b e d) que se referem ao processo de trabalho, a ser desenvolvida no capítulo V.

8.2.3 Os princípios da formação profissional

Os princípios que fundamentam o processo de formação profissional, desde 1996, encontram-se contemplados nas diretrizes curriculares, a saber:

> a) flexibilidade de organização dos currículos plenos, expressa na possibilidade de definição de disciplinas e/ou outros componentes curriculares — tais como oficinas, seminários temáticos, atividades complementares — como forma de favorecer a dinamicidade do currículo; b) rigoroso trato teórico, histórico e metodológico da realidade social e do Serviço Social, que possibilite a compreensão dos problemas e desafios com os quais o profissional se defronta no universo da produção e reprodução da vida social; c) adoção de uma teoria social crítica que possibilite a apreensão da totalidade social em suas dimensões de universalidade, particularidade e singularidade; d) superação da fragmentação de conteúdos na organização curricular, evitando-se a dispersão e a pulverização de disciplinas e outros componentes curriculares; e) estabelecimento das dimensões investigativa e interventiva como princípios formativos e condição central da formação profissional, e da relação teoria e realidade; f) padrões de qualidade idênticos para cursos diurnos e noturnos, com máximo de quatro horas/aulas diárias de atividades nestes últimos; g) caráter interdisciplinar nas várias dimensões do projeto profissional; h) indissociabilidade nas dimensões de ensino, pesquisa e extensão; i) exercício do pluralismo como elemento próprio da natureza da vida acadêmica e profissional, impondo-se o necessário debate sobre as várias tendências teóricas, em luta pela direção social da formação profissional, que compõem a produção das ciências humanas e sociais; j) ética como princípio formativo perpassando a formação curricular; k) indissociabilidade entre estágio e supervisão acadêmica e profissional (CRESS-SP, 2004, p. 59).

As diretrizes curriculares do curso de Serviço Social significam um avanço na consolidação do *PEP*; por outro lado, o Ministério da Educação e Cultura (MEC), ao aprová-las, ceifou os conteúdos dos tópicos de estudos, fragilizando a concepção de formação profissional, o que requer a luta sistemática da categoria na consolidação de nosso projeto, definido pela ABEPSS. Necessita ser debatido e articulado à luta mais ampla em defesa do ensino público, laico, gratuito, de qualidade universal, presencial, no âmbito do ensino superior, que desde o governo FHC vem estabelecendo a contrarreforma do ensino, voltada para a privatização e mercantilização da educação seguindo o receituário do FMI e do Banco Mundial. Historicamente, o ensino no Brasil sempre esteve voltado para as reformas de interesses do capital; nossa análise, porém, se dirige aos desafios, a partir da década de 1990, com a implantação do neoliberalismo no país.

A contrarreforma do ensino superior, nos governos de FHC, sustenta seu estatuto de legalidade na LDB, Lei de Diretrizes e Bases, n. 9.394/96, que define a *flexibilização* como a grande estratégia de enraizamento, fortalecimento e expansão da *Universidade Operacional e Gerencial*, de destruição da universidade fundada no reconhecimento público, de legitimidade que lhe confere autonomia do saber, em relação à religião e ao Estado (Chaui, 1999). Em 2004, o governo Lula aplica uma série de medidas e projetos de lei que aprofundam a privatização da educação (Prouni, Parcerias Público-Privada — PPPs —, Lei de Inovação Tecnológica, entre outras); ampliam-se programas compensatórios, em detrimento da política pública de acesso e permanência universais, medidas que permanecem e se expandem no governo de Dilma Rousseff e se cronificam no governo Temer.

8.3 Lei de regulamentação da profissão

A lei de regulamentação da profissão, n. 8.662, de 7 de junho de 1993, revista e atualizada, dirige-se às competências e atribuições privativas das assistentes sociais no exercício profissional e às atribuições do CRESS como órgão fiscalizador da profissão. As competências profissionais remetem-se fundamentalmente aos direitos civis, políticos e sociais, no atendimento das políticas aos indivíduos sociais, sujeitos portadores de direitos. Assim, para que o profissional possa realizar o *PEP* em todas as dimensões, faz-se necessária uma análise permanente da realidade social que se conforma no solo histórico da formação e do exercício profissional.

> A aposta na superação da ordem burguesa não é um voto fideísta num futuro escatológico — é uma projeção calçada em tendências reais. Os homens — podem — preferir a barbárie, mas é pouco provável que o façam, pela simples (ou muito complexa) razão de que, com esta escolha, ao contrário do poeta, prefeririam nenhum movimento (Netto, 1995, p. 56).

CAPÍTULO II

Os anos 1980 e a direção sociopolítica da profissão no processo de ruptura com o conservadorismo

1. Bases Teóricas de Fundamentação do Projeto Ético-Político Profissional

Compreender o significado da profissão na divisão sociotécnica do trabalho, nos marcos da institucionalização no país, na década de 1930, que apresenta nas expressões da *"Questão Social" sua fundação sócio-histórica*, pressupõe apreender as categorias teóricas fundantes da teoria social e suas determinações no modo de produção capitalista.

1.1 Produção social

No mundo burguês capitalista, a produção social é imediatamente reprodução social, distribuição, circulação e consumo, o que presume compreender que esse modo de produção encerra um conjunto de relações sociais no âmbito das determinações do capital sobre o trabalho. A totalidade das relações sociais supõe uma articulação entre economia, política, cultura e ideologia, no conjunto da base material da vida social que expressa determinações da sociabilidade humana. A base material, circunscrita à base econômica da sociedade, abarca o mundo da produção e organiza a gestão da força de trabalho, em que ocorre a exploração da força de trabalho humano no processo de produção de valor e de mais-valor (valorização).

> A totalidade dessas relações de produção constitui a estrutura econômica da sociedade, a base real sobre a qual se eleva uma superestrutura jurídica e política, e à qual correspondem formas sociais determinadas de consciência. O modo de produção da vida material condiciona o processo de vida social, política e intelectual (Marx, 1974b, p. 233).

As relações de produção correspondem a um grau de desenvolvimento das forças produtivas materiais, que se constituem em relações sociais, e é: "na produção social da própria existência que os homens entram em relações determinadas, necessárias, independentes de sua vontade" (Marx, 1974b, p. 233). A produção social capitalista pode ser considerada como última forma antagônica de produção social, e ao apresentar a contradição entre o desenvolvimento das forças produtivas e as relações de produção existentes, "abre-se então a possibilidade histórica de um tempo de revolução social" (Marx, 1974b, p. 233). A produção constitui-se em uma atividade social essencialmente histórica que expressa relações entre as classes sociais, em que o capital, como relação social, objetiva-se sobre a forma de mercadoria. A primeira e fundamental mercadoria, para o capital, é a força de trabalho humano que se objetiva no trabalho não pago, alienado, reificado, na produção de mais-valor advindo da superexploração da força de trabalho

O modo de produção capitalista é determinado pela exploração da força de trabalho, para acumular capital, pela propriedade privada dos meios de produção e pela divisão das classes na sociedade; utiliza-se de mecanismos diferenciados de gestão da força de trabalho e de formas distintas de regulação na esfera do Estado, de acordo com cada momento histórico do desenvolvimento das forças produtivas que se manifesta de maneira diversa, desigual e combinada, em países capitalistas desenvolvidos e em países de capitalismo tardio. Este fenômeno possibilita decifrar as estratégias do epicentro do capitalismo para dar continuidade ao processo de dominação e subordinação dos países periféricos ao capital internacional. Decorrem desta condição traços comuns, que identificam o capitalismo como formação social, e traços particulares do desenvolvimento das forças produtivas, que o diferenciam a cada período de crescimento econômico (progressivo) e de crise de superprodução e queda tendencial da taxa de lucro (regressivo). "O modo de produção da vida material condiciona, em geral, o processo social, político e espiritual da vida" (Marx, 1974b, p. 136). No prefácio de *Para a crítica da economia política*, Marx define (1999, p. 136):

> [...] o conjunto das relações de produção como a base real a partir da qual se explicita o conjunto das formas de consciência; e como essas, por seu turno, são condicionadas pelo processo social, político e espiritual da vida. Em síntese: "Não é a consciência dos homens que determina o seu ser; ao contrário, é o seu ser social que determina sua consciência".

A produção social, na qualidade de produção material, se forma, portanto, como prioridade ontológica em relação a outras categorias, pois é na produção material da própria vida que os homens contraem relações sociais de produção. A prioridade ontológica não determina uma hierarquia de valor entre as categorias, mas é a base de articulação de todas as esferas da vida social, o que conduz a uma autonomia relativa das esferas da política e da cultura, à base econômica da sociedade, dada pelo capital sobre o trabalho, na produção material, produção de mercadoria, de valor e mais-valor.

1.2 O trabalho: categoria fundante do ser social

O caminho teórico-metodológico do legado marxiano subentende que o método consiste em elevar-se do abstrato — como categoria simples — ao concreto, como maneira de se proceder no pensamento, para se apropriar do concreto. O processo de abstração, portanto, não se apoia somente em atividade intelectiva, posto que se (re)produz na realidade. O pensamento, assim, é "como representação ideal do movimento real" (Marx, 1974b, p. 410), em que as leis do pensamento abstrato se elevam do mais simples ao mais complexo, no "processo histórico real" (Marx, 1974b, p. 411). O trabalho consiste em uma categoria abstrata simples, que possibilita reproduzir o concreto como síntese de múltiplas determinações e de unidade do diverso. O trabalho configura-se protoforma da atividade humana, categoria fundante do ser social; é um processo entre o homem e a natureza que, por sua *"própria ação, medeia, controla e regula seu organismo com a natureza"* (Marx, 1988, p. 142, grifos nossos). O trabalho, portanto, é concebido em uma forma que pertence exclusivamente ao homem, *"mas o que distingue, de antemão, o pior arquiteto da melhor abelha é que ele constituiu o favo em sua cabeça antes de construí-lo em cera"* (Marx, 1988, p. 142, grifos nossos). O homem no processo de trabalho obtém no fim um resultado que, desde o início, existiu em sua imaginação e, portanto, idealmente (prévia-ideação). O homem realiza a capacidade de projetar no pensamento o próprio trabalho que possui uma finalidade, a vontade dirigida a um fim; além do esforço dos órgãos que trabalham, fundando-se em objetivação primária do ser social.

O trabalho é concebido, no sentido mais amplo, mais universal, como primordial para a produção da vida material e reprodução da vida humana. O trabalho objetiva-se em suas dimensões teleológica e ontológica. A dimensão teleológica é a que institui a utilidade social do trabalho, a sua finalidade em uma dada formação sócio-histórica, e a dimensão ontológica é a forma privilegiada do ser social, como sociabilidade humana. O trabalho, como essência e protoforma da atividade humana, apresenta-se em todas as formações sócio-históricas, portanto, é pré-capitalista, capitalista e pós-capitalista; sua natureza é transistórica, atravessando os diferentes modos de produção de modo particular. O trabalho, logo, abarca um estatuto ontológico preponderante de práxis social. "Só quando o trabalho for efetiva e completamente dominado pela humanidade e, portanto, só quando ele tiver superado qualquer caráter coercitivo em sua própria autoprodução, só então terá sido aberto o caminho social da atividade humana como fim autônomo" (Lukács, 1979,

p. 16). O interesse central de Marx, seguido por Lukács, é a totalidade da vida social, em que o processo de transformação social deve se fundar em fatores econômicos de prioridade ontológica, em seu momento predominante, e em fatores não econômicos da totalidade da vida social (políticos, culturais, estéticos, éticos, entre outros).

Marx, ao se referir ao trabalho útil, criador de valor de uso, forma sócio-humana em seu metabolismo entre o homem e a natureza, apresenta duas determinações: a primeira é de que a sociedade depende ontologicamente da natureza, a forma social depende de uma forma natural que a antecipa; a segunda possibilita que o metabolismo do trabalho torne-o modelo de toda práxis social, que possui causalidade e teleologia (finalidade). *"Não é o que se faz, mas o como se faz, com que meios de trabalho se faz, é o que distingue as épocas econômicas"* (Marx, 1988, p. 144, grifos nossos).

No capitalismo, a utilização da força de trabalho constitui-se no próprio trabalho. O trabalho é o ato teleológico por excelência, intenção, finalidade. O homem pela prévia-ideação elabora, projeta o próprio trabalho. No modo de produção capitalista, há uma subsunção do valor-de-uso — trabalho socialmente útil — ao seu valor-de-troca — trabalho alienado, abstrato, reificado e que cumpre papel decisivo na criação de valor e mais-valor. A mercadoria resulta da interação entre trabalho vivo-humano e trabalho morto-maquinaria; da interação entre capital variável, na extração de mais-valor e capital constante pela maquinaria. No capitalismo, o trabalho abstrato — *labour* — como *modus operandi* básico sobre o trabalho concreto — *work* — que produz coisas socialmente úteis é o que prevalece em sua dimensão quantitativa, assumindo a realização da atividade cotidiana, alienada, coisificada, fetichizada da mercadoria.

O homem se aliena[1] no processo de trabalho, que se subordina ao processo de valorização, ao criar valor e mais-valor; o processo de trabalho é organizado para o aprimoramento de acumulação do capital, ampliação do lucro, no sistema da superexploração da força de trabalho. O homem se aliena, se

---

1. Alienação e estranhamento, consultar: MARX, Karl. *Manuscritos econômicos e filosóficos de 1844*. Lisboa: Edições Avante, n. 26, 1993. Consulte ainda: Mészáros (1981); Konder (1983); Netto (1990); Antunes (1995); Frederico (1995); Ranieri (2000).

estranha, não se reconhece como indivíduo e, portanto, como gênero humano no processo de trabalho. O trabalhador se torna mercadoria, força de trabalho, e o trabalho decai *a uma mercadoria e à mais miserável mercadoria*. A luta por uma vida cheia de sentidos, por uma sociedade emancipada, pressupõe a dissolução do trabalho abstrato, alienado, fetichizado que produz valor de troca, o fim da exploração do trabalho pela supressão positiva da ordem do capital na extinção da propriedade privada dos meios de produção.

De outro lado, captar o trabalho concreto como atividade humana, em sua dimensão qualitativa, que produz valor de uso, coisas socialmente necessárias para a humanidade, torna-se essencial. O trabalho concreto se objetiva em uma atividade humana genérico-social que transcende a vida cotidiana; se configura no primeiro momento de efetivação de uma individualidade omnilateral como condição necessária para a realização do gênero humano. A genericidade humana, em um processo de prevalência da omnilateralidade humana, somente terá possibilidade histórica em uma sociedade emancipada de auto-organização de indivíduos sociais livremente associados, transitando da pré-história à história humana, a sociedade comunista: "O movimento do comunismo não é um estado a implantar-se, um ideal a que a realidade deve sujeitar-se. Chamamos de comunismo ao movimento real que anula e supera o estado de coisas atual, e as condições deste movimento arrancam das premissas hoje existentes" (Marx e Engels, 2009, p. 52).

"*A revolução de nossos dias é a revolução do trabalho e no trabalho*" (Antunes, 1995, p. 86, grifos nossos). No trabalho, à medida que se deve abolir o trabalho abstrato, coisificado, alienado, o trabalho assalariado; a condição de sujeito-mercadoria. Do trabalho, uma vez que se encontram, na classe trabalhadora, mulheres e homens, sujeitos sociais de classe capazes de protagonizarem ações emancipatórias. Marx compreende o ser social como ser histórico; um ser que se objetiva, um ser que se exterioriza, que se expressa ininterruptamente, e sua objetivação, como ser social, materializa-se por uma condição ontológica relacionada às condições histórico-naturais.

No mundo capitalista, o homem não se reconhece como criador e criatura, realizando-se o fenômeno da objetivação negativa exteriorizada pela alienação. Torna-se determinante considerar a superação da base econômica, material da alienação, pois o contrário inviabiliza a sociedade de se emancipar. Todavia, não se quer dizer que outras formas alienantes não devam ser superadas, posto *"que cortam e atravessam nossas ações, penetram os poros de nossa relação social"* (Netto, 2000, p. 18, grifos nossos); o que pressupõe lutar contra todas as formas alienantes existentes na sociedade de classes. A base da alienação no mundo capitalista é a propriedade privada dos meios de produção, o que determina que a supressão positiva da ordem do capital considere a superação da alienação, tipificada na produção material pela venda da força de trabalho.

> Em uma certa etapa de seu desenvolvimento as forças produtivas materiais da sociedade entram em contradição com as relações de produção existentes, ou, o que nada mais é do que a sua expressão jurídica, com as relações de propriedade dentro das quais aquelas até então se tinham movido; de formas de desenvolvimento das forças produtivas, essas relações se transformam em seus grilhões, sobrevém então uma época de revolução social. Com a transformação da base econômica toda a enorme superestrutura se transforma com maior ou menor rapidez (Marx, 1999, p. 52).

O interesse de Marx é, portanto, a sociedade como um todo, no processo de transformação social, que é fruto da atividade humana, mas sem dúvida (de)limitada pela sociedade onde tem suas raízes.

> Os homens fazem a sua própria história; contudo, não a fazem de livre e espontânea vontade, pois não são eles que escolhem as circunstâncias sob as quais ela é feita, mas estas lhe foram transmitidas assim como se encontram. A tradição de todas as gerações passadas é como um pesadelo que comprime o cérebro dos vivos (Marx, 2011, p. 25).

A análise da realidade prevê que os acontecimentos devem se referenciar no contexto histórico mundial, no qual o capitalismo possui um caráter histórico específico, isto é, transitório. Do legado marxiano nos apropriamos de seus elementos constitutivos — a teoria do valor trabalho, o materialismo histórico-dialético e a perspectiva da revolução social —, constituindo a teoria social da totalidade, a qual Lukács denomina de ontologia do ser social.

A teoria social pressupõe a prioridade ontológica da produção material como momento determinante em que ocorre a exploração da força de trabalho, como primeira mercadoria do mundo burguês, na ordem do capital. Do ponto de vista teórico, cabe explicitar que essa determinação supõe que outras categorias analíticas a ela se vinculem, como cultura, gênero, raça e etnia, o que significa dizer que o desconhecimento ou negação desta construção teórica tem levado muitos movimentos reivindicatórios a um politicismo e, muitas vezes, a um identitarismo na ação que desvincula a luta (específica) particular, imediata, da luta de classes (histórica). A luta contra qualquer tipo de opressão, preconceito e/ou discriminação articula-se à luta contra a exploração, posto que sem sua superação não há possibilidade de superação da ordem do capital e construção do projeto de emancipação humana. O trabalho é uma categoria central na qual todas as outras determinações da práxis já se apresentam:

> [...] o trabalho, portanto, enquanto formador de valores de uso, enquanto trabalho útil, é uma condição da existência do homem, independente de todas as formas de sociedade, é uma necessidade natural eterna, que tem a função de mediatizar o intercâmbio orgânico entre o homem e a natureza, ou seja, a vida dos homens (Marx, 1974b, p. 146).

O trabalho consiste em uma condição eterna, pois sem ele não há reprodução humana. O trabalho é um processo entre o homem e a natureza que se exterioriza como objetivação do ser social, como uma condição ontológica do homem que, em determinadas circunstâncias históricas, se objetiva negativamente pela alienação. Considerar a base econômica da alienação é indiscutivelmente fundamental para a sua superação, o que não significa dizer que outras formas alienantes não devam ser superadas; porém, a luta contra a alienação supõe necessariamente a superação da base material que a engendra, embora as outras formas de alienação não sejam superadas como consequências imediatas. Reafirmo ainda ser fundamental lutar contra todas as formas de alienação materializadas na dominação política, na opressão social de classe, gênero, étnica, racial, de orientação sexual, geracional e outras que venham a ocorrer.

Enquanto existir trabalho assalariado, existirá trabalho alienado; portanto, tática, estratégica e concomitantemente devemos combater as formas materiais e não materiais de alienação. Não há vida social sem objetivação. Todavia, há possibilidade de vida social sem alienação, material e não material, constitutivas da ordem do capital, em uma sociedade emancipada; o que não quer dizer que outras formas de alienação não possam existir em outra sociabilidade, o que corresponde à da dialeticidade na história humana. Em sua investigação sobre o ser social, Marx expressa na teoria do ser social seu percurso metodológico, posto que toda sociedade constitui uma totalidade, e que para compreender a realidade é preciso partir da análise concreta de situações concretas, síntese de múltiplas determinações, unidade do diverso.

> [...] Por isso o concreto aparece no pensamento como o processo de síntese, como resultado, não como ponto de partida, ainda que seja o ponto de partida efetivo e, portanto, o ponto de partida também da intuição e da representação (Marx, 1974b, p. 122).

O Serviço Social tem na realidade sua fundação sócio-histórica, o que implica conhecer e adotar o método em Marx de análise e interpretação da realidade, tendo como ponto de partida as categorias simples abstratas como o trabalho, a divisão do trabalho, para compreender as classes sociais antagônicas, que cumprem papel estruturante na ordem do capital.

> À primeira vista para se estudar a sociedade dever-se-ia partir em economia do estudo da população que parece ser a categoria concreta de análise, porém, a população em si constitui-se em uma abstração caótica, se não considerarmos as classes que a compõem e que também se tornam palavras vazias se não forem contemplados os elementos em que repousam como o trabalho assalariado e o capital que supõem a troca, o valor, o dinheiro, os preços... (Marx, 1974b, p. 122).

O método de apreensão da realidade parte do pensamento abstrato, eleva-se do mais simples ao complexo e equivale ao movimento histórico da realidade. O trabalho aparece como categoria abstrata simples, a representação do trabalho como categoria universal, ontológica, como trabalho em geral, se funda em protoforma da atividade humana, modelo de práxis. No modo de produção capitalista, o trabalho como fonte de valor e mais-valor (valorização) não poderá ser eliminado. O que corresponde à introdução e à ampliação de (novas) tecnologias é uma alteração nas relações e nos processos de trabalho, ao reduzirem o trabalho vivo (humano), substituindo-o, em grande parte, por trabalho morto (maquinarias), porém, sem eliminá-lo, posto que o trabalho abstrato (alienado) é o que produz a acumulação capitalista.

> Com o desenvolvimento da subsunção real do trabalho ao capital ou do modo de produção especificamente capitalista, não é o operário industrial, mas uma crescente capacidade de trabalho socialmente combinada que se converte no agente real do processo de trabalho total. Consequentemente, as diversas capacidades de trabalho que cooperam e formam a máquina produtiva total participam de maneira muito diferente no processo imediato da formação de mercadorias, ou melhor, dos produtos — este trabalha mais com as mãos, aquele trabalha mais com a cabeça, um como diretor, engenheiro, técnico, etc., outro como capataz, um outro como operário manual direto, ou inclusive como simples ajudante —, temos que mais e mais funções da capacidade de trabalho se incluem no conceito imediato de "trabalho produtivo" e seus agentes no conceito de "trabalhadores produtivos", diretamente explorados pelo capital e subordinados em geral a seu processo de valorização e produção (Marx, 2004b, p. 157).

O trabalho produtivo é consumido diretamente no processo de produção, pela produção de valor e mais-valor no processo de trabalho, em que o trabalhador produtivo é um trabalhador assalariado que vende sua força de trabalho que se objetiva para valorizar o capital.

O trabalho improdutivo é aquele que não produz valor nem produz mais-valor; como trabalho assalariado, produz valor de uso como serviço para ser consumido e não como valor de troca (Marx, 2004b, p. 160). Pode-se dizer que, com a complexificação do processo de trabalho no capitalismo, há o surgimento de novas esferas de produção de mercadorias que passam a produzir mais-valor, portanto, realizam-se trabalhos produtivos.

2. Concepções Políticas de Democracia e Socialismo

O entendimento de que "o Estado ao se ampliar deixou de ser um instrumento de uma classe para converter-se numa arena privilegiada das lutas de classes" (Coutinho,[2] 1979, p. 30) é elucidativo por semear ilusões teóricas e políticas de que seja viável, por meio de um Estado ampliado pela democracia política, eliminar o Estado burguês, a partir das lutas no campo da institucionalidade. A *democracia como valor universal* traz como pressuposto que os sujeitos sociais partilhem de interesses e bases comuns — que é a democracia —, independentemente dos projetos de classe existentes. Desdobramento ainda deste entendimento, encontra-se, sobretudo, na supremacia da democracia política em que "o avanço da democracia política é, ao mesmo tempo, condição e resultado nas esferas econômica e social" (Coutinho, 1979, p. 38). Novamente (re)aparece a inversão *politicista*, posto que a esfera política surge como preponderante; a democracia exige, como condição básica, a realização da democracia social e econômica — o que se presume que a democracia política, dependente e subordinada, jamais poderia ter um valor em si mesma (Toledo, 1994).

O politicismo configura-se, portanto, em um dos freios teóricos e políticos no processo das lutas sociais. A luta pela democratização, nos países latino-americanos, proporciona um deslocamento da luta de classes, pela crença e ilusão democrática formal e política, para o âmbito prioritário do Estado. "Há tempos, marxistas importantes tornaram-se dissidentes ou abandonaram as antigas posições em nome da democracia" (Fernandes *apud* Toledo, 1994, p. 35).

Ao organizar o poder político e a economia, por intermédio das diferentes instituições, o Estado expressa, hegemonicamente, os interesses das classes dominantes, o que determina que as classes economicamente dominantes também o são politicamente. Torna-se indispensável demarcar que o Estado, em seu caráter contraditório, atravessado pelos conflitos presentes na sociedade

---

2. O conjunto da obra de Carlos Nelson Coutinho não semeia essas ilusões, a exemplo, consultar: *Contra a corrente*: ensaios sobre democracia e socialismo. São Paulo: Cortez, 2000.

de classes, em luta e disputa por interesses antagônicos, encontra-se sob a hegemonia determinante do capital e, portanto, dominante da ordem burguesa. Sob essa angulação, o uso de coerção, de aparelhos policiais, militares e judiciários estabelece a sustentação necessária ao projeto de dominação, o que consubstancia a natureza de classe do Estado.

O Estado de classe utiliza-se da coerção e da repressão, do arbítrio e da violência, ao sentir-se ameaçado em seu projeto de classe, posto que o Estado burguês, por maiores contradições que apresente, e mais ampliado que se estabeleça, configura-se como Estado que representa os interesses das classes dominantes, o Estado como componente do capital. Depreende-se daí a tese marxiana de que a tomada do poder político do Estado sob a direção do proletariado configura-se em necessidade imperativa para estabelecer a transição socialista e a consequente autodissolução do Estado pela classe, na destruição da sociedade de classes e construção da sociedade de autoprodutores livremente associados.

Por outro lado, verifica-se, no mundo contemporâneo, pouca atenção teórica e política ao tema da ruptura revolucionária, reforçada inquestionavelmente pelo deslocamento de setores de esquerda para a social-democracia e, na última década, para o neoliberalismo. O silêncio teórico, a rigor existente nesta quadra histórica, traduz-se em ausência de formulação teórica e política no que tange ao tema da ruptura política como necessidade real no processo de transição socialista; e espraia-se para um grande contingente da esquerda, trazendo como consequência imediata a ausência de uma direção política estratégica que possa mobilizar as massas para suas lutas imediatas e históricas; "é necessário combinar a revolução dentro da ordem com a revolução contra a ordem" (Fernandes *apud* Toledo, 1994, p. 12). O problema da ruptura com a ordem capitalista é, portanto, o problema da transição socialista, que:

> [...] em suas matrizes clássicas aparece na realização de uma dupla tarefa: a socialização dos meios de produção (a supressão da propriedade privada dos meios de produção fundamentais e o seu controle e apropriações sociais) e a socialização da faculdade e dos instrumentos de intervenção social e poder (a universalização da democracia-método e a sua superação na condição-social para a superação do Estado (Netto, 1990, p. 87).

Uma das principais tarefas para os socialistas

[...] é certamente a de se tornarem os defensores mais resolutos e persuasivos dos ganhos democráticos conquistados nos regimes capitalistas, os críticos mais intransigentes das deficiências da democracia capitalista e os melhores proponentes de uma ordem social em que a democracia é finalmente liberada das limitações que lhe são impostas pela dominação capitalista (Miliband, 1993, p. 35).

Esta passagem ilumina a tarefa política, para o campo socialista revolucionário, de que uma das lições a ser extraída da experiência do Leste Europeu advém da ausência de democracia socialista, expressa pela autocracia stalinista do partido único e do Estado a ele amalgamado na ex-União das Repúblicas Socialistas Soviéticas (URSS).

A concepção de democracia socialista supõe a necessidade histórica de realização da democracia econômica, política e social, com ênfase nos processos advindos das "guerras de movimento e de posição" (Gramsci, 1989). Os planos das lutas sociais de massas, classista e institucional combinam-se, apesar de suas naturezas diferenciadas, no mesmo objetivo tático e estratégico, tendo na *democracia socialista* a experiência permanente da construção da hegemonia da classe trabalhadora, preparando as bases de *um tempo de revolução social*. A análise teórico-política relativa à tarefa democrática tem sido tratada a partir de uma distinção entre a democracia-método e a democracia condição-social.

A democracia-método é entendida como o conjunto dos mecanismos institucionais que sob formas diversas (mais ou menos flexíveis), numa dada sociedade, permitem pôr sobre a vigência das garantias individuais a livre expressão de opiniões e opções políticas e sociais; e quanto à democracia condição-social, ela não é um simples conjunto de institutos cívicos organizados num dado ordenamento político, mas um ordenamento societário em que todos, a par da livre expressão de opiniões e opções sociais, têm condição de intervir ativa e efetivamente nas decisões que afetam a gestão da vida social (Cerroni *apud* Netto, 1990, p. 85).

A distinção entre democracia-método e democracia condição-social permite captar alguns elementos significativos do referencial teórico em que ambas, democracia-método e democracia condição-social, podem não acontecer concomitantemente, apesar da imprescindibilidade delas. A crítica à democracia política, no capitalismo, sustenta-se na ideia de que este é insuficientemente democrático, sendo sua experiência desenvolvida por meio da democracia-método; portanto, a conquista da democracia condição-social é decisiva para a destruição do caráter alienado do Estado. O tratamento teórico de que o Estado de dominação é o Estado do capital remete à noção de uma *teoria negativa do Estado,* que deve ser suprimido, ao se suprimir o capitalismo, porém ainda permanece na transição socialista, em que o proletariado assume o poder político. Conclui-se, portanto, que o projeto emancipatório passa centralmente pela democracia socialista, em que a *práxis social* revolucionária poderá conquistar o *autogoverno de produtores livremente associados,* a sociedade comunista.

> Dada a inseparabilidade das três dimensões do sistema do capital, que são completamente articulados — capital, trabalho e Estado —, é inconcebível emancipar o trabalho sem simultaneamente superar o capital e também o Estado. Isso porque, paradoxalmente, o material fundamental que sustenta o pilar do capital não é o Estado, mas o trabalho, em sua contínua dependência estrutural do capital [...] (Mészáros, 2002, p. 16).

3. Bases do PEP na Década de 1990

O PEP, concebido nos anos 1990, adquire estatura a partir da vertente de *intenção de ruptura com o conservadorismo* (Netto, 1991a), e sua referência se efetiva por meio da organização coletiva da categoria. Sua organização sindical, no período de 1977 a 1994, adquire centralidade na **direção sociopolítica** da profissão no final dos anos 1970 e anos 1980 pela *vinculação à classe trabalhadora em um período de ascensão das lutas sindicais e populares que ganham as ruas, as terras, as fábricas, os sindicatos.*

A natureza de organização sindical, manifesta no interior do *"novo sindicalismo"* (1978 a 1989) pelo protagonismo da classe operária, é determinante para as lutas e conquistas dos trabalhadores no patamar da autonomia e independência de classe. A experiência sócio-histórica do final dos anos 1970 e anos 1980, de mobilizações e lutas sociais, estabeleceu a base para a opção sociopolítica do projeto profissional de ruptura com o conservadorismo pelo reconhecimento das assistentes sociais como trabalhadoras assalariadas, dos usuários dos serviços sociais como sujeitos de classe, do compromisso profissional com os interesses imediatos e históricos da classe trabalhadora, da necessária articulação entre projeto profissional e projeto societário emancipatório, o que lhe confere um estatuto ontológico. O projeto profissional de ruptura sustenta, no legado marxiano e na tradição marxista, sua fundamentação de análise, interpretação e possibilidade de superação da sociedade capitalista de exploração, discriminação e opressão de classe que se configura em sua ***direção sociopolítica estratégica***.

Os anos 1990 conferiram maturidade ao *PEP* e refletem uma ampla movimentação da categoria profissional por meio da: a) extinção das entidades sindicais e nacional para a inserção no ramo de atividade econômica; b) renovação dos quadros dirigentes do conjunto CFESS/CRESS com o setor dos profissionais comprometidos com o *PEP*; c) definição do Código de Ética de 1993, de continuidade ao de 1986, agora sob um estatuto ontológico; d) revisão do currículo na formação profissional superando as lacunas existentes no Currículo de 82; e) expansão dos cursos de pós-graduação e o debate crítico no interior da ABEPSS; f) atuação efetiva do movimento estudantil; g) luta incessante contra o neoliberalismo, desenvolvida pelas entidades da categoria em conjunto com os trabalhadores.

4. Condição de Assalariamento das Assistentes Sociais

O Serviço Social existe como profissão, institucionalizada e legitimada na sociedade, em condições sociais historicamente determinadas, para responder às necessidades e às demandas sociais advindas das relações de produção e reprodução dos meios de vida e trabalho socialmente determinadas. A profissão tem sua origem como um dos mecanismos utilizados pelas classes dominantes e dirigentes para exercer seu poder na sociedade de classes capitalista. Sua institucionalização, na década de 1930, pelo Estado de dominação, controle e hegemonia do capital, equivale a uma nova racionalidade no enfrentamento da "Questão Social".

As assistentes sociais, em sua inserção profissional, constituem-se, basicamente, em trabalhadoras assalariadas, embora definidas na Consolidação das Leis do Trabalho (CLT) como "profissionais liberais". Contudo, sua condição de assalariamento encontra-se amplamente reconhecida de forma sistematizada em pesquisa de âmbito nacional realizada, pela primeira vez, entre os anos de 1979 a 1982, pela CENEAS, com a assessoria do Departamento Intersindical de Estatística e Estudos Socioeconômicos (DIEESE). Os dados obtidos registraram que 97,2% da categoria profissional era composta de mulheres, o que tem caracterizado a profissão como eminentemente feminina, apesar de o universo masculino ampliar-se a partir da década de 1990; 62,5% dos profissionais encontravam-se empregados no serviço público, o que identificou o Estado como o seu maior empregador. Destes, 14,4% estavam empregados na esfera municipal, 21,1%, na esfera estadual e 20%, na esfera federal; 30,6%, no setor privado, 6,85%, em economia mista e 26,8% da categoria profissional achava-se desempregada, sendo 7,8% em desemprego aberto e 19% sem exercer a profissão (CENEAS,[3] 1982, p. 55-6).

Duas pesquisas estaduais, nos estados de São Paulo, em 1996, e no Rio de Janeiro, em 1998, coordenadas, respectivamente, por Silva[4] e Serra[5] e que congregam 60% da categoria em todo o país, registraram que o setor público

---

3. A pesquisa de mercado de trabalho, sob a coordenação da CENEAS e assessoria do DIEESE, foi concluída em 1982 e serviu de base para mobilizar e organizar a categoria em torno da questão do mercado de trabalho e condições de salário nas entidades sindicais, e culmina com a elaboração do projeto de lei sobre salário, condições de trabalho e carga horária de assistente social. Ver revista *Serviço Social & Sociedade*, n. 10, 1982.

4. SILVA, Ademir A. *A profissão do Serviço Social no limiar do novo século*. São Paulo: PUC-SP/CRESS-SP,1996. (Mimeo.) Resultado da pesquisa sobre mercado de trabalho das assistentes sociais no estado de São Paulo realizada em 1996 pela Faculdade de Serviço Social da PUC-SP e CRESS-SP.

5. SERRA, Rose. *Pesquisa sobre condições de trabalho dos assistentes sociais do estado do Rio de Janeiro — junto aos setores estatal, empresarial e sem fins lucrativos*. (Cf. Serra, 1998, 2000, 2001.)

ainda tem sido o maior empregador das assistentes sociais, sendo a área da saúde a de maior empregabilidade, 25,83% — em decorrência da implantação do SUS — Sistema Único de Saúde; a seguir, a área da Assistência Social que se expandiu como resultado da Constituição de 1988, momento em que a Assistência Social é reconhecida como política pública de direito, no âmbito da Seguridade Social; na sequência, pela implantação de programas de combate à pobreza, mais precisamente a partir de 2003.

Em 2005, após 23 anos da pesquisa efetivada pela CENEAS, obtiveram-se os resultados do levantamento nacional organizado pelo CFESS,[6] referentes à inserção do profissional no mercado de trabalho e ao perfil profissional, constatando que: a categoria permaneceu eminentemente feminina, em um percentual de 97%; a tendência histórica de inserção profissional na esfera pública estatal se ampliou para 78,16%, sendo 40,7% na esfera municipal, que indica uma expansão significativa em relação aos 14,4% anteriormente computados, atribuída à municipalização das políticas sociais após a Constituição de 1988; 24% na esfera estadual, mantendo os índices anteriores; e 13,19% na esfera federal, em um declínio significativo devido à retração de concursos públicos na área, no período.

As determinações profissionais, entre elas, as condições de assalariamento, refletem particularidades a serem analisadas, a partir dos anos 1990, advindas das profundas transformações no mundo do trabalho pela *acumulação flexível* e reordenamento do Estado com o neoliberalismo, e que adquirem formas também específicas nos diferentes governos neoliberais.

A condição de assalariamento dos profissionais desencadeia, em 1983, sob direção da ANAS, a luta nacional por Condições de Trabalho, Salário e Carga Horária das Assistentes Sociais inscrita no projeto de Lei n. 4.645/1984.[7]

---

6. O CFESS publicou com a Universidade Federal de Alagoas (UFAL) e os Conselhos Regionais de Serviço Social (CRESS) o resultado da pesquisa sobre o perfil da assistente social no Brasil no documento: *Assistentes sociais no Brasil*: elementos para o estudo do perfil profissional. Brasília: CFESS, maio de 2005.

7. O projeto de Lei n. 4.645/1984, de autoria da deputada federal Cristina Tavares — PMDB —, dispõe sobre carga horária, salário e área de atuação de assistente social. O projeto é fruto da pesquisa da CENEAS, deliberado e construído pela categoria e que tramitou na Câmara Federal em 1986. A categoria se mobilizou nacionalmente nos estados e com caravana a Brasília; porém, o projeto foi vetado pelo presidente Sarney, após aprovação na câmara (cf. Abramides e Cabral, 1995).

Essa luta foi desenvolvida por amplas mobilizações nos estados e juntamente ao Congresso Nacional, com muita pressão da ANAS e dos sindicatos a ela filiados, tendo sido o projeto aprovado, com algumas alterações, na Câmara e no Senado. Porém, o projeto foi vetado pelo presidente da República, José Sarney, em 1986. A deliberação da luta por salário, condições de trabalho e carga horária de assistente social passou a ser implementada nas campanhas salariais dos trabalhadores em serviço público, com referência à luta comum de salário igual para jornada igual dos trabalhadores das diversas categorias universitárias.

Em agosto de 2007, o deputado federal do PSB (RO), Mauro Nazif, encaminhou à Câmara Federal o projeto de Lei n. 1.890/ 2007 de redução de jornada de trabalho para assistentes sociais. Ao se tratar de uma reivindicação histórica da categoria de redução da jornada semanal de trabalho para 30 horas, sem redução de salários, o conjunto CFESS/CRESS se reuniu com o deputado, debateu e encampou o apoio ao projeto, passando a lutar em todas as instâncias por sua aprovação. Foram 358 dias de tramitação e muita mobilização da categoria, sob a direção do conjunto CFESS/CRESS. Em abril de 2009, seguiu para o Senado como projeto de lei da Câmara 152/2008, porém não foi votado pela posição contrária da Federação Nacional dos Assistentes Sociais (FENAS) em relação à aprovação do projeto. O CFESS lançou um documento argumentando por que apoiava o projeto e, após uma reunião com a relatora do projeto e a FENAS, mediante os argumentos apresentados pelo CFESS, a relatora acatou-os e encaminhou o projeto para tramitação. Devido à lentidão para sua aprovação no Senado, a comissão organizadora do XIII CBAS propôs ampla mobilização da categoria e, em 3 de agosto de 2010, por ocasião da realização do CBAS em Brasília, a partir da direção do conjunto CFESS/CRESS, ABEPSS e ENESSO, sendo realizado um Ato Público com marcha que reuniu cerca de 3.000 assistentes sociais e estudantes que se dirigiram ao Congresso Nacional, e por unanimidade, o projeto foi aprovado no Senado. Posteriormente, por meio de um abaixo-assinado, com mais de 20 mil assinaturas e muita mobilização, o projeto foi sancionado em 27 de agosto de 2010 pelo presidente Lula da Silva como Lei n. 12.307, que alterou a Lei de Regulamentação da Profissão de n. 8.662/1993, com acréscimo de duração da jornada de 30 horas semanais sem redução salarial. Assim, a partir de 30 de agosto de 2010, o CFESS lançou uma grande campanha, "30 horas agora é lei federal", seguida de um Observatório criado pelo *site* de acompanhamento do cumprimento da lei. Essa luta foi uma conquista da categoria profissional sob a direção do Conjunto CFESS/CRESS, articulado com a ABEPSS e a ENESSO. A luta das 30 horas, desde os anos 1980 até sua conquista em 2010, e de continuidade para sua efetivação sempre foi compreendida no conjunto das lutas dos trabalhadores por melhores condições de trabalho.

As assistentes sociais, em sua condição de assalariamento, em diferenciadas inserções sócio-ocupacionais, nas esferas pública e privada, atuam centralmente com políticas sociais e, para tanto, necessitam de uma clareza teórica e política em relação ao papel do Estado e suas particularidades nos diversos governos, bem como compreender as relações internacionais nos diferentes momentos do capitalismo entre os países dependentes e subordinados e os países imperialistas. Às assistentes sociais, como uma das profissões executoras das políticas sociais, cabe analisar como e em que terreno estas se desenvolvem, em diferentes conjunturas, diante dos interesses dominantes e hegemônicos do capital e de seu Estado de dominação, e das lutas sociais dos trabalhadores por direitos sociais. Avançar constitucionalmente nas políticas sociais, como políticas públicas de direitos no Brasil, a partir da Constituição de 1988, significou, em curto espaço de tempo e em grande medida, sua destruição pelo neoliberalismo, com a privatização, a desregulamentação e contrarreformas do Estado, acrescidas da flexibilização das relações do trabalho, ampliando a precarização.

5. Condições Políticas de Constituição do *PEP* no Brasil

As condições políticas de constituição do *PEP* do Serviço Social Brasileiro devem ser avaliadas considerando-se os seguintes componentes: a luta contra a ditadura, a colagem aos movimentos sociais dos anos 1980, a mudança do público profissional, que ingressa nos cursos de Serviço Social, composto por camadas médias e empobrecidas, e de como as vanguardas profissionais e acadêmicas são vanguardas de militância política e social.

A consideração desses aspectos, nos marcos da crise da ditadura, ocorre em um processo heterogêneo e diversificado do projeto de ruptura com o conservadorismo. Heterogêneo pela diversidade existente no interior da categoria, representada pelos diferentes segmentos que a compõem. Diferenciado por suas expressões em espaços de natureza distinta — organização político-sindical, formação, exercício profissional e estudantil —, com influências decisivas das lutas sociais do período, entre o fim dos anos 1970 e o final dos anos 1980. Diversificado, na compreensão teórica, por distintos graus de amadurecimento e de influências presentes, em vários momentos da profissão, no âmbito do legado marxiano e da tradição marxista.

O *projeto de ruptura do Serviço Social Brasileiro* se configura por expressar as bases teórico-políticas do *PEP*, como terceira tendência da *renovação do Serviço Social*, e se manifesta de forma distinta nos diversos períodos em sua gênese, evolução e consolidação (Netto, 1991a). Apesar de diversos matizes, presentes em sua distensão, algumas características centrais o identificam: a) a análise da vida social em sua totalidade; b) a percepção da profissão na divisão sociotécnica do trabalho; c) o significado social da profissão no processo de produção e reprodução da força de trabalho; d) a condição de assalariamento profissional; e) o legado marxiano e a tradição marxista como referenciais teóricos de interpretação e transformação da sociedade de classes; f) sua direção sociopolítica.

5.1 Projeto de ruptura: gênese e evolução

A gênese do projeto de ruptura irrompe na primeira metade dos anos 1970, no processo de formação profissional desenvolvido na Escola de Serviço Social da Universidade Católica de Minas Gerais, pelo conhecido Método BH; recebe forte influência do movimento de reconceituação latino-americano e é considerado o marco do *Projeto de Ruptura Profissional do Serviço Social Brasileiro*. A evolução do projeto de ruptura, no âmbito do marxismo acadêmico, possibilita o contato mais estreito e sistemático do Serviço Social com as fontes clássicas da teoria social de Marx e da tradição marxista. Estas são retomadas como referencial analítico e teórico, em uma aproximação e interlocução da formação profissional com as ciências humanas e sociais (Netto, 1991a).

Emblemática é a referência pública e coletiva deflagrada no III CBAS[8], em 1979, *"marco histórico do compromisso político e coletivo da categoria com as classes trabalhadoras"* (Abramides e Cabral, 1995, p. 168, grifos nossos). O CBAS teve a possibilidade de reversão do conservadorismo, instalada em sua concepção e dinâmica, impulsionada pela ação dirigente e organizativa das entidades sindicais e pré-sindicais, coordenadas pela CENEAS, em uma ação unitária, assumindo *a direção política da profissão*.

Ao conjunto CFAS/CRAS cabia, naquele período, a responsabilidade na organização dos congressos da categoria, cujas direções estavam sob a hegemonia conservadora da profissão. O processo eleitoral para o Conselho Federal realizava-se de forma indireta, cujos dirigentes eram indicados por diretores dos Conselhos Regionais. O método, antidemocrático do processo sucessório instituído há décadas, expressava a concepção e prática das entidades voltadas ao exercício profissional.

Impensável compreender a *virada* do CBAS dissociada da efervescência das lutas sociais, a partir de 1977, às quais os profissionais, com militância político-sindical, estiveram articulados. De um lado na Articulação Nacional dos Movimentos Populares e Sindicais (ANAMPOS) e, posteriormente, no "novo sindicalismo" por meio da CUT, fundada em 1983; e, de outro, no apoio aos movimentos populares organizados a seguir, em 1993, na Central de Movimentos Populares (CMP).

A vinculação orgânica e permanente ao movimento sindical da classe trabalhadora pela CENEAS, de 1979 a 1983, e posteriormente pela ANAS, de 1983 a 1994, possibilitou um debate político sistemático e uma atuação vigorosa no movimento sindical e popular, acrescido da luta pela democratização

---

8. O III CBAS "reuniu cerca de 2.500 assistentes sociais de todo o país e decepcionou os presentes pelo caráter antidemocrático e pela versão oficial que lhe foi imprimido. Se não fosse a presença ativa das entidades sindicais, o congresso teria sido esvaziado logo a partir do segundo dia. Essas entidades realizaram, em paralelo à programação oficial, uma assembleia da qual participaram 600 assistentes sociais mais uma vez tratando do autoritarismo na condução dos trabalhos e na falta de aprofundamento das questões levantadas. A assembleia conseguiu a vitória e os dirigentes passaram a assumir a direção dos trabalhos" (Sousa, 1991, p. 90-1). Consultar ainda a respeito do III CBAS: Anais do III CBAS (1979), Abramides e Cabral (1995).

das instituições, além da consolidação da mais ampla democracia sindical, vivenciada nos fóruns da ANAS.[9]

> O novo sindicalismo desde o seu surgimento em finais dos anos 70, até a segunda metade da década de 80, significou um avanço político e organizativo para as classes trabalhadoras que culminou com a fundação da CUT em 1983 e a solidificação do polo cutista. Esse avanço pode ser observado pelas grandes mobilizações e greves de categorias de trabalhadores e greves gerais, na ampliação de sindicalizados e de entidades combativas, luta pela conquista de liberdade e autonomia sindical, construção da nova estrutura sindical por ramo de atividade econômica e quebra do corporativismo, aprofundando o grau de consciência dos trabalhadores, o que o configurou como um sindicalismo classista, de massas e de lutas (Abramides e Cabral, 1995, p. 29).

A CUT, em toda a sua trajetória de organização e lutas, aglutinou em seu interior segmentos decisivos da classe trabalhadora: o operariado industrial, os trabalhadores rurais, os trabalhadores do setor de serviços, os trabalhadores em serviço público e os trabalhadores assalariados, organizados em categorias profissionais. As assistentes sociais, majoritariamente, encontraram-se inseridas nos dois últimos segmentos, em momentos distintos da organização sindical, até a extinção da maioria dos sindicatos e da ANAS, em 1994.

5.2 Consolidação do projeto de ruptura

5.2.1 Organização político-sindical da categoria: base da direção sociopolítica no processo de ruptura profissional

O período, de 1978 a 1989, se alastra por um amplo processo de mobilização e organização dos trabalhadores no país, tendo no "novo sindicalismo"

---

9. A respeito da democracia interna na ANAS, consultar Abramides e Cabral (1995), que tratam do critério da proporcionalidade política das forças existentes na categoria, tanto nas assembleias nacionais quanto no conselho de representantes, como instância intermediária de deliberação.

e na classe operária do ABC paulista o seu protagonismo. Amplia-se aos setores assalariados em geral, que se organizam em um contexto de vigorosa efervescência política. De outro lado, o movimento popular realiza suas lutas vinculadas à conquista de políticas sociais concebidas como políticas públicas de direitos.

De 1978 a 1984, consagra-se a chamada "abertura" no governo do General Figueiredo, e, de 1984 a 1989, realiza-se a "transição conservadora" da Nova República como resultado do Colégio Eleitoral, que elege Tancredo Neves/José Sarney em uma nova conformação civil sob a anuência dos militares. Esse período, acrescido "da política de distensão" ou "democracia relativa" do governo Geisel, de 1974 a 1978, consubstancia o momento conjuntural da "transição lenta, gradual e segura que fora arquitetada pela ditadura, mas que os militares e seus aliados se mostram impotentes para dirigir, em uma fase de declínio de sua autoridade e do seu poder" (Fernandes, 1986c, p. 19). O processo de luta pela democratização do país ganha fôlego no âmbito institucional, no início dessa transição, com a derrota do governo da ditadura militar, em 1974, nas eleições estaduais, com a vitória da oposição consentida do Movimento Democrático Brasileiro (MDB).

Do ponto de vista das lutas sociais, esse período é marcado pelo movimento do custo de vida e contra a carestia; pelas mobilizações operárias apoiadas por intelectuais, por artistas e setores da Igreja; pela luta pela Anistia, ampla geral e irrestrita; pela revitalização do movimento estudantil, que retorna às manifestações de ruas, na luta contra a ditadura e pela redemocratização do país. Contraditoriamente, no plano internacional, a partir de 1973, a situação de lutas e organização das classes trabalhadoras demonstra-se enfraquecida no epicentro do capitalismo pela implantação do neoliberalismo, e sob um forte traço de sindicalismo social-democrático reformista e de conciliação de classes.

Apesar de a década de 1980 ser identificada como a década perdida no Brasil, do ponto de vista da economia pode ser considerada a década do ressurgimento das lutas sociais massivas, tanto no que se refere às ações trabalhistas e sindicais, como às lutas dos movimentos populares por políticas públicas sociais, educacionais, habitacionais e às lutas no campo pela reforma agrária radical sob o controle dos trabalhadores com o surgimento do Movimento dos Trabalhadores Rurais Sem Terra (MST).

O ponto de partida de análise, neste momento, dirige-se à organização político-sindical das assistentes sociais que, ao estabelecer a "colagem" junto aos movimentos classistas, desencadeia um processo impulsionador da direção social da profissão. A organização sindical de base das assistentes sociais, as APAS e os sindicatos, ao se vincular diretamente às lutas populares, mobiliza parcela significativa dos profissionais no apoio concreto a essas lutas que se apresentam, ainda, como demandas por serviços e políticas sociais em seus espaços ocupacionais, em que o trabalho profissional ancora-se em uma dimensão política, conferindo-lhe centralidade. Cabe, porém, ressaltar, que diferentemente dos desvios militantistas, no âmbito profissional do período anterior, fortemente influenciado pelo movimento de reconceituação, esse momento se caracteriza por uma ação desenvolvida na esfera do trabalho profissional. A militância política das assistentes sociais ocorre fundamentalmente nos sindicatos da categoria, nas associações de servidores públicos municipais, estaduais e federais, e na relação com os movimentos sociais. Os docentes de Serviço Social têm militância política nas universidades e na ABESS, e um grupo significativo de profissionais atua partidariamente, de forma majoritária, no Partido dos Trabalhadores (PT), fundado em fevereiro de 1980.[10]

Nesse período, o PT agrega, em sua composição interna, uma parcela expressiva da esquerda organizada do país. Entretanto, a militância partidária das assistentes sociais se amplia para além do PT, embora a inserção dos profissionais que atuam nas entidades organizativas da categoria profissional seja majoritária e hegemônica nesse partido. Pode-se identificar, ainda, um setor militante de profissionais organizados no Partido Comunista Brasileiro (PCB), no Partido Comunista do Brasil (PCdoB), no Partido Democrático Trabalhista (PDT) e no Partido do Movimento Democrático Brasileiro (PMDB), no interior do denominado grupo dos autênticos, com atuação nas organizações

---

10. As profissionais criaram núcleos de assistentes sociais petistas em vários estados. Debatiam teses para o CBAS, organizavam intervenção política em bairros, entre outras atividades no início do PT. No movimento sindical, participavam de núcleos de sindicalistas petistas para debater concepção e prática sindical na década de 1980. Na década de 1990, em todo o país, assistentes sociais se vincularam aos setoriais do PT (moradia, assistência, movimentos populares, gênero e etnia, entre outros) com a finalidade de debater e construir propostas de política pública e frentes de luta. A esse respeito, consultar documentação dos setoriais do PT da década de 1990 nos diretórios municipal, estadual e/ ou nacional.

corporativas profissionais. A inserção das assistentes sociais, dirigentes das entidades da categoria, na esfera partidária, acontece em um âmbito plural, no interior da profissão do ponto de vista organizativo, circunscrito a um campo de profissionais progressistas, com hegemonia das assistentes sociais petistas (militantes, filiados e simpatizantes).

As vanguardas das organizações profissionais não foram necessariamente as vanguardas teóricas, o que significa separar, do ponto de vista da análise, a ação política das direções das organizações sindicais, do exercício profissional, dos extratos teóricos que elaboraram a fundamentação da profissão e não tiveram (em grande parte) vinculação partidária. Revela-se, neste marco, a concepção hegemônica conquistada na vertente de intenção de ruptura, que se aprofunda no processo de amadurecimento teórico-político do projeto profissional de ruptura até 1989.

As assistentes sociais *sindicalistas petistas* participaram, nesse momento histórico do país, de uma articulação partidária para intervenção política em sua ação sindical, juntamente com sindicalistas petistas de outras categorias, para uma ação programática no interior do movimento de massas, em que suas posições eram majoritárias. As articulações políticas ocorreram em todas as esferas dos movimentos sociais (sindical, sem-terra, movimentos específicos — mulheres e negros — e setoriais — saúde, habitação, assistência social, previdência).

A categoria de assistentes sociais, por intermédio de uma vanguarda de esquerda, estabelece um amplo e expressivo movimento estadual e nacional de reorganização sindical da categoria. Participa da ANAMPOS, de 1978 a 1981, por meio das comissões regionais, estaduais e nacional Pró-CUT, a partir da deliberação da I Conferência Nacional da Classe Trabalhadora — I CONCLAT —, realizada em 1981, que marca um momento decisivo na organização da classe trabalhadora rumo à construção da CUT, em 1983, que passa a ser uma referência sindical classista, de base, de lutas, de massa. No período de 1978 a 1979, há uma inserção das assistentes sociais na organização do sindicalismo classista e um crescimento significativo das entidades sindicais e pré-sindicais de assistentes sociais de três para 22 entidades, o que possibilita uma forte articulação destas para uma intervenção político-sindical, no interior da CENEAS, no sentido de imprimir a **direção política** ao III CBAS.

Naquela ocasião, as assistentes sociais deliberaram que os próximos CBAS seriam organizados e dirigidos pela CENEAS, ao reconhecer e legitimar a direção política das entidades sindicais e pré-sindicais que representaram, simbolicamente, a *ruptura pública sociopolítica com o conservadorismo*. Assim, em 1982, o IV CBAS é organizado e dirigido pela CENEAS que tem a iniciativa política de propor à categoria, naquele congresso, que os próximos sejam organizados por todas as entidades nacionais da categoria e estudantil. Esta decisão representa um significado tático e estratégico, de unidade de ação, de todas as entidades organizativas da categoria, na construção do projeto profissional com **direção sociopolítica** voltada aos interesses da maioria explorada e oprimida pelo capital. Resgatar esta trajetória nos permite decifrar o jogo de forças em disputa no interior da categoria, a partir da construção de um projeto hegemônico, fruto de lutas e conquistas, cuja característica é de se configurar como *um projeto profissional coletivo e articulado a um projeto societário emancipatório*.

No processo de organização sindical da categoria, as divergências políticas são publicamente explicitadas em fóruns amplos e democráticos, e as posições majoritárias e minoritárias se elucidam no debate e na programática política de ação, o que contribui para a democracia interna e avanço da consciência política. O período de reorganização da categoria profissional, que percorre o final dos anos 1970 à entrada dos 1990, se caracteriza como um momento de grande politização, com uma direção de esquerda, que imprime sua autonomia em relação ao patronato, ao Estado e aos partidos políticos.

A concepção e a prática sindical assumidas ampliam a *unidade na diversidade e a democracia sindical* ao romper com a *política de consensos*, de *conciliação pelo alto*. Adotou-se o critério democrático de representação, baseado na proporcionalidade das forças políticas ativas, no movimento de organização, pressuposto histórico da democracia operária no sindicalismo de classe. A defesa do *critério da proporcionalidade*, como princípio da mais ampla democracia, somente poderá se exercitar na disputa entre forças políticas de um mesmo campo, de concepção sindical ou profissional; o que significa a abertura de convenção democrática para formação de chapas, necessariamente com identidade política de concepção sindical. Não seria possível compor uma chapa de defensores de um *sindicalismo autônomo*, no interior da CUT, com outra chapa que representasse um *sindicalismo de resultados*, expresso pela Força Sindical. Porém, considerava-se do ponto de vista da *unidade na ação e da luta* dos trabalhadores que as forças políticas do interior da CUT, em uma convenção democrática, construíssem uma chapa proporcional, correspondendo às forças políticas atuantes no interior do movimento. Essa concepção de democracia operária funda-se no direito de as diferentes posições políticas se fazerem representar proporcionalmente, bem como no reconhecimento das divergências existentes para o exercício do pluralismo na representação. No período de 1985 a 1992, a ANAS[11] constrói convenções do polo cutista que precedem suas assembleias sindicais nacionais, em que o critério da proporcionalidade garante amplamente a democracia, pela representatividade das forças políticas presentes na organização sindical.

O processo político-democrático construído pela classe trabalhadora na década de 1980, tão caro ao movimento sindical combativo e à tradição socialista, foi se perdendo na década de 1990 com a supremacia da posição política majoritária, que se transformou em uma única posição. O *esmagamento da divergência política*, do direito à diversidade de ideias, esteve presente no processo de burocratização stalinista nos países pós-capitalistas do leste europeu, bem como, no período mais recente, a partir da década de 1990, no interior do sindicalismo cutista. Progressivamente, a concepção de democracia *"de maioria"* que desconsidera as posições divergentes minoritárias, de forma gradativa, nega e/ou reduz o critério de proporcionalidade política, alastrando-se no movimento sindical. Essa política foi assumida pelo campo majoritário da CUT, corrente Articulação Sindical, que no PT se identifica com o setor hegemônico denominado Unidade na Luta, apoiada pela Corrente Sindical Classista — PCdoB —, e em muitos momentos pela DS — Democracia Socialista —, tendência interna do PT, que oscila em suas articulações. Diferentes chapas expressas pela filiação dos sindicatos à CUT

---

11. A ANAS aglutinava em seu interior diversas posições e correntes políticas presentes no interior do novo sindicalismo. A ANAS bem como a grande maioria dos sindicatos a ela filiados eram vinculadas à CUT, com exceção da corrente sindical classista, vinculada ao PCdoB, que somente na década de 1990 se retira da Central Geral dos Trabalhadores para filiar-se à CUT. As eleições na ANAS ora foram diretas, ora congressuais. Em ambos os casos com a mais ampla democracia. Consultar arquivo da entidade: teses, documentos e resoluções das assembleias sindicais nacionais e regimento interno da entidade, 1985 a 1994.

podem concorrer ao pleito eleitoral, tornando-se vencedora a chapa que obtiver maioria de votos; desconsidera-se o critério da proporcionalidade, o que exclui parcelas significativas do exercício democrático de poder, representadas pelas posições minoritárias existentes nas categorias. De meados para o final dos anos 1980, a posição majoritária da CUT — Articulação Sindical — estabelece um giro reformista, ao abdicar progressivamente dos rumos de um sindicalismo classista.

O período histórico do final da década de 1970 ao final dos anos 1980 representa para o movimento dos trabalhadores um fértil aprendizado de organização e lutas classistas, em que as mobilizações sociais e ações diretas, como as grandes greves, ocupações de terras, avançam o grau de consciência da classe. Os principais posicionamentos e lutas do período, do ponto de vista da organização sindical desenvolvidos pela CUT, a qual a ANAS e os sindicatos de assistentes sociais, em número de 28 em todo o país, em 1988, encontram-se filiados, expressaram-se por intermédio de:

a) Lutas gerais: contra a ditadura militar, pela democratização do país, pela revogação da Lei de Segurança Nacional, pelas eleições *Diretas Já*, contra a ida ao Colégio Eleitoral como instrumento da ditadura militar e que resulta no projeto conservador da *Nova República* de defesa dos interesses das classes dominantes; contra o Fundo Monetário Internacional — FMI; contra o governo ilegítimo do presidente Sarney; contra a impunidade e violência no campo; contra o Pacto Social; pela reforma agrária radical sob o controle dos trabalhadores; por uma Assembleia Nacional Constituinte Livre, Soberana e Democrática, portanto, contra a Constituinte Congressual; luta pelos direitos dos trabalhadores na Plenária Pró-Participação Popular na Constituinte; pela reforma urbana junto com os movimentos populares; contra o racismo e discriminação do trabalhador(a) negro(a); fim da discriminação da mulher e luta por salário igual para trabalho igual; em defesa das terras indígenas e do meio ambiente; por uma política agrícola voltada às necessidades da maioria da população;

b) Campanhas eleitorais: apoiar os candidatos comprometidos com os interesses dos trabalhadores e que se comprometam com a plataforma da CUT;

c) Solidariedade internacional: a CUT tem uma política ativa e solidariedade internacional à luta dos trabalhadores de todo o mundo contra todas as formas de imperialismo, exploração, discriminação e diante de todas as formas de violência sobre os direitos sindicais e democráticos;

d) No plano econômico: contra o Decreto-lei n. 2.045 que prevê uma política econômica de recessão no governo Figueiredo e culmina com a greve geral de 20 de julho de 1983; contra a política econômica do governo Sarney consubstanciada nos pacotes econômicos: Cruzado I e II em 1986; os ministros da economia Bresser Pereira, em 1987, e Maílson da Nóbrega, em 1988, impõem ainda uma política recessiva e de arrocho salarial que recai sobre os trabalhadores. A direção da CUT mediante esses ataques organiza três greves gerais (12/12/1986; 20/08/1987 e 14-15/03/1989); luta contra as demissões de trabalhadores, sucateamento e privatizações das estatais e do serviço público e em defesa do salário e do emprego; pela reposição das perdas salariais, por uma escala móvel de salários e salário mínimo real de acordo com os índices do DIEESE; contra o arrocho salarial e a recessão econômica; pelo não pagamento da dívida externa e pela realização da Conferência Latino-Americana contra o pagamento da dívida externa;

e) No plano sindical: pela liberdade e autonomia sindical; aprovação da Convenção 87 da OIT — Organização Internacional do Trabalho; pelo fim do imposto sindical; pelo direito irrestrito de greve; pelo direito de sindicalização dos trabalhadores em serviço público; pelo direito de organização e expressão; direito ao emprego e redução da jornada de trabalho; em defesa da organização nos locais de trabalho; construção da nova estrutura sindical definida pelos trabalhadores e fim da estrutura sindical vigente de cunho corporativista; pela estabilidade no emprego; por um Contrato Coletivo de Trabalho nacionalmente articulado; pela unificação das datas-base (Abramides e Cabral, 1995, p. 1002).

O processo de lutas e organização da classe trabalhadora resulta em um conjunto de conquistas sociais e trabalhistas na década de 1980, destruídas a partir da implantação do neoliberalismo no país, no governo de Collor de Mello e Itamar Franco, aprofunda-se e consolida-se nos dois governos de

FHC, de 1994 a 2002, e tem sua continuidade inesperada nos dois governos de Lula da Silva, de 2003 a 2006 e de 2007 a 2010, e em um governo e meio de Dilma Rousseff, de 2010 a 2016. Sua maior celeridade vai ocorrer de 2016 a 2018 no governo golpista de Michel Temer.

É no período de mobilizações e lutas sociais, dos anos 1980, que a categoria profissional, por meio de sua organização político-sindical, se insere nas lutas dos movimentos populares, a saber: a) luta pelo ensino público, laico, gratuito, socialmente referenciado e universal; b) luta contra qualquer tipo de discriminação e opressão de classe, gênero, raça, etnia e orientação sexual; c) lutas por políticas sociais públicas específicas (para mulheres, pessoas com deficiência, criança e adolescente, população em situação de rua, negros, indígenas, idoso, sexualidade); d) luta pela reforma sanitária e de implantação do Sistema Único de Saúde (SUS); e) luta pela implantação do Sistema Único de Assistência Social (SUAS); f) luta pela reforma urbana e por políticas habitacionais e ambientais, pela concessão do direito real de uso e pela posse da terra nas favelas, pela implantação das Zonas Especiais de Interesse Social (ZEIS) nas cidades, pelo direito à moradia, à cidade, à justiça; g) luta pelo transporte coletivo de qualidade, subsidiado pelo Estado; h) luta pelas creches diretas como direito às crianças e a mulheres e homens trabalhadores; i) luta pela reforma agrária sobre o controle dos trabalhadores; j) luta pela demarcação das terras indígenas.

A luta e a defesa de políticas públicas como políticas de direitos constituem pauta programática dos congressos da categoria de assistentes sociais — os CBAS —, realizados a cada três anos pelas entidades nacionais da categoria e estudantil, sob a coordenação da ANAS, no período de 1982 a 1989. A partir daí, pelas três entidades da categoria, ANAS, ABEPSS, CFESS, e representação estudantil, ENESSO, até a extinção da ANAS em 1992 e a partir daí, até 2019, com as outras entidades.

A ambientação sócio-histórica daquele período contribuiu para o adensamento da **direção sociopolítica do projeto profissional**, impulsionada pelas lutas sociais que alimentaram a ação profissional, voltada aos movimentos sociais por direitos e políticas públicas, na esfera institucional dos espaços sócio-ocupacionais. Avolumou-se a luta político-sindical da categoria vinculada às lutas da classe trabalhadora, o que contribuiu para avançar a consciência dos profissionais, articulando projeto profissional e projeto societário como uma constante do *processo de ruptura com o conservadorismo*. A compreensão das múltiplas e complexas relações do evolver das lutas sociais e do papel da organização político-sindical *das assistentes sociais*, nessa conjuntura de grandes mobilizações sociais dos anos 1980, reconhece a dupla dimensão da inserção profissional de assistentes sociais nos espaços sócio-ocupacionais, em sua condição de trabalhadores e na luta com os trabalhadores.

A primeira dimensão refere-se à inserção profissional, nas esferas pública e privada, na condição de trabalhador assalariado, partícipe do trabalho coletivo socialmente combinado; a segunda dimensão se expressa pela utilidade social da profissão na prestação de serviços aos usuários desses serviços nos espaços socioprofissionais. Desse binômio decorre a inter-relação do exercício profissional com os movimentos sociais de lutas por políticas públicas como políticas de direitos, que ganham estatura institucional, a partir da promulgação da Constituição, em 5 de outubro de 1988, o que exigirá a análise das conquistas obtidas pelos trabalhadores.

Por outro lado, cabe salientar a contradição daí advinda: avança-se na democratização do país, e os movimentos sociais, em sua posição majoritária, apresentam, na década de 1990, uma reorientação na ação política ao estabelecer a supremacia da luta institucional sobre a ação direta, que incide na concepção sindical. Aapresenta-se um *giro reformista* que coloca o movimento sindical na *defensiva*, na década de 1990, e sob a hegemonia *social-democrata* cria-se um obstáculo ao processo da luta de classes, com exceção do Movimento dos Trabalhadores Sem Terra que permanece em sua ofensiva autônoma e de ação direta, com ocupações de terras e assentamentos, na luta pela reforma agrária sob o controle dos trabalhadores. A partir de 2003, esta situação se aprofunda, tendencialmente, no processo de um *sindicalismo cooptado e governista* assumido por sua posição majoritária, não sem resistência de setores de esquerda no interior do movimento sindical, ao lutarem e reafirmarem a direção sindical classista. O governo de Lula da Silva, apoiado por amplos setores organizados de trabalhadores, estabelece a cooptação de parcela majoritária dos movimentos sociais, que permanecem em uma política de conciliação de classes durante seus governos e de Dilma Rousseff, ambos do PT.

Desde sua origem, em 1978, o denominado *novo sindicalismo* lutou pela *autonomia e independência* sindical em relação ao Estado, ao patronato e aos partidos políticos, o que o colocou na luta contra a estrutura sindical vigente da era Vargas, na década de 1930, por estabelecer um sindicalismo corporativista, baseado na Carta del Lavoro de Mussolini, da Itália fascista. A Constituição de novembro de 1937 e o Decreto-lei n. 1.402, de julho de 1939, do Estado Novo, forneceram as bases para o controle governamental sobre os sindicatos, e a CLT em seu artigo V, em 1943, definiu a estrutura sindical corporativista atrelada ao Estado que passa a vigorar no país. O Ministério do Trabalho, Indústria e Comércio passa a controlar os estatutos, a economia, as finanças, as eleições dos sindicatos, retornando a obrigatoriedade do sindicato único, da unicidade sindical, e o direito de greve é totalmente proibido (Abramides e Cabral, 1995).

Os trabalhadores em serviço público não podiam se organizar sindicalmente de acordo com a Consolidação das Leis do Trabalho — CLT (1943). O artigo 566 afirma que "não podem sindicalizar-se os servidores do Estado e os das instituições paraestatais", e esse artigo somente será revogado pela nova Constituição de 1988, em que: "é garantido ao servidor público civil o direito à livre associação sindical" (artigo 37 — capítulo VI).

A CUT, em 1986, deliberou sobre a nova estrutura sindical a ser construída pelos trabalhadores, que previa a extinção dos sindicatos por categorias profissionais e a construção de sindicatos por ramo de atividade econômica. A ANAS e os sindicatos a ela filiados impulsionaram seus esforços políticos na construção dos sindicatos por ramo de atividade econômica, tal qual definido pela central. Este movimento ocorre de maneira diferenciada nos estados, de acordo com a realidade de organização das regiões, mas sob uma orientação unitária coletiva e democraticamente deliberada nas assembleias sindicais nacionais da entidade.[12] A transição da velha estrutura sindical corporativista para a nova estrutura sindical, defendida pelos trabalhadores, encontra-se ainda *inconclusa*, devido aos próprios impasses apresentados ao sindicalismo nas últimas três décadas.

---

12. Respectivamente nas III, IV, V e VI ANAS: Assembleia Nacional Sindical dos Assistentes Sociais — instância máxima de deliberação político-sindical da entidade nacional da categoria (ANAS) 1987, em Belo Horizonte (MG); 1989, em Campinas (SP); 1991, em Belo Horizonte (MG); e 1994, em Brasília (DF).

Compete-me destacar os principais desafios ainda presentes, no que se refere à organização sindical, e reafirmar a decisão da categoria profissional da construção por ramo de atividade econômica. Essa orientação direciona-se à consolidação dos sindicatos classistas que congregam, o mais amplamente possível, o conjunto dos trabalhadores de uma mesma área de atividade, unificando-os na base, em suas campanhas salariais, rompendo com a setorização existente na velha estrutura sindical corporativista.

Majoritariamente, assistentes sociais se inserem na esfera pública, em suas diferentes instâncias: municipal, estadual e federal, o que fez com que as organizações sindicais das assistentes sociais[13] atuassem diretamente, junto aos trabalhadores do serviço público, com as associações dos servidores por local de trabalho, posto que os sindicatos de trabalhadores do serviço público, por força de lei, eram proibidos de existir. As entidades estaduais e nacional das assistentes sociais, no período de 1978 a 1988, estabeleceram uma ação político-sindical com esses trabalhadores, juntamente com outros sindicatos de categorias, como os sindicatos de médicos, enfermeiros, psicólogos e arquitetos, que possuíam muitos profissionais inseridos na esfera pública, cujos sindicatos e federações eram também filiados à CUT. Os sindicatos de categoria estiveram presentes nas mesas de negociações em campanhas salariais, conquistadas pela ação sindical conjunta, rompendo na prática com negociações por categoria, conforme os desígnios do Estado, e com ampla participação dos trabalhadores desde os locais de trabalho.

Devido às ações diretas dos trabalhadores mobilizados e em luta, o Estado realizou negociações com as associações profissionais, mediante pressão organizada das entidades, apoiadas em movimentos de massa, apesar de os trabalhadores em serviço público não poderem ter seus sindicatos. A ação sindical impunha um amplo processo de mobilização e organização pela base com greves de trabalhadores administrativos, operacionais e profissionais

---

13. De acordo com a última pesquisa sobre o perfil de assistentes sociais no Brasil, realizada pelo conjunto CFESS/UFAL — Universidade Federal de Alagoas —, no ano de 2005, 97% das profissionais são mulheres. Assim, neste livro optei por utilizar *as assistentes sociais*, posto que se trata de uma categoria majoritariamente feminina.

universitários, com comandos de greve e negociações unificados, em que os sindicatos de assistentes sociais e a ANAS estiveram presentes, em linha de frente, de 1978 a 1994.

Os sindicatos de categoria profissional assumiram uma trajetória sindical classista, o que favoreceu o encaminhamento da construção dos sindicatos por ramo de atividade econômica, estimulando os profissionais da categoria a filiar-se a eles, no caso do serviço público, após 1988. Por outro lado, os sindicatos profissionais acompanharam as lutas por políticas e serviços públicos, participando do processo de construção dos conselhos gestores e de políticas de direitos,[14] que terão avanços, mas também limites, pela sua fragmentação e ausência de caráter deliberativo.

Notadamente na década de 1990, acentua-se uma ação sindical e popular direcionada à prioridade dos canais institucionais de participação popular:[15] conselhos gestores de direitos, de políticas e orçamento participativo, entre outros mecanismos de gestão democrática estatal, em uma diminuição gradativa das ações diretas, de massas, e subordinação das lutas sociais às lutas institucionais. Com certa incidência, um(a) mesmo(a) trabalhador(a) encontrava-se como representante em diversos conselhos institucionais, pulverizando as ações e fragmentando as reivindicações. Muitas experiências de conselhos gestores e de direitos transformaram-se em verdadeiras agências cartoriais e passaram a substituir, em muitas circunstâncias, as responsabilidades do Estado.

A trajetória de lutas e organização dos trabalhadores em serviço público perfila uma organização mais abrangente e segue as formas autônomas de organização encontradas pelos trabalhadores em seus fóruns de representação sindical nos anos 1980 até 1988. A partir dessa data, estruturam-se os sindicatos gerais de previdenciários, estaduais e federais, os da saúde, estaduais, e por contratação; sindicato de trabalhadores em serviços públicos municipais.

---

14. Consultar: RAICHELIS, R. *Esfera pública e conselhos de assistência social:* caminhos da construção democrática. São Paulo: Cortez, 1998.

15. As assistentes sociais, em todo o país, estiveram presentes na formação de conselhos de políticas públicas como representantes do setor, como servidoras públicas e como profissionais, atuando em espaços sócio-ocupacionais, representando a esfera pública. A esse respeito, vasta documentação é encontrada nas teses apresentadas aos CBAS (1989, 1992, 1995, 1998, 2002, 2005).

Todavia, os ramos em geral no serviço público, bem como de outras áreas de atividade econômica, ainda estão por ser construídos.[16]

O arrefecimento sindical da década de 1990 fez com que pouco se caminhasse rumo à nova estrutura sindical definida pelos trabalhadores. Basta recordar que as únicas entidades sindicais de categoria profissional que se extinguiram foram as entidades sindicais de assistentes sociais — a ANAS como a legítima federação das assistentes sociais, autônoma e independente do Estado, e 23 dos 28[17] sindicatos existentes, em 1994, e todos eles filiados à CUT. Embora outras categorias profissionais deliberassem em suas instâncias sindicais nacionais, por extinguir seus sindicatos e federações, acabaram por não fazê-lo. Entre essas categorias profissionais encontram-se a dos arquitetos, dos psicólogos, dos enfermeiros, além dos médicos e engenheiros que se encontravam em processo de discussão com suas respectivas categorias.

A *transitoriedade sindical* apresentou desafios às entidades sindicais, mas não somente, posto que se estabelecia iniciar com o conjunto das entidades da formação e do exercício profissional, ABEPSS e CFESS/CRESS, os enfrentamentos necessários ao neoliberalismo, partindo das demandas particulares sindicais, postas às assistentes sociais, e que de imediato não são cobertas pelos sindicatos gerais. Portanto, as entidades da categoria tiveram um papel decisivo a cumprir no momento de extinção das entidades sindicais da categoria. Esta tarefa não se confunde, nem pode se confundir, com a ação político-sindical; pressupõe articulação e interpretação constantes junto aos sindicatos gerais, por contratação e por ramo de atividade econômica,

---

16. Os ramos de atividade econômica definidos pela CUT em 1986, previstos para o enquadramento da nova estrutura sindical, referiram-se a: agropecuária, industrial, comércio e serviços, serviços públicos, autônomos urbanos, e os profissionais liberais devem filiar-se ao ramo em que se inserem; na transitoriedade, vinculam-se aos sindicatos de categorias, eliminando-se paulatinamente os sindicatos de categoria (CUT, 1987, p. 16).

17. Os cinco sindicatos remanescentes de assistentes sociais que permaneceram na década de 1990 e na primeira metade dos anos 2000 e que ainda existem são: sindicatos de Alagoas, Ceará, Porto Alegre, Caxias do Sul e Rio de Janeiro. Em 2003, houve tentativa de retomar o de São Paulo, que não conseguiu caminhar, incentivado pela CSC — Corrente Sindical Classista —, braço sindical do PCdoB. Em 2000, os cinco sindicatos fundaram a FENAS — Federação Nacional dos Assistentes Sociais —, apesar da deliberação histórica da categoria, que a CSC apoiou à época, da construção do ramo de atividade econômica. (Cf. Nova estrutura sindical, *Caderno de Formação da CUT*, n. 3, 1987; resoluções das Assembleias Sindicais da ANAS, 1987, 1989, 1991.)

a respeito das particularidades dessa categoria inscrita na divisão social do trabalho que lhe demanda requisições profissionais.[18]

Por último, torna-se importante resgatar as lutas específicas da categoria na esfera sindical sob a direção da CENEAS/ANAS, das APAS e dos sindicatos de assistentes sociais no período de 1978 a 1994, como: a) a luta por cargos e carreiras nas instituições socioprofissionais; b) a luta pela justaposição de assistentes sociais na (re)classificação de cargos e salários dos servidores públicos federais; c) a luta por concursos públicos para os servidores, com a particularidade do concurso para o profissional; d) a luta pelas 30 horas semanais sem redução de salário; e) luta pela readmissão de assistentes sociais demitidos por desenvolverem um trabalho profissional voltado aos interesses e direitos da população; f) denúncia e repúdio a projetos lesivos à população e aos profissionais; g) defesa de um projeto com **direção social estratégica**, voltado aos interesses dos trabalhadores e seu filhos que constituem a maioria da população (Abramides e Cabral, 1995).

As lutas travadas na década de 1980 desdobraram-se em algumas conquistas a serem preservadas, como os avanços significativos para a profissão em sua legitimidade, e para os profissionais no que se refere à melhoria de suas condições de trabalho e de fortalecimento das requisições e demandas ao exercício profissional.

A trajetória histórica das lutas sociais da classe trabalhadora e lutas de *resistência* desenvolvidas pela categoria, na década de 1990, a partir das transformações do mundo do trabalho, do reordenamento do Estado, com clivagens na esfera da cultura e que foram desastrosas aos trabalhadores, são fundamentais de serem resgatadas para a apreensão de novos desafios.

A recuperação dessas experiências organizativas socioprofissionais é de alcance indiscutível, tornando acessível às novas gerações de assistentes sociais

---

18. As questões específicas postas ao profissional na divisão sociotécnica do trabalho e as de caráter político-sindical, presentes no âmbito da categoria de assistentes sociais e que exigem uma política estratégica de ação, não são eliminadas automaticamente com a extinção das entidades sindicais, posto que se torna necessário que sejam trabalhadas em outras esferas de organização sindical. Consultar: Abramides e Cabral (1995), Abramides, Cabral e Faria (2000), Faria (2003), Resoluções do Encontro de Luziânia (1997), deliberações do VIII CBAS (1995).

a apropriação de momentos decisivos que marcará, em escala apreciável, o ingresso da categoria num horizonte de visibilidade sociopolítica até então inédito; de outro lado convoca todos os profissionais a uma reflexão crítica acerca dos caminhos e descaminhos até agora explorados no sentido de dotar o Serviço Social de uma legitimidade societal mais substantiva (Netto, 1996, p. 12).

5.2.2 Produção acadêmica: relações sociais e Serviço Social no Brasil[19]

A produção acadêmica no *processo de ruptura* profissional com o conservadorismo se revela com a obra de Marilda Villela Iamamoto e Raul de Carvalho: *Relações sociais e Serviço Social no Brasil: esboço de uma interpretação histórico-metodológica*. O livro clássico de Iamamoto e Carvalho constituiu-se na primeira obra de Serviço Social, em nosso país, ancorada diretamente no legado marxiano e nos quadros da renovação da profissão, e que apresenta o Serviço Social na especialização do trabalho coletivo inscrito na divisão sociotécnica do trabalho; na apreensão do significado social da profissão no processo de produção e reprodução das relações sociais; no caráter contraditório da profissão e do trabalho profissional, na relação capital-trabalho; na totalidade da vida social, particularmente na reprodução da força de trabalho humano; como prática profissional institucionalizada, e legitimada, na sociedade brasileira a responder às necessidades sociais, derivadas da prática histórica das classes sociais, na produção e reprodução dos meios de vida e de trabalho, de forma socialmente determinada; na compreensão de que a gênese e o desenvolvimento da profissão se objetivam a partir da Questão Social, isto é, do surgimento do proletariado com expressão política própria; como um dos meios utilizados pelas classes dominantes para exercer seu poder e controle na sociedade, que se modifica em decorrência do processo social da luta de classes; existe em condições sociais historicamente determinadas.

---

19. O livro *Relações sociais e Serviço Social no Brasil,* de Marilda Villela Iamamoto e Raul de Carvalho, foi publicado pela primeira vez em 1982, pela Cortez Editora.

A ABEPSS — Associação Brasileira de Ensino e Pesquisa em Serviço Social — produz, em 2002, uma Fortuna Crítica em celebração aos 20 anos de publicação da obra de Marilda Iamamoto e Raul de Carvalho, e afirma que:

> A nossa iniciativa da ABEPSS não resvala no culto à obra e aos na qual se depara com análises e observações substantivas, sobre sua importância para a formação e o exercício profissional na perspectiva marxista. Antes, encontra-se na necessidade de reafirmarmos a análise que inaugurou: a apreensão do Serviço Social como uma especialização do trabalho coletivo dentro da divisão social e técnica do trabalho, partícipe do processo de produção e reprodução das relações sociais [...]. Destacamos ainda nessa análise a apreensão do Serviço Social como produto da história e também dos seus sujeitos profissionais que dispondo de uma relativa autonomia no seu exercício constroem respostas, seja utilizando o perfil conservador, seja buscando novas fontes de legitimidade orientadas pelos interesses sociais das classes trabalhadoras (ABEPSS, 2002, p. 1-2).

A concepção de profissão desenvolvida nesta obra possibilita percorrer caminhos de investigação acerca das condições objetivas sobre as quais incide o trabalho do profissional, em sua condição de assalariamento, e partícipe do trabalho coletivo; bem como apreender as demandas postas ao profissional nos espaços socioprofissionais e as respostas por eles formuladas nas relações entre as classes sociais, o Estado e a sociedade capitalista. É nesse processo contraditório que o Serviço Social se afirma na legitimidade, perante o Estado e a sociedade, com marcada influência no circuito universitário. Em 2014, o livro alcançou a sua 40ª edição, o que prova que esse clássico tem influenciado a formação profissional de assistentes sociais em todo o país há 37 anos, por várias gerações, e corresponde na literatura profissional ao marco teórico e histórico inaugural no legado marxiano, de ruptura com o conservadorismo. De outro lado, permanece atual na compreensão das leis gerais do capitalismo, da ofensiva do capital, que cada vez mais destrói direitos para recuperar suas taxas de lucro, e de sua particularidade nos países subordinados.

5.2.3 Organização da categoria na formação profissional: ABEPSS — Associação Brasileira de Ensino e Pesquisa em Serviço Social

A Associação Brasileira de Ensino e Pesquisa em Serviço Social (ABEPSS) configura-se na entidade nacional responsável, academicamente, pela formação profissional dos cursos de graduação e pós-graduação em Serviço Social, tendo como referência a indissociabilidade entre pesquisa, ensino e extensão. A defesa desta concepção de profissão pressupõe um processo contínuo e sistemático de luta para que permaneça e se consolide, sobretudo considerando-se o permanente e perverso caminho de deterioração das condições de ensino e precariedade das condições de trabalho que se ampliam.

Consequentemente, presencia-se a desintegração progressiva e vertiginosa da esfera pública estatal pela implantação do *nefasto* neoliberalismo a partir do final dos anos 1980, drasticamente consolidado nos anos 1990 nos governos de FHC, com continuidade nos governos petistas e mais duramente imposto no governo golpista de Temer (2016 a 2018). Isso significa entender que a luta por um sistema único de ensino público, estatal, científico, gratuito, universal, vinculado à produção social e que garanta a indissociabilidade entre ensino, pesquisa e extensão, tem sofrido sucessivos ataques, pela ingerência de uma razão instrumental privatista, que vem promovendo uma série de contrarreformas no país, entre elas, a do ensino superior com prioridade ao ensino privado, deslocando recursos públicos para a esfera privada e mercantil. Materializa-se a substituição do fundo público pelo fundo privado, de acordo com a orientação dos organismos multilaterais do capital internacional. Essa ação programática ganha fôlego na contrarreforma do Estado implementada no governo FHC, em 1995, que adquiriu atualidade no governo Lula, em 2005, com a parceria público-privada se ampliando nos governos Dilma e Temer.

A formação de assistentes sociais deve ser compreendida, portanto, nos marcos dos projetos de reforma do ensino superior em conjunturas sócio-históricas específicas, que lhes confere desafios próprios a serem enfrentados. Necessita ainda ser analisada no movimento dos trabalhadores da educação, que tem construído um Plano Nacional de Educação voltado para atender às amplas massas de trabalhadores e seus filhos.

A entidade responsável pela formação profissional constitui-se primeiramente na ABESS — Associação Brasileira de Ensino em Serviço Social —, fundada em 10 de outubro de 1946, e em 1989, cria-se o CEDEPSS — Centro de Documentação e Pesquisa em Políticas Sociais e Serviço Social. A ABESS historicamente cumpriu seu papel de protagonismo e direção na formação profissional e organização acadêmica, que garante traços de continuidade na construção da concepção e prática do trabalho profissional que vimos construindo coletivamente, de forma democrática.

A partir de 1995, ocorreu um debate, nacionalmente articulado pela ABESS, no sentido de se construir um novo estatuto para a entidade que represente a formação acadêmico-profissional nos âmbitos da graduação e da pós-graduação, na indissociabilidade entre o ensino, a pesquisa e a extensão. A partir de 1998, com os estatutos da entidade nacional aprovados, institui-se, portanto, a ABEPSS, unificando o ensino, a pesquisa e a extensão na própria entidade, o que pressupõe a extinção do CEPEPSS.

A ABEPSS, como entidade nacional responsável pela formação, congrega unidades de ensino da graduação e da pós-graduação, e encontra-se constituída por sócios institucionais e individuais (professoras de Serviço Social, assistentes sociais pesquisadoras, profissionais, estudantes de Serviço Social, de graduação e pós-graduação, profissionais e pesquisadores de áreas afins).

Nos marcos da *renovação* do Serviço Social no Brasil, pode-se afirmar que a revisão curricular, realizada em 1982, expressa na formação profissional a vertente de *intenção de ruptura*. Aqui se trata de fato de "*intenção de ruptura*", posto que o Currículo de 1982, apesar de seus avanços, guarda traços relevantes que ainda o aproximam do ecletismo por: a) expressar resquícios do Serviço Social tradicional por meio de uma concepção abstrata de homem; b) indefinição quanto à participação popular em processos decisórios; c) uma concepção genérica de "promoção humana" sem se referir à situação de classes na sociedade capitalista; d) identificar a população atendida como "clientela", pertencente a estratos carentes, desconsiderando a existência das classes sociais; e) não tratar das relações sociais de produção que implicam a superexploração da força de trabalho humano (Rodrigues,

2001). Em decorrência dessa concepção de profissão, constatam-se: a) a intervenção socioprofissional concebida como resultante de diagnósticos e tratamentos, tal qual preconiza a escola funcionalista; b) a ausência de um referencial teórico de totalidade para garantir uma perspectiva crítica de análise, interpretação e transformação da realidade; c) uma dicotomia entre teoria e prática, em uma priorização da técnica de intervenção; d) a ausência de explicitação das fontes teóricas para o significado dos movimentos sociais; e) a referência genérico-abstrata do processo de consciência da população sem o devido trato teórico.

Relevante lembrar que a revisão curricular[20] efetivada pela PUC-SP, a partir do currículo mínimo de 1982, identifica, pela primeira vez, as contradições aí contidas do ponto de vista de suas ambiguidades, o que sugere a retomada da discussão e aprofundamento do currículo no âmbito da ABESS no plano nacional. A perspectiva do projeto de revisão curricular da Faculdade de Serviço Social da PUC-SP apreende a profissão a partir de seu significado social, como referência básica para se repensar a formação profissional na ótica das relações de classe. Assim, a formação mantém uma relação com o trabalho profissional, inserido nos diferentes espaços socioprofissionais, cuja referência fundamental é a *realidade social*; analisa a profissão pelas demandas que lhes são conferidas e as respostas a elas fornecidas; assimila o significado social da profissão na contradição entre capital e trabalho, sob a hegemonia do capital na sociedade de classes; captura a profissão na divisão sociotécnica do trabalho e a profissional assistente social partícipe do trabalho coletivo em sua condição de assalariamento; explicita o Serviço Social no contexto das relações sociais no processo de produção e reprodução dessas relações na sociedade capitalista, o que lhe confere uma direção social estratégica.

Em sua gestão, de 1983 a 1985, a ABESS realiza como uma de suas prioridades o projeto de pesquisa: A Formação Profissional de Assistente Social no Brasil: Determinantes e Perspectivas. A formação assume relevância no debate da categoria, especialmente a partir do novo currículo, aprovado pelo

---

20. A este respeito, consultar revista *Serviço Social & Sociedade*, São Paulo: Cortez, ano V, n. 14, abr. 1984: ABESS formação profissional, que apresenta análise mais detalhada do Currículo de 1982.

Conselho Federal de Educação pelo Parecer 412/82, com o prazo previsto para implantação até agosto de 1984. A pesquisa teve por objetivo estabelecer um diagnóstico da formação profissional de assistente social no Brasil, buscando não somente a implantação do novo currículo, mas, sobretudo, responder aos desafios postos à profissão no país.

A pesquisa parte de dois pressupostos, sendo que o primeiro analisa a crise da universidade brasileira, na década de 1980, a partir de um conjunto de crises em seu interior, a saber: a) uma crise política consubstanciada na falta da autonomia universitária e no autoritarismo que rege sua estrutura; b) uma crise econômica relacionada à falta de recursos orçamentários para a educação, de forma crescente; c) uma crise cultural que torna a universidade alienada das questões essenciais da sociedade brasileira.

Essas crises, porém, passam por um enfrentamento das forças políticas progressistas que iniciam um processo de organização e lutas na educação basicamente estimuladas pela efervescência das grandes mobilizações sociais em que: a) rearticulam-se as organizações estudantis, de docentes e demais trabalhadores da educação; b) retomam-se as lutas em defesa do ensino público, universal, estatal, científico, vinculadas às lutas mais gerais pela redemocratização do país; c) luta-se pela democracia e autonomia universitária; d) se articulam a luta pela democratização do país e a luta anticapitalista e anti-imperialista, impulsionada por setores de esquerda das universidades; e) recupera-se a função social da universidade de voltar-se para os interesses da maioria da população, explorada e oprimida pelo capitalismo; f) luta-se pelo acesso e permanência nas universidades dos trabalhadores e de seus filhos, esmagadoramente pobres, sem acesso a direitos sociais, incluídos os educacionais.

A educação corresponde à formação econômica e sócio-histórica do capitalismo no país, em que as forças produtivas e as relações de classe se estabelecem, sendo que a escola de classe somente será abolida com o fim da sociedade de classes, o que supõe dizer que sob o capitalismo não há possibilidade de acesso e permanência universais. A situação se torna mais aguda nos países atrasados, subordinados aos países imperialistas, que sequer implantaram o EBES, quando muito, na melhor das hipóteses, desenvolveram alguns programas de proteção social. A década de 1980 carrega, ainda, as reformas impostas pela ditadura militar de expansão do ensino privado, mercantil, decorrente dos acordos MEC-USAID, entre o Brasil e os Estados Unidos, em que o imperialismo exerce uma influência direta na condução do ensino no país. Fruto deste processo, amplia-se o ensino privado com apoio do Estado, em detrimento do ensino público estatal.

O segundo pressuposto da pesquisa desenvolvida pela ABESS indica que a formação mantém uma relação com o exercício profissional, tendo como referência: a) o reconhecimento da realidade como sua fundação sócio-histórica, cujas demandas e respostas profissionais se articulam no conjunto das determinações estruturais e conjunturais; b) a intrínseca relação entre formação e exercício profissional, que põe a necessidade da superação de dois equívocos historicamente existentes no processo de formação nas perspectivas mecanicista e idealista[21] da profissão; c) o caráter contraditório da profissão e a necessária articulação entre demandas potenciais e reais.

A análise, em relação ao segundo pressuposto, considera os seguintes elementos: a) a articulação entre projeto profissional e projeto societário das classes trabalhadoras; b) o reconhecimento dos espaços sócio-ocupacionais em que a profissão se realiza e a condição de assalariamento; c) o entendimento de que a assistente social atua como executora terminal das políticas sociais, mas também pode atuar em sua elaboração e gerenciamento; d) a vinculação histórica da profissão com a assistência social como política pública; e) a relação entre formação profissional e mercado de trabalho; f) a identificação do Estado como maior empregador do profissional nas diferentes esferas: municipal, estadual e federal.

Do ponto de vista da formação profissional, encontra-se no balanço crítico do Currículo de 1982 o debate sobre a direção da profissão, seus objetivos,

---

21. As perspectivas mecanicista e idealista em suas distinções deixam de considerar o caráter contraditório da prática profissional, posto que a primeira sustenta ser o Serviço Social "um instrumento exclusivo a serviço de um suposto poder monolítico, estando a profissão fadada, necessariamente, a constituir um reforço exclusivo deste" (Iamamoto, 1992, p. 98). A segunda posição (idealista) acaba por se configurar em uma visão voluntarista, posto que: "superestima a eficácia política da atividade profissional [...] parece também desconhecer a realidade do mercado profissional do trabalho no qual nos inserimos como trabalhadores assalariados [...]" (Idem, ibidem).

conteúdos. Assim, a função social na formação como uma necessidade histórica, alicerçada pela crise da ditadura, pela reorganização da sociedade, pelas especificidades da universidade, deixa patente o esforço de tratar o exercício profissional na dinâmica da sociedade brasileira nos anos 1980.

No Brasil, desde sua gênese, o Serviço Social mantém uma vinculação intrínseca com o Estado. A profissão intervém historicamente no interior das relações entre as classes, no espaço contraditório do Estado, sob hegemonia das classes dominantes e dirigentes. No movimento da realidade, demarcam-se momentos de ampliação de direitos sociais, fruto de um processo de lutas dos trabalhadores em uma conjuntura que possibilita determinadas conquistas de políticas de proteção social no interior do aparelho do Estado.

Em 1988, com a Constituição Federal consagrou-se o tripé das políticas sociais no âmbito da seguridade social: Saúde, Assistência Social e Previdência Social, em que as assistentes sociais, organizadamente, e em conjunto com setores dos movimentos sociais, que militam na área da Assistência Social, tiveram um protagonismo na construção da Lei Orgânica da Assistência Social — LOAS — n. 8.742, de 7 dezembro de 1993. Porém, com o avanço progressivo do neoliberalismo, a partir dos anos 1990, essas conquistas vão sendo sistematicamente destruídas e substituídas por programas *compensatórios, focalistas e seletivos* em detrimento de sua ampliação em direção à *universalidade*. A política da Assistência Social desvinculada das políticas sociais estruturantes, como a política de emprego, e das universais, como saúde e educação, restringe-se a ações pontuais, focalizadas, que pouco contribuem na diminuição das desigualdades inerentes ao capitalismo.

Não semeio ilusões de que a esfera da política, por meio do Estado capitalista, realize mudanças profundas na sociedade se não se realizarem transformações estruturais na base da produção material de mercadorias. Acrescento que sequer o caráter *redistributivo* das políticas sociais, típico da gestão social-democrática do capitalismo, efetivou-se nos países periféricos. Ao contrário, constata-se a ampliação de concentração de renda, riqueza e poder do capital sobre as massas trabalhadoras pauperizadas do país. Por outro lado, a Constituição de 1988 contemplou somente algumas das reivindicações populares por direitos sociais e trabalhistas, e as poucas conquistas vêm sendo aniquiladas a partir da ofensiva neoliberal.

5.2.4 Organização da categoria no exercício profissional: o conjunto CFESS/CRESS

O conjunto CFAS/CRAS, até 1979, encontrava-se sob a hegemonia conservadora, em que a direção do CFAS até 1987 era constituída, ainda, por indicação dos diretores dos conselhos regionais. Historicamente, das organizações representativas da categoria, são as entidades de fiscalização (do conjunto CFAS/CRAS) que mais tardiamente se democratizaram.

A reversão do conservadorismo, nestas entidades, ocorreu de forma diferenciada nos estados do país nos anos 1980. As militantes sindicais assistentes sociais estabeleceram uma intervenção política planejada no sentido de articular e incentivar profissionais a disputarem as eleições dos CRAS regionais, incluída a luta pela democratização dos conselhos que culminou com eleições diretas para o CFAS, em 1987.[22] Portanto, a luta pela democratização do conjunto CFAS/CRAS não se efetivou de maneira pulverizada, mas foi resultado de uma articulação do setor militante de esquerda da categoria organizada, por meio da CENEAS/ANAS, para uma ação consequente nos conselhos profissionais na luta pela hegemonia da *direção sociopolítica do projeto profissional*.

Outra estratégia empreendida pelas entidades sindicais foi a de articulação com a ABESS, considerando o debate acadêmico que culminou com a aprovação do novo currículo, em 1982, com direção social para o projeto de formação profissional. Retomou-se, em 1979, a articulação com a organização estudantil por meio da SESSUNE, atual ENESSO, que havia sido retomada em 1977 na efervescência das lutas sociais. A CENEAS estabeleceu uma política de articulação entre as entidades da categoria (CENEAS/ANAS/APAS e sindicatos, ABEPSS, CFESS/CRESS e SESSUNE) para ações conjuntas com *direção sociopolítica*, no âmbito sindical, da formação, do exercício profissional e estudantil; preservadas as particularidades de cada entidade

Em relação à década de 1980, a direção do CFESS caminhou em sua análise no mesmo sentido, ao declarar:

---

22. O processo de eleições diretas para o CFAS ocorre em 1987, tendo como primeiro presidente eleito Nelson Suzano, do CRAS São Paulo (Fernandes, 2004).

[...] a proposta do conjunto CFESS-CRESS de contribuição na construção desse projeto ético-político coletivo é fruto de um aprendizado e de uma história de participação e de organização de significativos setores da categoria, principalmente aqueles que se opuseram à ditadura militar e lutaram pela redemocratização do país. Em meio ao fortalecimento do movimento sindical dos assistentes sociais, a partir de 1979, com a criação da CENEAS (Comissão Executiva Nacional das Entidades Sindicais de Assistentes Sociais) e posteriormente da ANAS (Associação Nacional dos Assistentes Sociais) em 1983, iniciou-se um processo de politização das entidades da categoria, repercutindo, inclusive, na esfera dos conselhos de fiscalização da profissão. Tais espaços, antes caracterizados por um perfil conservador, corporativo e burocrático, já por nós criticado, passaram a ser alvo de disputa política e eleitoral por atores oriundos do movimento sindical (CFESS, 1996, p. 174).

Esta análise aparece também registrada pela direção da ANAS em 1992, ao apresentar no VII CBAS a tese: "Refletindo sobre a Organização de Assistentes Sociais", ao considerar que:

[...] uma das formas de luta foi a disputa dos conselhos, por grupos vinculados ao movimento sindical, no início da década de 80, os quais procuraram imprimir novas diretrizes ao conjunto CFAS/CRAS, basicamente referenciados por: democratização das relações CFAS/CRAS, passando por uma ampla discussão nacional das questões de interesse da categoria; articulação com ANAS e ABESS; defesa dos interesses profissionais, vinculados às aspirações populares (Caderno de Teses, 1992, p. 178).

5.2.5 O Código de Ética Profissional de 1986

Até 1986, o Código de Ética das Assistentes Sociais pautava-se na "ética da neutralidade", que pela simples formulação comprova que em nada era neutra, posto que, orientada pelo conservadorismo e pela visão *abstrata de homem,* defendia uma concepção desvinculada das classes sociais antagônicas e em disputa na sociedade capitalista. A visão genérica de "pessoa humana" encobria as graves expressões da "Questão Social" e da desigualdade como valor constitutivo do capital para sua acumulação.

Neste período, os profissionais combativos, que atuavam nos conselhos regionais e federal, junto com os dirigentes da ANAS e ABESS, articularam-se para os encontros regionais e para o Encontro Nacional CFAS/CRAS, realizado em Fortaleza em 1986, para construir um Código de Ética profissional pautado no compromisso histórico com as classes trabalhadoras assumido desde 1979.

Rever esse Código de Ética supunha, de saída, recusar a base filosófica tradicional conservadora e apoiar-se na perspectiva teórica do legado marxiano, voltada aos interesses da maioria explorada e oprimida pelo capitalismo. Essa reformulação esteve tencionada durante esse encontro na disputa das várias concepções, porém, avança-se na conquista da hegemonia política ao se deliberar pela *direção social da profissão* na *perspectiva do projeto de intenção de ruptura*, acrescida da definição do perfil de um profissional competente teórica, técnica e politicamente nos diversos espaços sócio-ocupacionais em que a profissão se realiza.

O Código de Ética de 1986, analisado sob as condições sócio-históricas do período, indubitavelmente apresenta uma ruptura político-ideológica com o neotomismo e sua visão abstrata de homem e de bem comum. No entanto, "a prática política construiu, objetivamente, uma ética de ruptura, mas não ofereceu uma sustentação teórica que contribuísse para uma compreensão de seus fundamentos" (Barroco, 2001, p. 177).

É preciso reafirmar que houve um grande avanço político com o Código de Ética de 1986, porém é necessário lembrar que naquele momento não havia ainda na profissão um acúmulo teórico-filosófico que pudesse adensar as bases ontológicas necessárias à sua formulação. A nova ética é o

> [...] resultado da inserção da categoria nas lutas da classe trabalhadora, e, consequentemente, de uma nova visão da sociedade brasileira, em que a categoria, através de suas organizações, faz uma opção clara por uma prática profissional vinculada aos interesses desta classe (CFAS, 1986, p. 7).

O Código de Ética de 1986 dimensiona-se, sobretudo, no sentido de vincular o projeto de profissão a um projeto societário, revelando o grau de politização da categoria na *vertente de ruptura* com o *conservadorismo*, a partir de sua inserção no movimento real da luta dos trabalhadores, e este se constituiu em um importante divisor de águas. O Código de Ética de 1986, porém, "ao não estabelecer as mediações entre o econômico e a moral, entre a política e a ética, entre a prática política e a dimensão política da prática profissional, reproduz as configurações tradicionais da ética marxista" (Barroco, 2001, p. 177). Esta lacuna será superada com o Código de Ética, revisto em 1993, contemplado com as exigências pertinentes à natureza de um Código de Ética. Todavia, se não avançássemos politicamente em 1986, que só foi possível devido à conjuntura dos anos 1980, não estaríamos no patamar teórico-filosófico adquirido posteriormente.

CAPÍTULO III

As crises macroestruturais e os desafios para a classe trabalhadora

O capítulo III trata do conjunto das crises macroestruturais, no plano internacional, e seus rebatimentos à classe trabalhadora mediante a ofensiva do capital, em resposta à sua própria crise, no âmbito da produção social, no mundo do trabalho e na reprodução social, nas esferas do Estado e da cultura.

1. A Confluência da Crise nos anos 1970 e 1980

A crise estrutural do capital e do capitalismo no plano internacional estabelece respostas programáticas nas esferas produtiva, da política e da cultura, que apresentam aspectos particulares; porém, guardam traços de similitudes imanentes a mesma *e única ordem, a ordem do capital*, na tentativa de recompor suas taxas de lucros necessárias ao processo de acumulação capitalista. Neste âmbito, as esferas da política (Estado) e da cultura encontram-se subordinadas à base econômica determinada pela infraestrutura da sociedade (produção social).

A crise estrutural do capital e do capitalismo, a partir de 1973, na esfera internacional resulta da progressiva queda das taxas de lucro; do fenômeno da estagflação que corresponde à estagnação econômica com altas taxas de inflação; da crise de superprodução e da crise internacional do petróleo, como um dos elementos detonadores da estagnação econômica (Anderson, 1995). O conjunto dessas determinações impõe novas estratégias de recomposição orgânico-metabólica, do capital (Mészáros, 2002). Sob a orientação macroeconômica internacional de financeirização da economia, realiza-se a centralização do grande capital dos monopólios e das grandes corporações internacionais, sob o jugo de hiperpotências imperialistas.

A programática na esfera do trabalho orienta-se pela *acumulação flexível* (Harvey, 1992), no processo de reestruturação produtiva, que atinge "a objetividade e subjetividade da classe que vive do trabalho e, portanto, de sua forma de ser" (Antunes, 1995). As medidas de gestão e controle do trabalho ampliam a superexploração com desemprego estrutural, desregulamentação e precarização das relações de trabalho.

No âmbito do Estado, implementa-se o *neoliberalismo* com o "Estado mínimo para os trabalhadores e máximo para o capital"; na desresponsabilização do Estado diante das políticas públicas, em um sistema de privatização em áreas estratégicas extremamente rentáveis — telecomunicações, energia, transportes — e nas contrarreformas estatais, privilegiando-se o mercado na lógica privatista. O neoliberalismo ataca centralmente a organização autônoma dos trabalhadores, sindicatos e partidos operários classistas; o sistema de bem-estar social keynesiano que não pode mais ser suportado pelo capital em crise é, consequentemente, combatido e aniquilado como estratégia política, na fase da crise estrutural do capitalismo. O propósito do "neoliberalismo é combater o keynesianismo e o solidarismo reinante e preparar as bases de um outro tipo de capitalismo, duro e livre de regras para o futuro" (Anderson, 1995, p. 10). Os dois primeiros vetores da crise contemporânea do capital e do capitalismo, na esfera econômica pela acumulação flexível e na esfera política pelo neoliberalismo, encerram a estratégia ideopolítica do grande capital no desmonte do projeto da modernidade na esfera da cultura.

A *condição pós-moderna* sustenta-se teoricamente no neopositivismo, mas também em formas tácitas ou explícitas de irracionalismo e combate à razão moderna; de um lado, o pensamento liberal iluminista e, de outro, a razão dialética do materialismo histórico e da totalidade da vida social. Expressa-se fundamentalmente por meio da fragmentação do conhecimento, do empiricismo, de análise rasteiras e aligeiradas, a-históricas da realidade. Nega, sobretudo, as macroanálises das teorias estruturantes para a compreensão do mundo real, substituindo-as pela valorização das microrreferências, do efêmero, do singular e do imaginário, entre outros; nega a tradição herdada do século XIX, seja o legado marxiano e a tradição marxista, seja a sociologia durkheimiana, à qual ilegitimamente equalizam às concepções marxianas consideradas deterministas.

1.1 A crise do capital

O capitalismo, em seu desenvolvimento, apresenta-se por crises cíclicas e periódicas, de crescimento e estagnação, que o coloca em um processo de reestruturação orgânica de seu metabolismo societal, no sentido de recuperar as taxas de lucro e níveis de acumulação. Crises conjunturais de larga duração expressam estratégias comuns, articuladas internacionalmente pelo grande capital, que ancoram sua lógica constitutiva e destrutiva imanentes à lei geral da acumulação capitalista.

O capital, ao longo de sua história, vem recompondo-se por intermédio de novos índices de crescimento pelo ciclo reprodutivo em que o valor de uso, a produção de coisas socialmente úteis, subordina-se a seu valor de troca, a mercadoria. Amplia-se, em processos sucessivos, a mais-valia relativa, advinda do aumento da produtividade do trabalho, diminuindo o tempo com o trabalho necessário pelo salário e aumentando o trabalho excedente, que se intensifica pela introdução das novas tecnologias. Portanto, na extração da mais-valia relativa, o que varia é a divisão da mesma jornada entre trabalho necessário e trabalho excedente, em que o primeiro diminui e o segundo aumenta; e na taxa de mais-valia absoluta pelo aumento do número de horas trabalhadas e/ou o aumento da intensidade em que o trabalho se realiza.

A partir de 1973, a crise do capital se configura em crise estrutural sistêmica de seu metabolismo orgânico. Estratégias diversificadas são estabelecidas a partir da queda da taxa de lucros, na fase de financeirização mundial do capitalismo e da superprodução de mercadorias, sem a correspondente capacidade de demanda para o consumo em massa, delineando um novo processo para retomar os padrões de acumulação exigidos pelo capital. Esse movimento realiza-se de maneira destrutiva, avassaladora, de forma cada vez mais intensa e profunda, crônica e permanente. Há um conjunto de crises circunscritas à ambiência sócio-histórica, pós-meados dos anos de 1970, a serem explicitadas, a saber:

a) o quadro de crise estrutural do capital e as respostas à sua própria crise: acumulação flexível, neoliberalismo e pós-modernidade;

b) a crise da social-democracia no interior do próprio capitalismo reformista, portanto, do Estado de Bem-Estar-Social (EBES), com suas políticas de regulação;

c) a crise do Leste europeu, com a queda emblemática do Muro de Berlim, e o fim do "socialismo real existente" nas sociedades pós-capitalistas se transformam em munição para os apologistas decretarem "o fim da história" e o triunfo do capitalismo como saída única e inexorável;

d) fruto dessas crises, espraia-se a crise da esquerda, em que importantes setores abandonam o ideário socialista e migram para a social-democracia, na melhor das hipóteses, e parcelas expressivas implementam, quando se tornam governos, as políticas neoliberais.

O período histórico contemporâneo coloca na ordem do dia a atualidade da luta pelo socialismo, vinculada aos enfrentamentos necessários ao processo das lutas de classe em uma quadra regressiva para a humanidade. Sua decorrência retrata um processo contrarrevolucionário, de avanço da ideologia neoliberal que vem cooptando e dificultando a contraofensiva da classe trabalhadora em direção ao socialismo.

1.1.1 Crise do binômio fordismo-keynesianismo no interior da crise capitalista

O Estado de Bem-Estar-Social (EBES[1]), desenvolvido nos países centrais do capitalismo pela regulação da intervenção estatal keynesiana, opera uma gestão social de:

> [...] um Estado com forte iniciativa no campo de políticas sociais redistributivas e com pronunciada intervenção por serviços, equipamentos sociais, fiador de controles tributários sobre o capital e articulador institucional de parcerias entre capital e trabalho sobre a base do jogo político democrático (Netto, 1995, p. 98).

O modelo conhecido como *Welfare State* implantado pela social-democracia, em um período de expansão econômica, se exterioriza sob formas diferenciadas na Europa nórdica, na Europa meridional, na Inglaterra e vem operar uma gestão social-democrática do capitalismo. Constata-se que esse modelo, porém, viabilizou-se somente nos países capitalistas desenvolvidos do norte da Europa, em momento histórico determinado, de crescimento econômico nas chamadas *ondas longas expansivas* (Mandel, 1986). A social--democracia capitalista se implanta nesses países basicamente a partir de três elementos: a) da necessidade de reconstrução dos países capitalistas arrasados pela guerra no pós-1945; b) da necessidade de estabelecer um pacto social com os trabalhadores para que uma onda revolucionária proletária não se ampliasse para o resto do mundo capitalista; c) da necessidade prioritária de retomada da acumulação de capital pela recomposição orgânica das taxas de lucros.

---

1. Esping-Andersen define que os *Welfare States* formam um grupo, mas que é preciso reconhecer que não existe um único caso puro. "Definir os *Welfare States* têm a ver com a qualidade dos direitos sociais, com a estratificação social e com o relacionamento entre Estado, mercado e família, então obviamente o mundo compõe-se de aglomerados distintos de regimes [...]." Para estudar os *Welfare States* é necessário considerar suas hipóteses causais em que "três fatores em particular seriam importantes: a natureza da mobilização de classe (principalmente da classe trabalhadora); as estruturas de coalizão política de classe; e o legado histórico da institucionalização do regime". *In*: ESPING-ANDERSEN, Gosta. As três economias políticas do *Welfare State*. *Lua Nova, Revista de Cultura e Política*. O presidencialismo em questão e *Welfare* e experiências neoliberais, São Paulo: Cedec Marco Zero, n. 24, p. 86-116, 1991.

Imprime-se nesse processo a necessidade capitalista de implementar o EBES, pelo keynesianismo, e na base econômica da sociedade, o controle e gestão da força de trabalho pelo modelo fordista-taylorista para ampliar suas taxas de lucro. O EBES se apropria dos elementos da economia planificada, desenvolvida nos países pós-revolucionários, configurando-se, porém, como Estado de regulação capitalista à diferença dos países pós-revolucionários (Mészáros, 2002), onde a burguesia é expropriada e se estabelece a estatização da economia e da política.

As políticas sociais de proteção e de pleno emprego no EBES não se dirigiam a todos os trabalhadores e a seus filhos, mas fundamentalmente à população economicamente ativa, para que pudesse se beneficiar de políticas redistributivas, necessárias ao consumo em massa, resultante da produção em massa inerente ao fordismo e que garantia um alto grau de produtividade e, consequentemente, de lucratividade para o capital. Essas medidas, expressas em políticas públicas estatais, responderam, de um lado, a direitos sociais conquistados pelos trabalhadores e, de outro, estiveram na base de sustentação do pacto social-democrático em um verdadeiro acordo entre a burguesia, e seu Estado de dominação, e o proletariado. Constitui-se um sindicalismo hegemônico, de concepção reformista, que passou a atuar *dentro da ordem do capital,* deslocando-se de seus objetivos históricos de construção do socialismo e de partidos operários independentes, assumindo o *pacto social* com as classes dominantes.

O sistema de proteção social, no EBES, corresponde a reivindicações e demandas populares por direitos sociais, porém suas políticas sociais não são universais; à população excedente do capitalismo avançado, prevalecem as políticas de assistência social para cobertura de atendimento e proteção, porém desvinculadas das políticas estruturantes. Assim, expandem-se programas compensatórios assistenciais às populações mais empobrecidas, em miséria relativa ou absoluta, que são consideradas sobrantes (excedentes) e/ou partícipes do exército industrial de reserva.

A social-democracia capitalista, no curto período de aproximadamente 30 anos de crescimento econômico expansionista (1945 a 1973), atende à parte das reivindicações das classes trabalhadoras, em conquistas obtidas em seus processos de lutas; responde às necessidades do modelo de gestão da força de trabalho e da política estatal; reconstrói os países no imediato pós-guerra e estabelece um pacto social com os trabalhadores, que abandonam significativamente a luta revolucionária, aderindo, hegemonicamente, à social-democracia reformista. De outro lado, somente é possível uma política keynesiana nos países de capitalismo desenvolvido à custa da superexploração da força de trabalho nos países do Terceiro Mundo e dependentes internacionalmente da lógica estruturante do grande capital. Portanto, o desenvolvimento capitalista se realiza de forma desigual e combinada entre os países centrais e periféricos, em que os primeiros dependem da superexploração da força de trabalho dos segundos para alicerçar o pacto social e assimilar parte da demanda por políticas sociais e de emprego à população economicamente ativa, inserida no mercado formal de produção de mercadorias, e, assim, cumprir seu ciclo de acumulação de capital.

O *binômio fordismo-keynesianismo* estabelece a gestão da força de trabalho e a gestão da política do Estado capitalista em um período de crescimento econômico; o fordismo pode ser compreendido como a forma pela qual a indústria organizou o processo de trabalho no século XX, com produção em massa, com o cronômetro fordista de controles de tempos e movimentos, e produção em série taylorista (Antunes, 1995).

A data simbólica do fordismo é estabelecida quando Henry Ford[2] introduz, em 1914, cinco dólares de recompensa para oito horas diárias de trabalho em linha de montagem. No fordismo, a produção em massa significa consumo em massa; há um novo sistema de produção da força de trabalho, de controle e de gerência; "uma nova estética e uma nova psicologia, enfim: um novo tipo de sociedade democrática, racionalizante, modernista e populista" (Harvey, 1992, p. 121). O consumo em massa, necessário aos padrões

---

2. "Em 1916, Ford enviou um exército de assistentes sociais aos lares de seus trabalhadores 'privilegiados' (em larga medida imigrantes), para ter certeza de que o 'novo homem' da produção de massa tinha o tipo certo de probidade moral, de vida familiar e de capacidade de consumo prudente (isto é, não alcoólico) e 'racional' para corresponder às necessidades e expectativas da corporação. A experiência não durou muito tempo, mas a sua própria existência foi um sinal presente dos profundos problemas sociais, psicológicos e políticos que o fordismo iria trazer" (Harvey, 1992, p. 122).

de acumulação fordista, subsumiu o tempo e o lazer do trabalhador a um certo tipo de controle necessário às racionalidades da produção.

O fordismo da maturidade abrange o pós-guerra, de 1945 a 1973, nos países capitalistas avançados que atingem grande expansão com altas taxas de crescimento. Nesse período, o *fordismo* se alia fortemente ao *keynesianismo* em uma conjuntura histórica em que as crises foram contidas, a democracia de massa, preservada, as ameaças de guerra intercapitalistas se tornaram remotas; o capitalismo investe em seu expansionismo internacional e atrai nações descolonizadas para serem coordenadas por centros financeiros interconectados sob a hegemonia dos EUA. O *fordismo e o taylorismo* se caracterizam por: separação entre elaboração e execução das tarefas nos processos de trabalho; fragmentação das funções; trabalho parcelado e consolidação do operário-massa e trabalhador fabril, em que 75% da produção se fazia na grande indústria pelos operários contratados. Esta lógica se inverte no processo da acumulação-flexível e somente 25% da produção de mercadorias ocorre no interior da fábrica (Harvey, 1992).

O momento de expansão do capitalismo, com a programática fordista-keynesiana, apresenta contraditoriamente tendências progressivas e regressivas. Progressivas à medida que atendem a significativas reivindicações históricas das classes trabalhadoras; ampliam níveis de emprego e implementam políticas sociais redistributivas pelo Estado de Bem-Estar Social. Regressivas à medida que essas conquistas da classe trabalhadora e a ampliação do Estado democrático se viabilizam para manter e ampliar a exploração da força de trabalho sob novos padrões de acumulação; frear o movimento revolucionário, cooptando setores importantes do movimento operário para o pacto social-democrático que se torna hegemônico.

As raízes desta contradição assentam-se na produção de valor e mais-valor e se expressam nas esferas da economia, da política, da ideologia e da cultura. Dessa forma, o capitalismo difere radicalmente de um sistema econômico que sirva para satisfazer às necessidades humanas e sociais, o que somente poderá ser conquistado em outras bases econômicas e sócio-históricas, do mundo da liberdade e da igualdade entre os indivíduos sociais, a sociedade emancipada dos produtores livremente associados.

1.2 A resposta do capital à sua crise estrutural

A reestruturação do capital se estabelece de forma diferenciada a cada momento do desenvolvimento capitalista, a saber: o sistema *fordismo-keynesianismo* no período de crescimento econômico do capitalismo, de 1945 a 1973; e o avassalador *binômio regressivo de acumulação-flexível-neoliberalismo* no período do pós-1973, que se alastra progressiva e drasticamente em escala internacional, em países e regiões desenvolvidas, industrializadas e periféricas para responder à sua crise estrutural sistêmica. O binômio *acumulação flexível-neoliberalismo* se desenvolve de maneira *desigual e combinada*, do mesmo modo que se sucede no binômio *fordismo-keynesianismo* um período estrategicamente expandido de crescimento econômico e das taxas de acumulação capitalista. O ciclo de dependência e subordinação dos países pobres aos países ricos aumenta, tornando-se ainda mais destrutivo do ponto de vista da vida social e humana das grandes massas trabalhadoras, que no capitalismo só têm a vender sua força de trabalho e que se tornam cada vez mais excluídas do mercado de trabalho. Portanto, descobertas do sistema de proteção social do trabalho, se ampliam as desigualdades de classe no interior dos países capitalistas desenvolvidos.

O processo de reestruturação do capital de âmbito internacional diante da sua crise estrutural, a partir de 1973, estabelece novas ofensivas no âmbito da produção material, na esfera do Estado e da cultura. A crise do sistema metabólico do capital recompõe novas formas de gestão da força de trabalho e das políticas estatais para recuperar taxas de acumulação; no capitalismo atual, não se pode fazer mais uma separação entre capital financeiro, rentista e produtivo, todos estão envolvidos em uma mesma e única orientação.

As crises constitutivas do capitalismo apresentam frequentemente uma assimetria entre taxa de exploração e taxa de lucro, em que o lucro obtido equivale à dedução do mais-valor que corresponde à taxa de exploração. A reestruturação do capital, em sua crise estrutural, pressupõe uma mudança no padrão de acumulação determinante para estabelecer nova ampliação da taxa de lucro advinda do aumento da superexploração no trabalho.

Os movimentos do capital que incidem no mundo do trabalho, na esfera do Estado e da cultura, embora distintos e em períodos diferenciados, todos se inscrevem na lógica do capital, em que os ajustes estruturais na economia e na política se referem a reorganizações no interior do capitalismo, sustentados em uma nova cultura. Os traços constitutivos da crise estrutural e metabólica do capital, a partir de meados dos anos 1970, se esteiam a partir das seguintes determinações: a) na queda da taxa de lucro pelo aumento do valor da força de trabalho, traduzido em seu preço e que fora conquistado pelos trabalhadores em luta e pela consequente queda da lucratividade; b) no esgotamento do padrão de acumulação taylorista/fordista de produção com uma expressiva redução do consumo diante do desemprego estrutural que se expande; c) na esfera financeira o capital ganha relativa autonomia frente aos capitais produtivos; d) na maior concentração de capitais devido à fusão de empresas monopolistas e oligopolistas; e) na crise do *Welfare State* com a crise fiscal e consequente diminuição de gastos e investimentos públicos, transformando fundos públicos em fundos privados sob a lógica do mercado; f) na tendência à flexibilização das relações de trabalho e das políticas sociais, em uma nova gestão da força de trabalho e da esfera do Estado com ênfase nas privatizações.

O binômio *fordismo-keynesianismo* que rege o capitalismo, de 1945 a 1973, indica sinais alarmantes de esgotamento para o capitalismo. Esse binômio expressa sua racionalidade no momento do crescimento econômico do capitalismo em que a produção, desenvolvida em massa, requer um consumo em massa. Com a crise orgânica e metabólica do capital, torna-se necessário um outro binômio: *acumulação flexível-neoliberalismo*, para recompor as taxas de lucro.

1.2.1 O processo de "acumulação flexível" no mundo do trabalho

As alterações no processo de trabalho pela reestruturação produtiva de *acumulação flexível* são marcadas pelas seguintes características: a) o trabalho apresenta um confronto direto com a *rigidez do fordismo*; b) a acumulação flexível apoia-se na flexibilização dos processos de trabalho, dos mercados,

dos padrões de consumo; c) surgimento de setores de produção inteiramente novos; d) novos mercados e formas de serviços financeiros; e) inovações tecnológica, organizacional e comercial; f) mudanças aceleradas nos padrões de desenvolvimento entre setores de produção, regiões e países; g) ampliação do setor de serviços; h) compressão espaço-tempo no mundo capitalista; i) estreitamento da tomada de decisões entre os setores público e privado; j) comunicação via satélite e queda nos custos de transportes para difusão e mundialização de decisões com rapidez (Harvey, 1992, p. 140).

Na esfera da produção, a reestruturação produtiva, por meio do toyotismo, estabelece ao capital tanto a maior exploração quanto o maior controle da força de trabalho. O processo de *acumulação flexível* se baseia em aumento da produtividade, eficiência, qualidade, novas formas de gestão, efetivando-se, sobretudo, por meio das inovações tecnológicas com a robótica, automação e microeletrônica. Desse processo de trabalho advêm a precarização e a desestruturação das relações clássicas de produção; o gerenciamento e envolvimento da força de trabalho; a utilização dos Círculos de Controle de Qualidade (CCQs); o Controle pela Qualidade Total (TQC) "na participação dentro da ordem e do universo da empresa" (Antunes, 1995, p. 16).

As consequências desse processo produtivo para o mundo do trabalho se configuram por atingir a objetividade e a subjetividade da classe trabalhadora por meio de:

> a) redução do operariado fabril estável (presente no fordismo/taylorismo) com a flexibilização e desconcentração do espaço físico (toyotismo); b) surgimento de um novo proletariado: subproletariado fabril e de serviços, trabalho precarizado, terceirizado, trabalhadores subcontratados, "part-time"; c) aumento significativo do trabalho feminino, 40% da força de trabalho feminina nos países avançados capitalistas, trabalho precarizado e desregulamentado; d) incremento de assalariados médios e de serviços, ainda que o setor de serviços mantenha um desemprego acentuado; e) exclusão de jovens e idosos do mercado de trabalho nos países centrais; f) inclusão precoce e criminosa de crianças no mercado de trabalho principalmente em áreas subordinadas, como nos países asiáticos e na América Latina, com significativa expansão do trabalho social combinado na ampliação dos níveis de exploração do trabalho (Antunes, 2000, p. 14).

No processo de reestruturação produtiva, o toyotismo —implementado no Japão nas indústrias Toyota —, modelo japonês ou Ohnismo[3] é o que revela maior impacto nas metamorfoses no mundo do trabalho. Coriat (1994) elucida esse toyotismo inaugural em quatro fases consecutivas. A primeira se realiza entre 1947 e 1949, com o uso das técnicas organizacionais advindas da indústria têxtil para o setor automobilístico; consiste em atribuir, ao mesmo operário, a condução e a gestão simultânea de várias máquinas, instaurando-se o trabalhador polivalente, diverso do operário parcelar do fordismo-taylorismo.

A segunda fase acontece entre 1949 e 1950, a partir da crise financeira da Toyota que quase a conduz à falência, tendo sido saneada por um plano do sistema bancário. Acelera-se a desregulamentação das relações de trabalho que atinge direitos trabalhistas consolidados; a partir daí, desencadeia-se uma greve massiva da classe operária em que o patronato responde prontamente por meio de demissões, em torno de 2.000 trabalhadores (Coriat, 1994; Gounet, 1992).

A terceira fase, em 1950, expressa o pensamento do fundador da Toyota de que "o ideal seria produzir exatamente aquilo que é necessário, e fazê-lo no tempo exatamente necessário" (Coriat, 1994). Esta concepção funda-se em adotar técnicas utilizadas em supermercados americanos, de reposição de produtos logo após a venda; no método *Kanban*, que se operacionaliza por "placas ou senhas de comando para reposição de peças em estoque que no toyotismo tem que ser mínimo" (Antunes, 2000, p. 54).

A quarta fase, em 1962, é a de expansão do método *Kanban* a subcontratados e fornecedores e que se intensifica no pós-1973; momento de expansão do modelo japonês, de controle e gestão da força de trabalho, em esfera internacional. Corresponde ao período de crise estrutural do capital, que tem na *acumulação flexível* a estratégia necessária à sua recomposição orgânica metabólica de retomada das taxas de crescimento e que prevê a

---

3. Coriat (1994) designa o modelo japonês de toyotismo por desenvolver-se primeiramente no Japão nas empresas Toyota a partir de 1947, tendo como teórico organizador desse sistema o engenheiro Ohno; portanto, esse processo é também conhecido por Ohnismo.

ampliação da superexploração da força de trabalho pela mais-valia relativa e absoluta (Harvey, 1992; Mészáros, 2002; Antunes, 1995).

Os operários polivalentes, o aumento da produtividade, a redução do operariado fabril, a produção da mercadoria em função da demanda determinada, ou seja, do estoque mínimo, na lógica do *Just in time*, que objetiva "o melhor aproveitamento do tempo de produção — incluindo-se também o transporte, o controle da qualidade e do estoque, é o que substancia o modelo japonês" (Antunes, 1995, p. 26).

O processo de trabalho e o processo de valorização com o toyotismo encontram-se permeados por uma sustentação ideológica que atinge não somente a objetividade — base material da classe operária em sua força de trabalho —, mas também a sua subjetividade — a sua organização, os seus valores, a sua consciência —, tendo nos CCQs e nos TQCs instrumentos de propagação ideológica e de cooptação da classe trabalhadora. É estabelecido, portanto, "o envolvimento cooptado" (Antunes, 1995), em que a subsunção do trabalhador ao capital é superior à existente no processo de trabalho do período do fordismo, e na nova lógica organizacional de gestão e controle da força de trabalho, o trabalhador "passa a ser vigia de si mesmo" (Marx, 1974b).

Nos Centros de Controle de Qualidade (CCQs), a empresa é concebida como o *prolongamento da casa*, e o debate estabelecido se volta no sentido de travar metas e objetivos de maior rentabilidade do trabalhador na empresa, sendo vetada a discussão relativa às formas legítimas de lutas dos trabalhadores — entre essas, a greve. *"Proteger a nossa empresa para defender a vida"* é o lema da Toyota; o *sindicato-casa* passa a ser estimulado como uma organização cooptada para ser interlocutora dos trabalhadores denominados "colaboradores" pela empresa, na perspectiva ideopolítica do capital de encobrir o antagonismo de classes existente com a exploração da força de trabalho e apropriação privada dos meios de produção.

Concretamente, porém, não se pode afirmar que tudo seja *acumulação flexível*; há indícios de fordismo e variações de país para país, de região para região, de tipo de produção de mercadoria, desenhando-se formas híbridas de gestão no processo de trabalho. Acarretam, contudo, o desemprego tecnológico associado ao desemprego estrutural (Harvey, 1992). Decorrentes do novo processo de trabalho, demonstram-se ainda: a ampliação da terceirização, a subproletarização, o trabalho temporário, precário, vinculado à economia informal, fraturando ainda mais a classe trabalhadora que se encontra cada vez mais "complexificada, heterogênea, multifacetada" (Antunes, 1995).

A desconcentração de espaço físico e a concentração de capital constituem-se em um dos maiores desafios criados pelo capital à classe trabalhadora, posto que a fragmenta, desorganiza e a torna mais precária em uma sociedade de produção de mercadorias em esfera mundial (Harvey, 1992; Kurz, 1992). Pela atual introdução de novas tecnologias, a motivação exploradora se evidencia pela mobilidade do capital para regiões que oferecem o barateamento do custeio da força de trabalho. Os deslocamentos da produção indicam um acréscimo de 10% de custo no transporte da mercadoria final, o que expressa um aumento irrisório diante do lucro obtido na superexploração da força de trabalho (Katz e Coggiola, 1995). Este procedimento prevê, de um lado, maior lucratividade da empresa na produção de mercadorias sob controle dos oligopólios mundiais, e, de outro, maior exploração e dominação da classe trabalhadora, mediante maior precarização nas relações de trabalho e destruição de direitos do sistema de proteção social.

A tendência para o desemprego estrutural no processo de desenvolvimento das forças produtivas de complexificação das relações de trabalho, no momento de crises do capitalismo, supõe compreender que: "A acumulação capitalista produz constantemente, em proporção à sua intensidade e extensão, uma população operária excessiva para as necessidades médias de exploração do capital, isto é, uma população operária remanescente ou excedente" (Marx, 1946-7, p. 553).

De acordo com dados da OIT, em 2018, o desemprego atingiu mundialmente 850 milhões de pessoas para um universo de 2 bilhões de população economicamente ativa, índices nunca vistos na história da humanidade. A maioria dos desempregados encontra-se no Terceiro Mundo e "carecem de proteção social ou trabalhista 77% dos trabalhadores da Ásia e 84% dos trabalhadores da África, mas a precariedade avança também nos países de Primeiro Mundo a começar pelos E.E.U.U." (Katz e Coggiola, 1995, p. 133).

As inovações tecnológicas, que produziram o desemprego tecnológico em cifras que variam de 10 a 12%, em relação à redução de postos de trabalho, são acrescidas pelo desemprego estrutural característico do capital em crise pelo processo de flexibilização. A flexibilização e a desregulamentação das relações de trabalho e de direitos trabalhistas, nos últimos 20 anos nos países centrais do capitalismo, são elucidativas de que não há reversão alguma no quadro de desemprego. As experiências de flexibilização não produziram novos empregos em nenhuma parte do mundo onde se efetivaram; ao contrário, avolumaram-se as já precárias condições de trabalho.

1.2.2 Reestruturação do capital no âmbito do Estado: o neoliberalismo

Apesar de o neoliberalismo, como doutrina, estar presente em seu texto de origem, *O caminho da servidão*, de Friedrich Hayek, desde 1944, somente é implantado como programática a partir de 1973, momento em que aprofunda e se alastra o conjunto sistêmico da crise estrutural do capital.

No imediato pós-guerra, a teoria do neoliberalismo não tem ressonância para o capitalismo, que busca sua saída econômica de sustentação no keynesianismo, por responder por meio desse padrão de regulação às exigências necessárias à sua expansão. As ideias neoliberais ganham força e um terreno favorável à sua assunção a partir da grande crise de 1973, caracterizada por longa e profunda recessão. Pela primeira vez, combinam-se baixas taxas de crescimento com altas taxas de inflação, em um tempo econômico de estagflação (Anderson, 1995). A teoria neoliberal propaga que os gastos do Estado com políticas sociais e de atendimento às reivindicações por melhores condições de vida e de trabalho, fruto de lutas operárias e dos sindicatos, precisam ser contidos drasticamente para bloquear a crise capitalista.

A política neoliberal tem por diretriz uma estabilidade econômica preconizada em: disciplina orçamentária de contenção de gastos em políticas sociais e de emprego que sustentaram o EBES; restauração da chamada *taxa natural* de desemprego, que se alastra com o desemprego estrutural, em um aumento estrondoso da população excedente, e com reformas fiscais de incentivo aos agentes financeiros. O neoliberalismo, como hegemonia internacional do capitalismo, consolida-se há cerca de quatro décadas e meia e tem por ideário "o anticomunismo e uma onda de *direitização* mais intransigente de todas as correntes capitalistas do pós-guerra" (Anderson, 1995, p. 12); e "o mercado é entronizado como instância societal mediadora por excelência no plano econômico e no plano político sacralizando o Estado mínimo" (Netto, 1995, p. 75).

A primeira experiência neoliberal se realiza em uma das mais bárbaras ditaduras militares, no Chile, sob a presidência do General Augusto Pinochet em 1973, em dura repressão ao movimento operário e socialista; serve de laboratório internacional, para que se firme como política articulada do grande capital que terá por precursores Margaret Thatcher na Inglaterra, em 1979, e Ronald Reagan nos Estados Unidos, em 1980 (Anderson, 1995).

As experiências neoliberais se efetivaram na Inglaterra e nos Estados Unidos com táticas diferenciadas. Thatcher aplicou o modelo que se expandiu mundialmente centrado em um programa de privatizações de políticas sociais e de empresas estatais essenciais (aço, eletricidade, petróleo, gás e água); elevação de juros; redução de impostos sobre altos rendimentos, sem controle sobre os fluxos financeiros em uma política de financeirização da economia. A política macroeconômica conduziu ao desemprego massivo e à adoção de leis antissindicais que reprimiram o movimento sindical. Ronald Reagan apresentou como prioridade de política externa: a) uma corrida armamentista, de incentivo e ampliação bélica, desencadeada em guerras imperialistas; b) competir militarmente com a ex-URSS e estabelecer todos os esforços para liquidar a economia soviética, o fim do "socialismo real existente", e aniquilar, a partir daí, todo o ideário comunista (Anderson, 1995). Em relação à política interna, as medidas de Reagan se voltaram a: a) criar um déficit público altíssimo; b) coibir a única greve realizada em sua gestão; c) elevar as taxas de juros; d) reduzir impostos sobre os altos rendimentos — medidas semelhantes às da Inglaterra, exceto às relativas ao EBES, posto que este não se realizou nos EUA.

O neoliberalismo se expandiu internacionalmente, em um primeiro momento, por meio de governos de direita no norte da Europa; a seguir, por governos de orientação social-democrata do sul da Europa eleitos por setores populares, com propostas de políticas sociais e de pleno emprego, mas que acabaram por sucumbir ao neoliberalismo. A avalanche neoliberal atravessou a França no governo de Mitterrand, a Itália com o governo de Craxi, a Grécia com Papandreou, a Espanha com Felipe González e Portugal com o governo de Mário Soares (Anderson, 1995), o que os identifica como governos social-liberais, ou seja, social-democratas que passaram a imprimir o neoliberalismo como receituário. Estes haviam sido eleitos com bases populares, operárias, e se revelavam como uma alternativa progressista para os trabalhadores em defesa de políticas sociais e de pleno emprego; programática implementada pela esfera estatal na gestão social-democrática do EBES, de 1945 a 1973, nos países nórdicos centrais do capitalismo.

Deve-se considerar, sobretudo, que as condições do desenvolvimento capitalista, vividas nos países do sul da Europa, não haviam possibilitado a gestão social-democrática até a crise estrutural do capitalismo, a partir de 1975. Ressalvam-se as tentativas de Papandreou e Mitterrand, na Grécia e na França, de adotarem a política de pleno emprego e sistema de proteção social, ao assumirem os governos, porém acabaram por aplicar a ortodoxia neoliberal, a partir de 1982, 1983. Após a derrocada do Leste Europeu e da ex-URSS, em 1989, os governantes dos países do antigo "socialismo real" aderiram à política neoliberal e transitaram à regressão capitalista em que "não há neoliberais mais intransigentes do que os reformadores do Leste" (Anderson, 1995, p. 14).

A perspectiva analítica fornece elementos substantivos para a compreensão política e teórica do capitalismo em sua crise estrutural, a partir de 1975, no plano internacional, o que demonstra o esgotamento da social-democracia como gestão do capitalismo. Esse esgotamento pode ser atribuído às próprias características intrínsecas à crise: crise de superprodução, queda progressiva da taxa de lucro, crise econômica e estagflação que exigirão medidas drásticas internacionalmente articuladas pelo grande capital, dirigidas ao mundo do trabalho e à esfera do Estado, respectivamente, pela acumulação flexível e o neoliberalismo.

1.2.3 Esfera da cultura: investida da "pós-modernidade"

As transformações na esfera produtiva, nas relações entre Estado e sociedade de classes em que se insere o mercado, o âmbito da cultura e da política, articulam o capitalismo em sua crise estrutural e indicam "o pós-modernismo, a lógica cultural do capitalismo tardio que se configura no próprio projeto da pós-modernidade" (Jameson, 1996). A pós-modernidade

[...] representa um novo tipo de hegemonia ideológica no estágio atual da internacionalização do capital e do capitalismo fundada nas teorias do fragmentário, do efêmero, do descontínuo que fortalecem a alienação e a reificação do presente, fazendo-nos perder de vista os nexos ontológicos que compõem a realidade social e distanciando-se cada vez mais da compreensão totalizante da vida social (Simionatto, 1999, p. 86).

Harvey (1992) e Jameson (1996), marxistas norte-americanos, analisam a esfera da cultura vinculada diretamente à esfera da produção econômica, à base material da sociedade capitalista. No período econômico de expansão do capitalismo, de 1943 a 1975, do Estado de regulação — *Welfare State* — nos países centrais, por meio de políticas sociais e de emprego, na esfera estatal, e com a gestão da força de trabalho fordista-taylorista, a esfera da cultura tinha como parâmetro a modernidade com raízes no projeto iluminista.

A razão moderna do século XIX se exterioriza em duas vertentes: no positivismo de Comte, como base teórica de sustentação do capitalismo, da ordem burguesa instituída, e no marxismo, que tem na sociedade burguesa seu objeto de investigação. O método marxiano de conhecimento da realidade visa analisá-la e transformá-la, objetivando superá-la pelo processo revolucionário. A razão moderna positivista ou a razão marxista, de manutenção ou de superação do capital, ambas racionalistas, herdeiras da Ilustração e do Iluminismo, configuram-se em teorias sociais de macroanálises dos fenômenos históricos, sociais, econômicos, políticos e culturais de análises estruturais e conjunturais.

O capitalismo contemporâneo, em sua fase de crise estrutural, estabelece duras críticas às teorias estruturantes, macroanalíticas — combate o marxismo, mas, também, as teorias estruturantes que tratam da manutenção da ordem do capital. Esse combate é expressão das novas estratégias utilizadas pelo capital diante do mundo do trabalho pela *acumulação flexível*, no âmbito do Estado, pelo *neoliberalismo* e, na esfera da cultura, pela *pós-modernidade*.

Para a teoria marxiana, a *objetividade* e a *subjetividade* são tratadas no âmbito *da totalidade*. A objetividade se dirige à base econômica da sociedade, à produção material da própria vida, ao mundo do trabalho; e a subjetividade se refere à consciência, às formas de organização. A análise do singular se encontra articulada à particularidade e à universalidade; ou seja, a uma análise teórica e histórica da realidade social, a partir da análise de situações concretas, tendo a realidade como ponto de partida e aqui a categoria abstrata simples trabalho como categoria determinante de prioridade ontológica.

A *pós-modernidade* apresenta ainda por características o ecletismo e o irracionalismo que reforçam a perspectiva a-histórica, que deslinda no individualismo; uma ideologia orientada pela naturalização e banalização da vida social; equalização indiferenciada entre os sujeitos, como se estes não fossem sujeitos de classe; desresponsabilização do Estado pelas políticas; e um apelo ao voluntariado em detrimento da solidariedade de classe, dos trabalhadores assalariados, da cidade e do campo, e da juventude. Interesses de classe, universais, são substituídos por objetivos específicos, localistas.

Autores neomarxistas e antimarxistas negam a centralidade do trabalho como categoria de prioridade ontológica e fundante do ser social; a ideia do simulacro e a relação tempo-espaço saturam-se no efêmero, no fugaz, na imediaticidade; dão ênfase em micropoderes, pulverizados, dispersos, capilares, vistos a partir de si e desvinculados das relações macrossocietárias; combatem os partidos e sindicatos como instrumentos da luta de classes, como se estes já não se constituíssem mais em uma referência para os trabalhadores.

A crise das sociedades pós-capitalistas é tratada como o fim do projeto socialista, declara-se o *"fim da história"* e o pensamento único triunfa sob a ideologia neoliberal na fase superior do capitalismo, o imperialismo. O processo histórico se configura por um deslocamento teórico e político-ideológico de parte da esquerda para a social-democracia e para o neoliberalismo; no limite, parte significativa da esquerda captura-se no reformismo social-liberal.

2. A Confluência das Várias Crises: Final dos Anos 1980 e Década de 1990

O final dos anos 1980 e a década de 1990 (reflexo das duas décadas anteriores de crise estrutural do capital) presenciam um outro conjunto de crises de âmbito internacional nos países pós-capitalistas, o qual incide na crise da esquerda e no movimento dos trabalhadores no plano internacional.

2.1 Crise nos países pós-capitalistas

O breve século XX (Hobsbawm, 1996) apresenta todas as contradições de classes e de disputa por projetos societários antagônicos expressos: a) em guerras imperialistas — entre elas, a Primeira e a Segunda Guerras Mundiais; b) na vitória do proletariado com a Revolução Bolchevique na Rússia em 1917; c) na Revolução Cubana em 1959; d) nas lutas contra as ditaduras latino-americanas; e) nas lutas revolucionárias terceiro-mundistas e suas derrotas; f) nas lutas de libertação nacional na América-Central e na África; g) na revolução cultural da China; h) no avanço das grandes potências imperialistas sob a dominação do poderio bélico norte-americano; i) no avanço dos anos dourados do capitalismo e na posterior crise da social-democracia; j) na crise do denominado "socialismo real existente"; k) na crise estrutural do capital, a partir de 1973; l) no advento de nova gestão do trabalho que amplia a superexploração da força de trabalho pela acumulação flexível e na resposta política do capital à sua crise na esfera do Estado pelo esparramo neoliberal.

A inevitável crise do Leste Europeu, simbolizada na queda do Muro de Berlim, em 1989, evidencia um mote sustentado pelos apologistas conservadores de direita, de propagação e disseminação ideológica do "fim da história" e do triunfo do capitalismo como única alternativa para a humanidade. O fortalecimento da ideologia do *pensamento único*, sob a lógica do grande capital, volta-se para a sociedade livre, fundada na lógica do mercado, em detrimento da lógica dos direitos sociais, em parte assumidos pela social-democracia no período anterior à crise estrutural do capital.

A crise das sociedades pós-capitalistas, da ex-URSS e do Leste Europeu condensa aspectos centrais de um ordenamento econômico e sociopolítico na burocratização do Estado pela autocracia stalinista que, de forma gradativa, abandona a perspectiva da revolução permanente, da herança teórica e política do pensamento marxiano, e adere à programática *do socialismo em um só país*, como se fosse possível a sua realização; em negação ao internacionalismo,

> O "socialismo realmente existente" expressa constitutivamente: a derrocada de um padrão societário que identificou socialização com estatização; a colonização da sociedade civil mediante hipertrofia do Estado e partidos fusionados;

intentar articular os direitos sociais sobre a quase inexistência de direitos civis e políticos; a dessincronia entre as instituições constitutivas do sistema sociopolítico e o ordenamento econômico: a reduzidíssima socialização do poder político; a estrangulada socialização da economia, resumida na estatização (Netto, 1995, p. 67).

Os problemas advindos da crise nos Estados do Leste Europeu retratam um tipo particular de crise decorrente da organização do metabolismo societal existente nas sociedades pós-revolucionárias, em que, de fato, não ocorre a sociedade socialista; são reconhecidas, portanto, como sociedades pós-capitalistas. A tipificação dessa sociedade é de que o Estado e o partido, fusionados sob o monopólio do poder político autocrático e burocratizado da era stalinista, substituem o protagonismo dos trabalhadores (Netto, 1995). A teoria social em Marx é desqualificada, rasteiramente identificada à concepção economicista da Segunda Internacional, ao sistema burocratizado do Leste Europeu e ao partido comunista oficial que abandona o marxismo. Estas observações externam elementos reveladores do que se sucedeu posteriormente no denominado "socialismo real existente", nos países pós-capitalistas. A crise global do Leste Europeu envolve todo o chamado "campo socialista" ao apresentar traços comuns e diferenciados, o que compõe a sua natureza heterogênea. Identificar a heterogeneidade e a diversidade presentes no interior das várias crises nacionais significa observar centralmente que "[...] todas as crises nacionais possuem um mesmo traço elementar, a contestação prioritária do Estado e da sociedade política com a ordem política pós-revolucionária" (Netto, 1992, p. 14).

A sociedade pós-revolucionária da ex-União Soviética teve que implementar, do ponto de vista das forças produtivas, um tipo de desenvolvimento econômico compatível à sociedade fundamentalmente agrária existente no país, em seu período revolucionário. O crescimento econômico extensivo característico dessa fase se apresenta "assentado no crescimento quantitativo da força de trabalho, pela ampliação do equipamento produtivo e alocação de recursos para novos equipamentos" (Netto, 1992, p. 56).

O crescimento extensivo pôde-se reproduzir em torno de 60 anos e evidencia seu esgotamento no final da década de 1970 a meados dos anos 1980, momento em que as bases urbano-industriais se encontram consolidadas.

[...] a limitadíssima socialização do poder político, a fusão do aparato partidário e das instâncias societais, a restrita socialização da economia e esta circunscrita à estatização encaminham a sociedade para uma crise estruturalmente determinada pela exaustão de um padrão de crescimento econômico e do sistema político a ele funcional (Netto, 1992, p. 19).

A crise global do (denominado) "bloco socialista" traz à ordem do dia duas possibilidades diametralmente opostas e excludentes: avançar para um processo de socialização da economia e da política, o que encaminharia, de fato, para uma alternativa socialista, ou restaurar o capitalismo. Triunfa o processo regressivo do capitalismo, estabelecendo um novo fôlego hegemônico para o capital, em sua ofensiva internacional, abastecido da ideologia do "fim da história" sob a ideia falaciosa do fim do socialismo

A tese do *fim do socialismo* rebate simultaneamente na ideia do *fim do marxismo*, disseminada pelos apologistas da ordem do capital. Entretanto, o chamado *"marxismo-leninismo"* encontra-se alinhado, basicamente, por concepções no interior dos partidos comunistas institucionalizados, burocratizados sob a autocracia stalinista. A crise dos partidos comunistas oficiais e a crise da autocracia stalinista não podem ser igualadas à existência de uma crise da tradição marxista e no interior do legado marxiano. O esgotamento do *marxismo-leninismo* da oficialidade burocrática e economicista da Segunda Internacional não torna vulnerável a teoria marxiana e leniniana, na realidade *"não há rigorosamente uma crise do marxismo, há crises no interior da tradição marxista"* (Hobsbawm, *apud* Netto, 1992, p. 29, grifos do autor).

As condições concretas de triunfo ideológico e político do grande capital, em avassaladora hegemonia desde 1973, sustentado nos clássicos liberais e conservadores de direita, incluídos neste contexto os reacionários de sempre, os setores social-democratas e de antigos socialistas, impõem que a classe trabalhadora mesmo defensivamente — enfraquecida em suas formas de luta e enfrentamentos — permaneça resistindo diante da eliminação dos direitos sociais e trabalhistas histórica e duramente conquistados.

Pode-se afirmar que a experiência do Leste Europeu e a derrota do campo socialista não se encontram suficientemente adensadas do ponto de vista teórico, desdobrando-se em dificuldades para estabelecer a ação política programática das classes trabalhadoras, basilares a seu projeto histórico socialista. A experiência revolucionária russa ainda nos trará importantes lições para a perspectiva da emancipação humana. Por outro lado, a burocratização da era stalinista, a limitada socialização da economia e a estatização da política, em que o partido e o Estado aparecem fusionados, devem ser saturadas de críticas no sentido de se retomar a perspectiva histórica do socialismo que não pode ser confundida com o que se desencadeou nas sociedades pós-revolucionárias e pós-capitalistas em que o socialismo, de fato, não se realizou. Importante lembrar que a crítica à burocratização e à autocracia da era stalinista tornaram-se ferramentas imprescindíveis para os socialistas na defesa intransigente do projeto revolucionário emancipatório, diante do desvio imposto pelo stalinismo que, a partir dos anos 1930, abandonou a perspectiva da revolução permanente sob a consigna do socialismo em um só país.

O balanço teórico e político relativo à experiência das sociedades pós-revolucionárias, sob o domínio do "socialismo real", ainda requer adensamento teórico e político inadiável para uma maior compreensão das lições a serem extraídas desse processo, sabendo que suas conquistas não podem ser relegadas. Com toda crítica teórica e política imprescindível e inadiável ao modelo implementado nas sociedades pós-capitalistas, expresso na autocracia stalinista e que certamente combatemos, há de se reconhecer que essa experiência do ponto de vista da humanidade delineou-se de forma superior aos modos de produção anteriores, mesmo considerando o capitalismo em sua fase progressiva e de crescimento econômico.

2.2 A crise da esquerda e seus rebatimentos para a classe trabalhadora

A burocracia soviética como realização do "socialismo real existente" — Sorex — confunde o próprio campo de esquerda ao conduzir alguns de seus setores a abdicarem do projeto marxista revolucionário, após a queda do Muro de Berlim. Notadamente, esse deslocamento ideopolítico se expressa, basicamente, no universo das correntes políticas originárias da tradição stalinista e que, todavia, não conseguem superá-la — cerrando fileiras com a social-democracia e identificando rasteiramente o "fim do socialismo real existente" com o fim do socialismo; ideologia largamente difundida pela direita neoliberal. Esta consegue disseminar em todo o planeta a ideia de que o fim da "Guerra Fria" traduz-se na destruição do socialismo revolucionário e do comunismo. A regressão capitalista, fortalecida pela recomposição orgânica e metabólica de suas taxas de acumulação, aliada à sua ofensiva neoliberal, de destruição de direitos historicamente conquistados, imprime um profundo retrocesso para o projeto emancipatório. O processo contrarrevolucionário no plano internacional perfila-se em uma quadra histórica que tem colocado as massas trabalhadoras sob defensiva diante da avassaladora investida do grande capital sobre o trabalho que afeta todas as esferas da vida social. O desmoronamento da esquerda tradicional da era stalinista induz, de imediato, vários setores da esquerda a identificarem o fim do "socialismo real existente" ao fim da possibilidade histórica socialista, conduzindo-a à adesão política e ideológica, à social-democracia e consequente negação, da concepção engendrada por Marx, do projeto de emancipação humana. Adéqua-se a uma ideação de reformas no capitalismo, como se houvesse a possibilidade de "humanizá-lo", abdicando da supressão da ordem do capital e do socialismo como possibilidade histórica.

O giro à social-democracia, que afeta parte expressiva da esquerda, realiza-se em um momento de crise do projeto social-democrático capitalista que adota, progressivamente e em larga escala, o neoliberalismo, em âmbito internacional subordinado à lógica do grande capital. Acrescenta-se a crença de que a democracia política formal e as lutas desenvolvidas no terreno institucional configuram eixos centrais e prioritários de intervenção da prática política e social. A acomodação social-democrática atinge fortemente o sindicalismo classista e a ação partidária no campo da esquerda, que subordina as lutas sociais — quando não as abandona — às lutas que são travadas no campo institucional. O processo de social-democratização do movimento sindical e da ação partidária conduz a uma capitulação ideopolítica e programática, traz obstáculos e retarda o processo de lutas de classes, autônomo e socialista. A fratura do movimento sindical e dos partidos de esquerda gravita centralmente, na década de 1980, nos países capitalistas desenvolvidos, alcançando os países periféricos, mais intensamente, a partir da década de 1990, e se estende fortemente na entrada do século XXI. A médio prazo, porém, alinhavam-se a necessidade e a possibilidade histórica da revolução socialista, em face da barbárie capitalista, pois "o futuro do projeto socialista revolucionário está longe de se apresentar como decidido e que o cenário da entrada dos anos 90 é apenas mais um episódio de um processo histórico de larga duração" (Netto, 1995, p. 12).

2.3 O neoliberalismo no contexto da América Latina

O Consenso de Washington, em 1989, define o receituário neoliberal para o continente latino-americano sob orientação do Fundo Monetário Internacional (FMI), do Banco Interamericano de Desenvolvimento (BIRD), do Banco Mundial e do governo norte-americano, embora as experiências do Chile (1973) e da Bolívia (1983) tenham sido anteriormente realizadas. O neoliberalismo segue à risca as determinações macroeconômicas de subordinação dos países do Terceiro Mundo ao imperialismo. Sua execução se efetiva com base em dez áreas programáticas: disciplina fiscal, estabilidade monetária, redução de gastos públicos, reforma tributária, liberalização financeira, liberalização comercial, alteração de taxas de câmbio, investimento direto estrangeiro, privatizações, desregulamentações e propriedade intelectual (Nogueira, 1995), com drásticas consequências à classe trabalhadora em toda América Latina.

A investida do grande capital em sua ofensiva neoliberal é viabilizada pela abertura de novos espaços de exploração do capital privado e de destruição das políticas sociais públicas estatais, duramente conquistadas pelas massas trabalhadoras. Aprofunda-se o Estado ampliado do capital como expressão da reestruturação produtiva, ao qual se vinculam economias nacionais e internacionais reguladas por mecanismos multilaterais referentes à: a) flexibilização de direitos sociais e trabalhistas; b) privatização dos serviços públicos e das empresas estatais; c) redução orçamentária para as políticas sociais; d) privatização dos setores estratégicos (petróleo, comunicação e siderurgia) associados à sua internacionalização com sobrevalorização da taxa cambial. Evidencia-se, sobretudo, uma política econômica monetarista de desresponsabilização do

Estado em relação às políticas sociais públicas, com transferência de renda e patrimônio público para o capital privado internacional.

A programática neoliberal para o continente se estabelece em três fases sequenciais: a) fase de estabilização macroeconômica de prioridade para o superávit fiscal primário, revisão das relações fiscais intergovernamentais e reestruturação do sistema de previdência pública; b) fase de reformas estruturais de liberalização financeira e comercial, desregulação dos mercados, privatização das empresas estatais, reformas no Estado (reforma do Estado, do ensino, sindical, trabalhista, previdenciária); c) fase de retomada do investimento e do crescimento econômico. Os dois objetivos centrais do Consenso de Washington se efetivam por meio de uma drástica redução do Estado e corrosão do conceito de Nação; e da abertura à importação de bens e serviços e à entrada de capitais de risco, sob o princípio da soberania absoluta do mercado autorregulável nas questões econômicas tanto internas como externas (Nogueira, 1995).

A situação dos países dependentes e periféricos, sob a lógica do desenvolvimento desigual e combinado, da sociedade dual, agrava substancialmente a precariedade das condições de vida e de trabalho no interior de cada país do continente latino-americano. Os países expressam desigualdades entre si no que se refere ao desenvolvimento das forças produtivas, ao grau de desenvolvimento urbano-industrial alcançado e às diferenças sócio-históricas e culturais existentes. Porém, o traço comum, constitutivo da programática neoliberal, reside na continuidade da submissão dos países latino-americanos aos ditames do imperialismo do grande capital internacional.

A investida capitalista propaga ideológica e politicamente a inexorabilidade do neoliberalismo para destruir qualquer tentativa de soberania nacional, mesmo que nos limites das bandeiras democráticas do capitalismo, implementadas em seu período de crescimento econômico no EBES, neutralizando a resistência organizada dos trabalhadores. "A herança estrutural dependente, periférica e desigual do ponto de vista econômico e social e autoritária do ponto de vista institucional agrava a situação dos países da América Latina" (Soares, 2000).

As ditaduras violentas em grande parte dos países, por cerca de 20 anos, semearam ilusões na democracia burguesa, institucional, e as regras neoliberais foram também assimiladas por governos democráticos que se propunham a implementar políticas keynesianas. O neoliberalismo se realiza a partir do final dos anos 1980; no México com o governo Salinas, em 1988; na Argentina com Menem, em 1989; na Venezuela com Pérez, em 1989.

Partidos apoiados por setores de trabalhadores, organizados da cidade e do campo e por partidos de esquerda no processo eleitoral, aderiram à ortodoxia macroeconômica com rebatimentos fortemente desastrosos nas políticas sociais, aprofundando o neoliberalismo e a miséria social. Na América Latina, essa tendência se desenvolve fundamentalmente, a partir dos anos 1990, com os partidos de cariz social-democrático e, a partir do século XXI, expande-se aos partidos denominados democrático-populares, que assumem o social ou neodesenvolvimentismo como a outra face do neoliberalismo. A reestruturação do capital se apoia, sobretudo, nos programas sociais compensatórios como política do neoliberalismo no sentido de conter a população excedente que, nessa regressão destrutiva, sequer se constitui mais em exército industrial de reserva que possa retornar ao mundo do trabalho e ser força produtiva no capitalismo. O grau de pauperização relativa e absoluta, pelo qual essa população excedente é afetada, possibilita que os programas compensatórios tenham rebatimento imediato em suas condições de vida devido à penúria em que inumanamente essas pessoas sobrevivem, porém são insuficientes posto que desvinculados de políticas estruturantes, permanecendo a desigualdade em todos os níveis.

> O balanço do neoliberalismo é provisório, pois esse é um movimento ainda inacabado. O veredicto, porém, nos países mais ricos do mundo em que seus frutos parecem maduros pode-se dizer: economicamente, o neoliberalismo fracassou, não conseguindo nenhuma revitalização básica do capitalismo avançado. Socialmente, ao contrário, o neoliberalismo conseguiu muito de seus objetivos, criando sociedades marcadamente mais desiguais, embora não tão desestatizadas como queria. Política e ideologicamente, todavia, o neoliberalismo alcançou êxito num grau com o qual seus fundadores jamais sonharam, disseminando a simples ideia de que não há mais alternativas para os seus princípios, que todos, seja confessando ou negando, têm de adaptar-se às suas normas [...]. Esse fenômeno chama-se hegemonia, ainda que, naturalmente, milhões de pessoas não acreditem em suas receitas e resistam a seus regimes (Anderson, 1995, p. 22).

CAPÍTULO IV

O processo de reestruturação do capital no Brasil:
acumulação flexível e neoliberalismo

O capítulo IV se dedica ao processo de reestruturação do capital no Brasil, mais especificamente a partir de 1989, por ocasião da implantação do neoliberalismo na América Latina. Esse processo inclui o mundo do trabalho pela reestruturação produtiva e a esfera do Estado com a implantação neoliberal que sofre adequações, em 2003, com a política social-desenvolvimentista. Essa política busca recuperar o crescimento econômico e reduzir a miséria absoluta, contudo, a desigualdade se mantém, posto que os pilares estruturadores do capital internacional em sua fase de financeirização aprofundam seus determinantes no processo de acumulação.

1. A Reestruturação Produtiva no Brasil no Período da *Acumulação Flexível* e os Rebatimentos para a Classe Trabalhadora

Historicamente, a reestruturação produtiva no Brasil manifesta-se por características diversas em três períodos relacionados ao desenvolvimento do capitalismo e das forças produtivas no país. O primeiro deles ocorre no pós-guerra de 1945, em meados da década de 1950, no desenvolvimentismo do governo Kubitschek; o segundo, no milagre econômico da ditadura militar, no início dos anos 1970, como decorrência do processo de industrialização dos anos 1950; o terceiro período se estabelece a partir dos anos 1980 no processo de reestruturação produtiva relativo à acumulação flexível (Alves, 2000). Os dois primeiros momentos se relacionam ao período do taylorismo-fordismo, quando há um fôlego do capitalismo para o desenvolvimento das forças produtivas no período de crescimento econômico expansionista internacional.

O livro estabelece sua análise no terceiro momento da reestruturação produtiva, pela acumulação flexível, que se desdobra no Brasil a partir dos anos 1980 com o "toyotismo restrito", o qual se aprofunda e se amplia, a partir da década de 1990, pelo "toyotismo sistêmico" (Alves, 2000).

1.1 O capitalismo tardio nos anos 1980 e o "toyotismo restrito"

Os anos 1980 no Brasil especificam o *toyotismo* como *momento predominante* do complexo da reestruturação produtiva da era de mundialização do capital que assume, a partir daí, a objetivação universal da flexibilização para retomar suas taxas de lucro. O toyotismo ou "produção enxuta" para acumular capital investe agora na captura da subjetividade da classe operária para obter seu consentimento na produção de mercadorias.

O *"toyotismo restrito"*, característico dos anos 1980, no capitalismo tardio brasileiro, procura compreender seu caráter limitado, de incipiente inserção no capitalismo mundializado, e mescla práticas fordistas e tayloristas de produção e introdução de controle toyotista. As características desse momento se concretizam na(o): a) "racionalização defensiva" por parte das empresas devido à recessão e que, de forma ofensiva, demite dirigentes grevistas; b) introdução do sistema *Kanban* e *Just in time* do modelo japonês pela intensificação do ritmo de trabalho; c) polivalência instalada que se refere à concomitância da operação de várias máquinas, o que não requer múltiplas habilidades; d) trabalho rotineiro que não se alinha à existência da introdução de novas tecnologias devido ao capitalismo tardio brasileiro; e) introdução de Círculos de Controle de Qualidade (CCQs) no período de ascensão do novo sindicalismo, que visa não somente à "modernização produtiva", mas, sobretudo, controlar a classe operária que se organizava sob independência de classe; f) participação dos operários como "colaboradores" na fábrica, com base no modelo japonês; g) CCQs que ainda se apresentam de forma incipiente, apesar de sua expansão, não somente pela combatividade do movimento operário, mas também pela resistência das empresas em relação a uma cultura gerencial (métodos rígidos e hierárquicos se chocavam com a cultura do conhecimento e a da experiência necessárias à nova gestão e gerenciamento da força de trabalho); h) introdução da reestruturação restrita que não altera os padrões de trabalho do período fordista, permanecendo a separação entre planejamento e execução das tarefas, "o que demonstra o não esgotamento — e mesmo, muitas vezes a intensificação — de padrões tayloristas-fordistas nas condições de um novo complexo de reestruturação produtiva" (Alves, 2000, p. 129).

O curto intervalo, entre 1984 e 1986, é considerado um tempo de recuperação da economia brasileira, basicamente pela implantação do Plano Cruzado neste último ano. As exportações se expandem e as novas tecnologias se inserem na produção pela automação industrial essencialmente microeletrônica, porém de "base seletiva" (Alves, 2000), que apresenta como pontos identificadores: a) existência de concentração de tecnologias nas grandes empresas nos setores metal, mecânico, automobilístico, siderúrgico e petroquímico; b) heterogeneidade tecnológica em que ocorrem avanços tecnológicos e trabalho manual, mesclando formas arcaicas e modernas de produção, próprias do processo de industrialização do capitalismo tardio e periférico; c) desenvolvimento tecnológico e de ponta nas grandes empresas, voltados ao mercado externo de exportação.

O período de 1987 a 1989 se tipifica em uma significativa oscilação nos níveis de emprego, acrescida de um processo inflacionário, contudo sem manifestar uma tendência recessiva. Ocorre um pequeno desdobramento de um "toyotismo sistêmico" embrionário em empresas de setores de máquinas, autopeças e aeronáutica, em uma abertura comercial de importações.

1.2 O momento predominante da acumulação flexível: anos 1990 e o "toyotismo sistêmico"

Na década de 1990, por meio do impulso neoliberal, inicia-se no Brasil a reestruturação produtiva advinda da "acumulação flexível" em que o toyotismo, como momento predominante, adquire uma conformação sistêmica, somada ao avanço quantitativo e qualitativo das inovações tecnológicas, e pode ser identificada nos seguintes elementos: a) a indústria automobilística identifica sua reestruturação, com maior nitidez, nas montadoras e fornecedoras; b) realização de uma abertura comercial de liberalização no governo Collor; c) mundialização regionalizada de capital pelo Mercosul, em 1994, e racionalização da produção em 1995, ambas referentes ao primeiro governo de FHC; d) concorrência exacerbada da indústria automobilística, resultado das crises de superprodução de mercadorias com as corporações transnacionais; e) surgimento de novas linhas de montagem em países emergentes para novas demandas estancadas em países centrais (Alves, 2000).

A década de 1990 no Brasil se constituiu por uma nova hegemonia do capital nas esferas da produção material e da reprodução social; seus ajustes estruturais são determinados pelas transformações no mundo do trabalho pela "acumulação flexível" e no reordenamento do Estado com o neoliberalismo. O neoliberalismo se expande por quatro períodos: a) de 1990 a 1993, no governo de Collor de Mello/Itamar Franco; b) de 1994 a 2002, nos dois governos de FHC; c) de 2003 a 2010, de continuidade no governos de Lula da Silva, e de 2011 a 2016, no governo de Dilma Rousseff; e d) de 2016 a 2018, com o governo Michel Temer alavancado pelo golpe de direita.

No período do governo Collor de Mello, a reestruturação produtiva delineia traços de continuidade do "toyotismo restrito", característico dos anos 1980, e a liberalização comercial, em seu governo, é fator decisivo para que se inaugure o "toyotismo sistêmico". Em 1987, o governo de José Sarney vinha sendo pressionado pelo capital financeiro internacional para implantar a liberalização comercial; no entanto, esta é inaugurada no governo Collor de Mello, nos anos 1990, com o neoliberalismo. Essa liberalização possibilita novos patamares de valorização do capital, de diminuição das alíquotas de importação e desregulamentação do comércio exterior; abre-se uma crise na indústria, principalmente a automobilística, pela expansão das corporações transnacionais. O resultado desse processo traz consequências aos trabalhadores por meio de redução de postos de trabalho, demissões, redução de salários, tornando ainda mais precárias as relações de trabalho.

O avanço da ofensiva do capital, dos anos 1970, já havia colocado o movimento sindical classista na defensiva no plano internacional, embora no Brasil este recuo, pelas lutas travadas nos anos 1970 e 1980, se dará, somente, no final dos anos 1980. A crise do "socialismo realmente existente", a crise e o esgotamento do capitalismo de base fordista-keynesiana e a crise da própria esquerda, com o giro ideopolítico social-democrático e neoliberal, são elementos que contribuíram para a ação defensiva dos movimentos sociais. No Brasil, desde o final dos anos 1980, acirrando-se e aprofundando-se na década de 1990, o movimento sindical, em sua posição majoritária, adere à concepção e à prática sindical de "concertação" em um neocorporativismo defensivo, atado à imediaticidade, em um processo de concessão e consentimento ao capital (Antunes, 1995; Alves, 2000).

A partir de 1995, as novas estratégias utilizadas para o setor automobilístico, no governo FHC, centraram-se em um sistema de reestruturação produtiva por rebatimentos expressivos de gestão e controle da força de trabalho do operariado industrial. O capital recompõe novas formas de flexibilização do trabalho por meio da terceirização, diminuição consecutiva de postos de trabalhos nas montadoras, subcontratação, trabalho temporário, parcelar, surgindo uma nova composição operária, mais precarizada, sem direitos, com formas destrutivas nas relações de trabalho, diferentemente do operariado fabril do período fordista-taylorista, composto pela ampliação do precariado (Braga, 2017).

Parte das indústrias é realocada em outras regiões do país (Sul, Nordeste, Centro-Oeste), que recebem incentivos fiscais e liberação de pagamento de impostos e tributos por estabelecerem novos complexos industriais. O operariado contratado tem menores salários e benefícios do que aqueles outrora conquistados pelo operariado fabril organizado dos grandes centros industriais da década de 1980. O processo de *acumulação flexível* fragiliza, sobretudo, a força da classe operária, que passa a se constituir de forma fragmentada nas relações de trabalho; ocorrem novas fusões e aquisições de corporações internacionais pela centralização e concentração de capitais e desconcentração do espaço físico (Harvey, 1992).

Na liberalização comercial, o capital deita raízes em uma modernização industrial de investimentos externos aplicados no país em direção aos mercados considerados emergentes; inclui-se o Mercosul em um bloco regional estratégico de valorização desta etapa de concentração e centralização do capital. A constituição de blocos regionais em uma política ofensiva do grande capital mundializado e financeirizado apresenta seus grandes perdedores: indivíduos, classes, regiões e países (Chesnais, 1996).

Em 1994, o governo de Itamar Franco, com Fernando Henrique Cardoso (FHC), ministro da Fazenda, implanta o Plano Real de estabilização da moeda como um dos pilares definidores de sustentação das novas bases hegemônicas do capital, que têm no toyotismo sistêmico sua programática determinante, sendo que as principais inflexões desse período incidem em buscar consentimento operário em uma captura da classe aos valores da empresa. A ideia instaurada na prática do trabalho incentiva o bônus de produtividade e estimula a participação nos resultados pelo método competitivo entre os operários, em que o indivíduo passa a ser instigado a se constituir como o *melhor funcionário do mês, o operário exemplar*. A esse respeito, retoma-se uma prática desenvolvida pelo patronato, nos anos 1960, período fordista, em que o SESI/SENAC, Serviço Social da Indústria e Serviço Nacional de Aprendizagem Comercial, juntamente com o Rotary Clube promoviam a escolha anual do "operário-padrão". Toda ideologia propagada assenta-se na possibilidade do trabalho com êxito, que depende, sobretudo, do esforço de cada operário individualmente, instituindo-se o culto ao individualismo exacerbado que coroa a triunfal investida do capital. O mercado mundial inaugura novas referências de produtividade e qualidade em um cenário microeletrônico e de automação, no qual o consentimento operário se conforma em ferramenta essencial que atravessa a objetividade e a subjetividade da classe operária em novas determinações sócio-históricas.

2. O Neoliberalismo Inaugural de Collor de Mello

O neoliberalismo apresenta suas primeiras investidas no Brasil no final do governo da Aliança Democrática de José Sarney em 1988. No entanto, é a partir do governo Collor de Mello (1989) que se desencadeia a programática neoliberal no país. Fernando Collor de Mello, acima dos partidos e sustentado por um obscuro PRN — Partido da Reconstrução Nacional — dirige-se de punhos cerrados aos "descamisados" ao se eleger Presidente da República nas primeiras eleições diretas após 20 anos de ditadura militar e quatro de transição conservadora, consagrada pelo Colégio Eleitoral. Collor de Mello derrota o candidato Luiz Inácio Lula da Silva, do Partido dos Trabalhadores, que se apresentava como uma alternativa progressista, apoiada majoritariamente pela esquerda e pelos movimentos sociais organizados. A vitória eleitoral de Collor de Mello no Brasil chancela a oportunidade de instaurar no país o neoliberalismo de orientação macroeconômica imposta pelo imperialismo norte-americano.

O presidente eleito se orgulha de *falar diretamente às massas* e tem apoio incondicional dos setores empobrecidos e despolitizados, porém, configura-se por ser o representante "dos de cima", da ordem burguesa e basicamente do grande capital. O combate à inflação no governo Collor se realiza por uma política ofensiva de desmanche do Estado e de privatizações; abre a economia ao mercado internacional pela liberalização comercial, com significativa redução das taxas alfandegárias por meio do Plano Collor I.

> O ato de confisco das poupanças das contas correntes dos brasileiros foi violento demais, mas muitos acreditavam que o sacrifício era realizado em nome de um país novo e mais justo. No dia 19 de março de 1990, a população acordou US$ 86 bilhões mais pobre (Serra, 2000, p. 75).

Entre 1991 e 1993, as políticas deflacionárias de Collor conduzem à uma das maiores recessões da história do país. As medidas provisórias anticonstitucionais e os vetos presidenciais às decisões parlamentares em seu governo fragilizam ainda mais a democracia empalidecida, que se arranjara institucionalmente no país pela transição conservadora das classes dominantes dos anos de Aliança Democrática de PMDB e PFL do governo Sarney. Economicamente, ao estabelecer as medidas neoliberais, o Plano Collor empobrece ainda mais os pobres, aqueles para os quais o presidente afirmara que enfrentaria a situação de pobreza existente; politicamente atua de forma autoritária na gestão do Estado e vangloria-se ao falar diretamente à decantada "sociedade civil", acima dos partidos e das instituições democrático-burguesas; porém, cabe lembrar, são os interesses da ordem burguesa que, sobretudo, se fortalecem pelo desprezo imperial.

O bonapartismo[1] no governo Collor de Mello encontra semelhanças ao governo do segundo Bonaparte, o sobrinho Luís, que levou a França a um golpe de Estado. Antunes analisa duas dimensões dos traços bonapartistas existentes entre o presidente Collor e Luís Bonaparte. A primeira observação se baseia no fato de que os interesses da ordem sempre prevalecem; na imediaticidade, circunstancialmente, alguns aspectos dos dominantes são atingidos, mas no conjunto o plano lhes é favorável. Isto, porém, não se aplicou ao pequeno e médio capital e à economia informal, o que fez com que houvesse "uma oscilação inicial entre uma adesão total ao Plano e a tentativa de 'relaxá-lo' sem perder a sua essência" (Antunes, 2004, p. 8-10).

Uma segunda dimensão, de similitude ao bonapartismo, reside no fato de que o segundo Napoleão se reportava ao campesinato e ao lumpemproletariado para certificar-se de sua *autonomia relativa* perante os interesses dominantes. Collor se dirige aos "descamisados" para fazer valer sua *autonomia relativa*, voltando-se diretamente às massas trabalhadoras para impor seu projeto, acima das regras instituídas e da legalidade e legitimidade do poder parlamentar, como se fosse possível o Estado flutuar ao prazer de um mandante.

---

1. O bonapartismo é uma ideologia e uma práxis política de origem francesa inspirada no governo de Luís Bonaparte. Trata-se de uma forma organizativa que a burguesia encontra para governar sem os trabalhadores e contra eles, em que o poder legislativo perde força frente ao executivo, cujo governante age de forma despótica e autoritária, mas busca construir uma imagem carismática de um representante popular.

Em curto espaço de tempo, pode-se constatar que a aventura eleitoral que conduziu Collor de Mello à presidência demonstrou sinais evidentes de esgotamento: recessão, inflação, crise econômica e social profundas, instabilidade política, tensão no interior das classes dominantes e dirigentes, corrupção escancarada; elementos mais que suficientes de um descontentamento generalizado, voltado ao Presidente da República.

Um amplo movimento da *Ética na Política*, de frente ampla, evidencia o quadro de corrupção que conduz ao *impeachment* constitucional de Collor de Mello; a partir daí, se estabelece uma reorganização do bloco dominante no poder, assume o vice-presidente Itamar Franco, fora dos escândalos referidos. À exceção de um setor minoritário de esquerda que chama atenção para a exploração do capital, a maioria dos setores mobilizados trata a *Ética na Política* em uma concepção liberal de dominação de classe.

O Partido dos Trabalhadores expressou sua prioridade pela *Ética na Política*, deixando de lado, cada vez mais, a prevalência da luta independente da classe trabalhadora para se ater à institucionalidade. O ideário da *Ética na Política* torna-se central para os trabalhadores em seus congressos, capitaneados majoritariamente pela social-democracia que se contrapõe à perspectiva socialista e classista da CUT dos anos 1980.

O governo de Itamar Franco, eleito vice de Collor de Mello, assume a presidência da República após o *impeachment* no contexto de um bonapartismo político, em uma corrupção generalizada, de um neoliberalismo em andamento e de uma crise aguda em todas as esferas (econômica, social, política e ética), em que o curto e interino tempo de presidência de Itamar Franco se expressa por extrema ambiguidade. Fruto de sua trajetória política, de um passado nacionalista e reformista, nos moldes do capitalismo desenvolvimentista, extemporâneo às exigências prementes do neoliberalismo, propala um reformismo social que não se viabiliza. O presidente anunciava atacar a miséria e a fome, desenvolver uma política de atendimento social mas, ao mesmo tempo, estabeleceu uma política econômica de continuidade ao neoliberalismo voltado aos interesses dos usineiros e do capital privado; privatizou a CSN (Companhia Siderúrgica Nacional), tributou os trabalhadores assalariados e implantou programas assistencialistas. Estabeleceu uma retórica de mudanças para manter tudo sob a mesma lógica de favorecimento do grande capital em uma situação agravada pela crise interna deixada por Collor de Mello.

3. Os Oito Anos de Consolidação do Neoliberalismo: os Dois Governos de Fernando Henrique Cardoso (FHC) — 1995 a 2003

O Plano Real não foi concebido para eleger FHC, foi FHC que foi concebido para viabilizar no Brasil a coalizão de ser capaz de dar sustentação e permanência ao programa de estabilização do FMI, e dar viabilidade política ao que falta ser feito das reformas preconizadas pelo Banco Mundial (Fiori, 1994).

Nos anos 1960, o trabalho acadêmico de FHC analisa, em ensaios teóricos, o empresariado industrial e a natureza associada e dependente do capitalismo brasileiro, cerra fileiras nas lutas pela democratização do país. Porém, desde aquele momento seu ideário se encontra no horizonte das reformas no capitalismo; assim, constata-se um traço de continuidade teórica do sociólogo dos anos 1960 e o príncipe paladino dos anos 1990 neoliberais.

O governo de FHC aplica a estabilização monetária como uma das medidas centrais dos ajustes macroeconômicos designados para a América Latina, a partir do Consenso de Washington, sob o argumento de uma resolução para os problemas sociais do país. Os dois primeiros anos do primeiro mandato de FHC alicerçam a estagnação econômica, e os dois anos posteriores ampliam a concentração de renda e a consequente pauperização, com entrada massiva de dólares no país, com grande favorecimento da área especulativa e financeira com elevadíssimas taxas de juros sem qualquer imposto ao capital estrangeiro.

O "Custo Brasil", em seu governo, a que se referem especialmente os ideólogos da burguesia dominante, volta-se à questão da tributação e dos encargos sociais que recaem sobre as relações trabalhistas formais, com investimentos em grandes bancos e privatização do Estado. O governo estabelece um reduzido custo em políticas sociais e o orçamento público, por meio de impostos, recai basicamente sobre os trabalhadores assalariados e sequer sobre os empresários e financiadores de campanhas eleitorais. Cada vez mais restritivo, o Estado transforma os *fundos públicos em fundos privados*, aviva a acumulação financeira pelo ajuste fiscal como um de seus instrumentos de poder de dominação capitalista.

Em 1994, a vitória de FHC nas urnas acontece em um período de derrotas eleitorais de partidos de esquerda na América Latina; trata-se de um triunfo do neoliberalismo, por meio de forças conservadoras em todo o continente, com exceção da Venezuela. O governo de FHC representa a aliança das classes dominantes e dirigentes por meio do PSDB e do PFL, sendo este último fiel da balança também, com o PMDB, na transição conservadora. O governo FHC expressa os interesses do conjunto dos setores das classes dominantes, "dos mais dinâmicos do capital aos mais atrasados passando pelos latifundiários, embora haja tensão, contradição e disputa interna no interior do bloco dominante" (Batista, 1995, p. 3).

O ajuste estrutural imposto pelo neoliberalismo ao Terceiro Mundo prevê uma modernização excludente em embalagem social-democrata. Aparentemente, a lógica entronizada é a da estabilização da moeda pela introdução do Real, que amplia o desemprego, flexibiliza e desregulamenta direitos sociais e trabalhistas. O governo de FHC mercantiliza as demandas sociais básicas: saúde, educação, previdência e habitação. Aplica programas sociais compensatórios por meio do "Programa Comunidade Solidária", direcionado às camadas sociais mais empobrecidas e, junto a ela, busca apoio para base de sustentação de seu governo.

Os oito anos do governo de FHC são marcados por quebra de monopólios e privatizações de estatais rentáveis; desresponsabilização diante das políticas sociais; contrarreformas do Estado: administrativa, sindical, previdenciária e do ensino superior, com o privilégio de interesses privados pela lógica suprema do mercado. A tática política de seu governo é adquirir apoio das massas trabalhadoras excedentes pela aplicação de programas compensatórios; estimular o neocorporativismo na retomada das Câmaras Setoriais de Negociação, reeditando-as do período do governo Sarney, em que parcelas majoritárias e hegemônicas do movimento sindical se adequaram às negociações na institucionalidade e abdicaram das lutas sociais de massas. A lógica neoliberal é a das "parcerias", em um amplo e deliberado processo de cooptação dos movimentos sociais, que difunde uma ideologia "salvacionista à Nação" *pela solidariedade indiferenciada oposta à solidariedade de classes*.

Em 1995, o governo de FHC, durante a greve nacional dos petroleiros, recorre a mecanismos coercitivos e repressivos com relação aos setores organizados que reivindicavam a reposição de perdas salariais negociadas com o governo de Itamar Franco e não cumpridas por FHC. Os petroleiros lutavam, ainda, em defesa da soberania nacional, contra a quebra do monopólio do petróleo, realizando uma greve de 30 dias, a mais longa da história dessa categoria de trabalhadores. A greve se deflagra pelo cumprimento do acordo salarial e defesa do monopólio estatal do petróleo. Defender os monopólios de setores estratégicos — petróleo, energia e telecomunicações — se constitui na defesa intransigente da soberania nacional e do patrimônio público.

O governo de FHC ataca fortemente a organização e a greve nacional dos petroleiros; a imprensa e mídia em geral fazem coro com uma crítica contundente. Há um componente ideológico de formação de opinião que divulga o movimento como sendo corporativo, na defesa de privilégios; portanto, a quebra dos monopólios significa a quebra das corporações. O Tribunal Regional do Trabalho (TRT), em comum acordo com o governo, decreta a ilegalidade da greve e atribui uma multa de cem mil reais por dia parado a ser paga pela FUP — Federação Única dos Petroleiros. As Forças Armadas, utilizando-se dos mesmos métodos da ditadura militar, se instalam nas refinarias, e a orientação programática adotada pelo governo consiste em desconstitucionalizar direitos conquistados. O governo investe fortemente no sentido de quebrar a espinha dorsal do movimento dos trabalhadores, de resistência ao neoliberalismo, pela organização combativa dos petroleiros.[2]

---

2. Representantes dos petroleiros em greve estiveram presentes no VIII CBAS, realizado em Salvador, em 1995, em uma mesa de debates sobre as transformações no mundo do trabalho e seus rebatimentos para a classe trabalhadora na realidade brasileira. O VIII CBAS apoiou a greve dos petroleiros.

O petróleo é estratégico para a pesquisa, a extração e o refino, e permanece patrimônio público por 42 anos, ou seja, de 1953 a 1995. *O petróleo é nosso* consistia em *slogan* da campanha nacionalista do governo Vargas em 1953. Em 1995, o governo FHC inicia a reforma constitucional, tendo um dos eixos estruturadores a quebra dos monopólios, que se traduz em um dos pilares de interesse do FMI. A quebra dos monopólios se efetiva pelas privatizações nas telecomunicações, no gás canalizado; na cabotagem, acabando com a reserva de mercado às empresas nacionais no transporte de passageiros; na eliminação da distinção entre empresas brasileiras e de capital estrangeiro; na extinção da prioridade das empresas nacionais na prestação de serviços públicos, por ser entendida como privilégio. Em relação ao petróleo, a votação aprovada permite a entrada de empresas estrangeiras, estatais e privadas, na exploração de petróleo e dos seus derivados em qualquer fase da produção. As votações da Câmara e do Senado, por um preço e moeda de troca, são constituídas por uma ampla distribuição de cargos e de dinheiro a cada voto favorável à proposta do governo. Os votos contrários às privatizações e em defesa do patrimônio público foram dados pelas bancadas dos partidos: PT, PCdoB, PSB, PPS, PSTU, PMN e por alguns poucos deputados desgarrados de outros partidos políticos.

Os decretos e as contrarreformas no governo FHC adotam o receituário da ordem econômica do grande capital pela privatização de empresas estatais rentáveis e de monopólios de áreas estratégicas para o país pela introdução de oligopólios. Em relação aos direitos sociais, reduz-se a previdência pública e incentiva-se a previdência privada; a saúde e a educação são "publicizadas" sob a intervenção e soberania do mercado, aliadas às privatizações operacionalizadas nas OSs (Organizações Sociais); as políticas sociais se transformam em *políticas compensatórias*; os direitos dos trabalhadores são revistos (estabilidade no emprego, direito de greve).

O projeto avassalador do neoliberalismo no governo FHC dilapida o patrimônio público, privatiza, desregulamenta e desconstitucionaliza direitos sociais e trabalhistas, de abertura irrestrita ao capital internacional. Sob a hegemonia da direita de aliança com o PFL, o governo de FHC tem a anuência de um congresso majoritariamente conservador, de direita e de corrupção, que aprova as medidas centrais da programática neoliberal.

3.1 O Programa Comunidade Solidária: a prevalência de políticas compensatórias

Os ajustes estruturais macroeconômicos da política neoliberal para a América Latina acontecem em um movimento de dupla direção; de um lado, a retração das políticas estatais públicas de caráter universal, como as políticas de saúde e de educação, e uma crescente desresponsabilização do Estado diante delas, com sucessiva mercantilização; de outro, o crescente incentivo a programas compensatórios, focalizados, dirigidos aos bolsões de miséria sem a contrapartida de políticas estruturantes. Esta orientação procura conciliar necessidades imediatas, expressão da barbárie social, em um processo de cooptação dos setores sociais tornados mais vulneráveis à adesão ao projeto do capital na sua fase mais destrutiva.

O Programa Comunidade Solidária no governo de FHC é baseado no Programa Nacional de Solidariedade mexicano (PRONASOL), a partir de recomendações do Banco Interamericano de Desenvolvimento (BIRD). Constitui-se em programa emergencial em que os recursos saem do próprio orçamento público federal mediante a reordenação de gastos orçamentários, anteriormente destinados às políticas sociais, sob alegação de que essas políticas eram desenvolvidas de forma ineficiente. Sabemos, de fato, que muitas ações sociais historicamente são assistencialistas e centralizadoras; portanto, deveriam ser extintas conforme ocorreu em relação à Legião Brasileira de Assistência (LBA). Os recursos públicos devem ser canalizados às políticas sociais e não a programas compensatórios que se limitam ao atendimento na imediaticidade, porém desarticulados de políticas estruturantes que deveriam acompanhá-los.

O Programa Comunidade Solidária se dirige ao "Combate à Fome e à Pobreza" em cinco áreas, respectivamente: a) alimentação e nutrição; b) desenvolvimento rural; c) serviços urbanos; d) defesa de direitos e promoção social; e) geração de emprego e renda. As cinco áreas contidas no Programa Comunidade Solidária deveriam se constituir em políticas sociais e de emprego, porém se restringiram a meros subitens de um único programa de caráter emergencial que ocorreu por meio de: a) desresponsabilização do Estado diante das políticas públicas; b) deslocamento de políticas e programas sociais centralmente para o campo emergencial; c) ausência de reformas estruturais que considerem a distribuição de renda e de riqueza; d) programas "compensatórios" em vez de políticas sociais públicas; e) direcionamento aos bolsões de miséria desvinculados de uma política econômica de emprego; f) mercantilização e assistencialismo que caminham juntos na negação da responsabilidade do Estado em relação à política social pública; g) retorno às políticas filantrópicas em uma *refilantropização da política* (Yazbek, 1995), de acordo com os interesses das grandes corporações.

A lógica do neoliberalismo se espraia por uma política de cooptação dos setores populares (pacto social), na tática de obter apoio aos programas governamentais. Evoca-se o sacrifício coletivo sob uma aparente neutralidade e indiferenciação entre as classes, a partir de uma "política salvacionista". Apela-se para que todos igualmente se responsabilizem pela crise, na qual o "sacrifício de todos" faz-se necessário para recuperar o crescimento econômico do país. A propagação da política das parcerias privilegia a desresponsabilização do Estado e o incentivo às ONGs para a execução das políticas públicas. As "Organizações Neogovernamentais", assim intituladas por FHC, devem substituir o Estado, de maneira supletiva, onde existe serviço público, e, totalmente, onde inexiste serviço público. Essa estratégia de retração do Estado ancora-se em destruição de políticas públicas estatais; privatização dos serviços públicos; atuação em programas restritivos, focalizados e emergenciais. A sincronia existente entre privatização e assistencialismo, extensão e braço da filantropia, tem no Programa Comunidade Solidária o *policlassismo ideopolítico* necessário para ofuscar as causas da miséria e da fome na superexploração da força de trabalho pelo capital, tendo o Estado a seu serviço.

O enfrentamento da miséria e da fome passa, sobretudo, pelo combate ao assistencialismo, pela defesa dos serviços e do patrimônio público, da política da assistência social, como política pública de direito, articulada às outras políticas sociais estruturantes e universais, como as da saúde e da educação, e a uma política nacional de emprego em uma ação imediata. Medidas de políticas sociais e de emprego contribuem certamente para que não haja uma degradação ainda mais acentuada de degeneração da vida humana, posto que no Brasil, em 1990, 18% das pessoas viviam abaixo da linha da miséria; em 1993, esse número subiu para 21%; três meses após a implantação do Real, em 1994, esta cifra se amplia para 24% da população percebendo menos de um salário mínimo, o que representa um estado de gravidade social imposto aos trabalhadores.

3.2 As contrarreformas no governo de FHC: do Estado, do ensino superior, sindical e previdenciária

A contrarreforma do Estado no governo de FHC consolida a política neoliberal no Brasil em um processo de destruição do Estado e ampliação dos interesses do capital sob a lógica mercantil e privada; trata-se de governar, ao longo de dois mandatos, por meio de decretos-leis e de medidas provisórias. A contrarreforma do Estado alicerça a concepção ideopolítica para garantir os interesses do grande capital e sustenta um conjunto de medidas e reformas como as da previdência, do ensino superior e sindical, de orientação macroeconômica liberalizante dos organismos multilaterais. A argumentação utilizada é de que a necessidade de se prosseguir no processo das relações internacionais para o crescimento econômico pressupõe, inevitavelmente, a realização dessas contrarreformas. Lógica adotada que favorece os credores internacionais pela via da destruição de direitos sociais e de trabalho humano, de dilapidação do patrimônio público em sua transferência para a esfera privada. A imantação social-democrática adere, portanto, ao clássico combate teórico, ideológico, político e programático inerente ao neoliberalismo; nessa direção, a Constituição de 1988 se apresenta como um dos grandes obstáculos de saturação do Estado, portanto, deve ser substituída.

O presente livro não tem a pretensão de analisar todas as contrarreformas que caminharam em uma única direção, a de privilegiar a lógica mercantil e privatista do capital. Priorizo as *contrarreformas do Estado* que constituem o núcleo duro da programática neoliberal: do *ensino superior* e sua relação com a formação e o exercício profissional das assistentes sociais; e a *sindical, trabalhista* e *previdenciária* do governo FHC, de continuidade no governo Lula, que atingem o conjunto dos trabalhadores. Indico ainda as medidas e os decretos de desregulamentação das relações de trabalho nos governos de Dilma Rousseff, e o coroamento da contrarreforma trabalhista e a proposta de contrarreforma previdenciária do governo golpista de Temer, de medidas de destruição de direitos conquistados.

3.2.1 A contrarreforma do Estado no governo de FHC

Os governos intitulados social-democratas, como é o caso do PSDB, no Brasil, se distanciam das políticas reformistas do Estado de regulação, características do *Welfare State keynesiano*, e seguem à risca o receituário neoliberal internacionalizado. Os oito anos do governo de FHC (de 1995 a 2003) reafirmaram as orientações do Banco Mundial e do FMI, no processo de financeirização e internacionalização da economia. Desdobramento dessa política, a contrarreforma do Estado é a que estabelece, no âmbito da superestrutura, as bases de consolidação dos interesses do grande capital.

As contrarreformas do Estado têm como ponto de partida a chamada Reforma do Estado no governo FHC, sob a orientação do então ministro da Administração e da Reforma do Estado, Bresser Pereira. A Reforma do Estado cria as *organizações sociais — OSs —* que submetem a política social a um caráter privado — em que essas organizações passam a funcionar orientadas por interesses particulares, privatistas, mediante o atendimento a setores da sociedade que podem demandar serviços sociais privados pela sua inserção no mercado de trabalho. Constata-se, de um lado, *"o cidadão consumidor"* e, de outro, *"o cidadão pobre"* (Mota, 1995), que é constituído pelo trabalhador em desemprego crônico, terceirizado, precarizado, informalizado, sem carteira assinada e que será assistido, quando o for, por intermédio de programas sociais compensatórios, da assistência social, e não como política pública de direito. A política da assistência social somente pode concretizar-se como política pública social de direito se estiver vinculada e articulada às políticas estruturantes e universais.

O ministro Bresser Pereira,[3] em 1992, define a Reforma do Estado como tarefa dos três níveis de governo: federal, estadual, municipal, o que pressupõe articulação dos três poderes: executivo, legislativo e judiciário. Bresser analisa

---

3. A referência da proposta elaborada por Bresser Pereira norteia-se em programática desenvolvida por Osborne, explicitada no documento *Reinventando o governo*, para o Estado americano do governo de Bill Clinton. De outro lado, Bresser Pereira baseia-se, ainda, em outro ideólogo norte-americano neoliberal, Jeremy Rifkin, em sua obra *O fim dos empregos*, que incentiva o chamamento à sociedade para os trabalhos voluntários, em vez da contratação de profissionais qualificados. O centro dessa contrarreforma viabilizadora de privatizações, transferência de patrimônio público para o setor privado, sob a lógica mercantil, se estrutura como espinha dorsal do "desastre da Nação" promovido em oito anos de governo de FHC.

o que denomina Crise do Estado por meio de quatro manifestações singulares que se articulam entre si, respectivamente por ele compreendidas como crises: fiscal, do Estado de Bem-Estar Social, administrativa e política em uma angulação analítica, que desconsidera que essa crise que denomina Crise do Estado é expressão da Crise estrutural do Capital e do Capitalismo, que requer novas táticas para manutenção do Estado de dominação a serviço do capital.

O primeiro elemento da Crise do Estado, intitulada por Bresser Pereira, se refere à existência de uma Crise Fiscal do Estado brasileiro originária de uma poupança pública negativa; porém, o ministro não diz quais são as verdadeiras causas dessa negatividade, ou seja, o pagamento das dívidas interna e externa, acumuladas desde o período da ditadura militar. Os sucessivos governos atribuem um falso rombo advindo da previdência social, que se constitui em um verdadeiro mito, o de que o sistema da Previdência Social no Brasil é deficitário.

O sistema da Previdência Social, pelo contrário, não tem déficit orçamentário, pois apresenta um montante significativo de recursos financeiros. O dinheiro é mensalmente recolhido na folha de pagamento dos trabalhadores assalariados e não permanece no caixa da Previdência Social. É repassado para um caixa comum do Tesouro Nacional, sendo utilizado para sustentabilidade de parte do investimento previsto nos acordos multilaterais, sobretudo os referentes aos serviços da dívida. O poder legislativo, ao aprovar a Lei de Responsabilidade Fiscal,[4] engessa os municípios no que tange à dotação orçamentária voltada ao atendimento de serviços e políticas sociais, pois parte do dinheiro público dos municípios e dos estados é repassada à esfera federal para cumprir os acordos com o FMI no pagamento da dívida externa.

O segundo elemento da crise recai no que Bresser, equivocadamente, atribui ao Estado brasileiro, ou seja, a existência de um modelo de Bem-Estar Social, a exemplo do que ocorreu nos países centrais do capitalismo europeu, em seu período de crescimento econômico. Na realidade, não se pode atribuir uma crise do EBES em um país onde o Estado de Bem-Estar Social não se implantou; em momentos particulares da conjuntura nacional, alguns programas de proteção

---

4. A Lei de Responsabilidade Fiscal — LRF (Lei Complementar n. 101, de 4 de maio de 2000) — estabelece normas de finanças públicas voltadas para a responsabilidade na gestão fiscal.

social foram desenvolvidos, mas não o EBES. No Brasil, contraditoriamente, nos períodos de governos ditatoriais aplicaram-se políticas públicas estatais de proteção social que correspondem à era Vargas, década de 1930, e as advindas do período da ditadura militar (1964-1973). Esta investida correspondeu às fases de crescimento econômico, para incentivar o consumo da população economicamente ativa e cumprir as exigências da produção fordista.

A política social no Brasil apresenta três momentos distintos de controle da política: na ditadura nacionalista de Vargas pelo desenvolvimento da legislação trabalhista, da montagem do sistema previdenciário com financiamento estatal; de política de controle — na ditadura militar em 1964, até a promulgação da Constituição em 1988 — que sustenta e legitima os governos ditatoriais na busca de bases sociais e que, para tanto, aceita seletivamente reivindicações e pressões da sociedade. O capitalismo em crescimento no Brasil até 1973 necessita ampliar políticas sociais combinadas à restrição dos direitos políticos que caracteriza as ditaduras militares. Importante lembrar, uma vez mais, que esses direitos não atingem a todos, portanto não têm universalidade, apresentando-se de forma setorial, fragmentada. Em grande parte, são compostos por programas emergenciais e têm, em um setor dirigente da classe operária, a base do sindicalismo "pelego" para a sustentação dessa política. O terceiro momento se caracteriza pela política social sem direitos que adquire maior fôlego na gestão do governo de FHC, de 1995 a 2003, em oito anos de mandato e de aprofundamento e consolidação do neoliberalismo no Brasil. Em todo o período republicano, "desde a assunção pelo Estado de medidas e instrumentos de proteção social, nunca se viveu um período — como no neoliberalismo — de ausência de direitos sociais" (Vieira, 1997, p. 68).

Bresser Pereira, ao evidenciar o esgotamento do *Welfare State* — EBES —, sustenta-se na argumentação neoliberal de que o Estado não tem condição de arcar com o ônus das políticas keynesianas, fruto de um Estado protecionista, corporativista de estrangulamento da Nação, e que o processo de mundialização da economia é inexorável e irreversível.

A programática do governo FHC é a de estabelecer parcerias com a "sociedade civil" através das Organizações não Governamentais (ONGs); das Organizações Sociais (OSs), sob a Lei n. 9.637, de 15 de maio de 1998; das Organizações da Sociedade Civil de Interesse Público (OSCIPs), que são criadas como o marco legal do chamado "terceiro setor" pela Lei n. 9.970, de 23 de março de 1999; e da Lei que trata da isenção de contribuição à Seguridade Social das entidades filantrópicas de n. 9.732, de 11 de dezembro de 1998, regulamentada pelo Decreto n. 3.048, de 4 de junho de 1999, a partir da Resolução n. 116, de 19 de maio de 1999, do Conselho Nacional de Assistência Social (CNAS). O chamado "terceiro setor" constitui-se no "canto da sereia" (Montaño, 2002), base de desresponsabilização do Estado em face das políticas sociais. De fato, existem dois setores, o público e o privado, e o "terceiro setor" se inscreve no setor privado pelas entidades sociais sem fins lucrativos.

As entidades sociais de direito privado, sem fins lucrativos na prestação de serviços sociais, aparecem na gênese da filantropia e da benemerência, sendo historicamente entidades conveniadas com o Estado para prestação de algumas políticas, centralmente as da assistência social. A maioria das entidades sociais não tem controle social e fiscalização sobre suas ações que transitam no terreno do assistencialismo, do clientelismo, do paternalismo e da cooptação, em detrimento da política da assistência social como direito social e política pública. Muitos autores se referem à importância da criação de um marco legal regulador do "terceiro setor" que possa acompanhar, controlar e fiscalizar essas entidades sociais. De fato, o estatuto legal constitui uma possibilidade de realização de controle social, pela aprovação e pelo acompanhamento dessas entidades por Conselhos de Políticas, como canais institucionais de participação na esfera do Estado. Por outro lado, torna-se insuficiente uma avaliação dessas entidades sociais apenas pelo seu aspecto jurídico-legal. É preciso compreender que o incentivo e a ampliação dessas entidades sociais têm por objetivo desresponsabilizar o Estado quanto à implementação e à execução da política pública no âmbito da esfera estatal, confirmando o deslocamento de sua execução de maneira infinitamente inferior às demandas e às necessidades sociais, e descaracterizando qualquer possibilidade de universalização da política em um processo de ampliação das privatizações em detrimento da política estatal, pública, laica, universal.

O "terceiro setor" não pode, portanto, ser tomado como uma saída ingênua e "apolítica", posto que a sociedade é representada por interesses ideológicos, políticos, religiosos, entre outros existentes na sociedade de classes. A caracterização do "terceiro setor", bastante recente, é determinada pela reorganização do capital e é considerada pelo neoliberalismo uma "terceira via" de atendimento às necessidades sociais; portanto, as OSCIPs se ampliam à medida que se reduz a ação do Estado na prestação de serviços sociais, o que significa dizer que essa é uma equação combinada. As políticas compensatórias, pontuais, focalizadas, direcionadas aos bolsões de miséria, evitam colapsos e convulsões sociais e se apresentam como forte sustentáculo de cooptação e apoio das populações mais empobrecidas ao projeto dos governos neoliberais, que, amplamente vulneráveis, sem consciência social e de classe, são atendidas em suas carências mínimas mais imediatas para a sobrevivência.

As características que determinam o incentivo e a expansão do denominado "terceiro setor" se referem: a) à institucionalização e à legitimação social, à medida que as necessidades e demandas sociais não encontram respostas no Estado; b) à desresponsabilização do Estado diante da implantação e execução das políticas sociais, impondo a consolidação do "terceiro setor"; c) ao fato de o Estado ser histórica e estruturalmente subsumido ao capital e que estabelece os meios de produção sob o controle do poder econômico, na exploração da força de trabalho humano pela extração da mais-valia, e do poder político através da coerção, do controle e do aparato repressivo; d) à retração das funções desenvolvidas no espaço contraditório do Estado ampliado, pelo esgotamento do keynesianismo como sistema de regulação e pela implantação da programática neoliberal; e) à redução orçamentária na área social em que o pensamento neoliberal demagogicamente estabelece "a afirmação de que os serviços sociais estatais são direcionados ao atendimento de pobres" (Tumelero, 1999, p. 38), reduz os recursos às políticas sociais de saúde e educação, e estabelece programas compensatórios focalizados e assistencialistas. Os pré-requisitos dessas entidades se estabelecem por serem institucionalizadas; privadas; não arrecadarem lucros; autogovernáveis; e com algum grau de voluntariado, mesmo que só no Conselho Diretor.

> Efetivamente, esta regressão neoliberal ao impor-se como lógica do capitalismo contemporâneo consolida a dissociação entre mercado e direitos, aprofunda a cisão entre o econômico e o social, separa a acumulação da produção, instala as desregulações públicas, reitera a desigualdade e a diversificação total, busca eliminar a referência ao universal e confronta práticas igualitárias construindo uma forma despolitizada de abordagem da Questão Social, fora do mundo

público e dos fóruns democráticos de representação e negociação dos interesses em jogo nas relações Estado e Sociedade (Yazbek, 1995, p. 2).

A concepção mercantil postergada às políticas e aos serviços sociais públicos, sob o chamado "terceiro setor", arrebenta a premissa constitucional do *dever do Estado e do direito do cidadão*, consagrada em 1988, e permanece como instrumento necessário ao projeto neoliberal.

[...] Na passagem das políticas estatais (espaço democrático e de lutas de classes) para o terceiro setor (supostamente supraclassista) desenvolve-se um verdadeiro processo de esvaziamento da dimensão da conquista e de direito das políticas sociais, encobrindo estas com o manto sagrado da concessão. Processa-se, também, uma anulação das identidades de classe subsumidas a identidades particulares (Montaño, 2002, p. 72).

De outro lado, a legalização das OSs, preconizadas pela Reforma do Estado e definidas como "instituições de direito privado com interesse público", atende à lógica privatista do mercado. As OSs, consideradas entidades privadas de função pública não estatal, desresponsabilizam o Estado de sua função, ao repassar dinheiro público a autarquias e fundações que prescindem de licitações e são designadas pelo Estado; têm autorização legislativa para celebrar Contrato de Gestão com o poder executivo e fazem parte do orçamento público federal, estadual ou municipal, havendo ainda a cessão de bens públicos do Estado e de funcionários estatutários para as OSs.[5] O voluntariado chamado a atuar nas OSCIPs é parte do processo da *acumulação flexível*, posto que substitui, diminui, elimina e precariza postos de trabalho via desprofissionalização e desregulamentação das relações de trabalho.

---

5. No interior dessa concepção, são ainda aprovadas leis como a do voluntariado, de n. 9.608, de 18 de fevereiro de 1998, de autoria do deputado federal Jorge Bornhausen do PFL; e a lei que altera a natureza pública dos conselhos profissionais para natureza privada encoberta pelo "eufemismo da publicização" (Iamamoto, 1998, p. 133). Acrescenta-se a esse quadro o projeto de lei de Antônio Carlos Magalhães, deputado federal pelo PFL — Bahia —, que dispõe sobre o Serviço Civil Obrigatório, utilizando-se da força de trabalho humana de mais de um milhão de jovens que seriam dispensados do Serviço Militar "na consecução de objetivos sociais relevantes em: ministérios, prefeituras, creches, asilos, hospitais, entidades de defesa civil, meio ambiente" (PEC 369/1996).

Bresser estabelece um ataque às profissões, no Projeto de Reforma do Estado, ao afirmar que as profissões atualmente existentes pertencem ao passado, à década de 1930, cabendo, portanto, extingui-las.

    O terceiro elemento da Crise do Estado analisado por Bresser se refere à crise do aparelho estatal, que adota traços cronicamente instaurados pelo patrimonialismo. O nepotismo e a corrupção primavam em sua origem e, de alguma forma, apresentam certo grau de superação pela introdução da administração burocrática clássica, com carreiras bem definidas e processos de contratação de pessoal e de atendimento às demandas estabelecidas pelo Estado (Pereira, 1995, p. 4). O modelo de gestão pública, hierarquizado e centralizador, adotado a partir de meados da década de 1930, se torna extremamente moroso e necessita, certamente, ser reformulado. Entretanto, a proposta do governo FHC adere o caminho da contrarreforma neoliberal, em que o Estado se desresponsabiliza de suas funções e prevalece a soberania do mercado. Bresser coloca a responsabilidade no resultado da Constituição, ao afirmar "que os constituintes não perceberam a crise fiscal e do Estado e [...] que era preciso dotar o Estado de novas formas de intervenção mais leve" (Pereira, 1995, p. 5). A programática de um Estado neoliberal se assenta, sobretudo, na lógica de novos padrões empresariais, em que a *satanização* do Estado abre caminho para a ideologia da eficiência e agilidade do mercado. Essa lógica favorece a gestão flexibilizada, de racionalidade instrumental e pragmática de modelo gerencial enxuto, em detrimento das políticas universais e dos direitos sociais considerados excessivos do ponto de vista das funções do Estado. A reforma do aparelho administrativo proposta por Bresser redimensiona o papel do Estado, atribuindo-lhe por missão a segurança, a fiscalização e a arrecadação, com transferência das políticas sociais para a iniciativa privada.

    A contrarreforma do Estado de FHC se orienta por um núcleo estratégico que define políticas e por um setor de atividades essenciais que abarca as áreas de auditoria, fisco, segurança, arrecadação de impostos e tributos de advocacia; assim como preconiza que o Estado concorra com o mercado na política da seguridade social, nos âmbitos da previdência social e da saúde, somada às áreas de educação e cultura indicadas pela Organização Mundial do Comércio (OMC). Este processo consolida a substituição da política pública estatal e de direitos por uma política de serviços; a privatização impõe centralidade neste giro político-programático, de ênfase no "terceiro setor" e propõe basicamente:

> Um núcleo burocrático que exerce as funções tidas como exclusivas do Estado, a saber: os poderes legislativo, executivo e judiciário, bem como as forças armadas, a polícia, a diplomacia, a administração de pessoal do Estado e a definição de políticas públicas de caráter econômico, político, social, cultural e do meio ambiente. [...] Pressupõe ainda um "Setor de Serviços Sociais" que tem por competência executar as funções e decisões advindas do governo, pertencendo ao Estado, mas não se constituindo como governo. Essas funções direcionam-se a cuidar: da Educação (aí incluídas escolas e bibliotecas), da Pesquisa, da Seguridade Social (Saúde Pública, Hospitais e Previdência Complementar), da Cultura, que também estão presentes no setor privado e no setor público não estatal das organizações sem fins lucrativos (Pereira, 1995, p. 5).

Por último, acrescenta-se a quebra do Regime Jurídico Único (RJU) que imprime alterações substantivas no sistema de contrato de trabalho do serviço público, diferenciando a situação contratual e de condição de trabalho dos servidores públicos, ocasionando a fragmentação das relações e condições de trabalho em um mesmo espaço sócio-ocupacional: estatutários, celetistas, contratos temporários, por tempo determinado, terceirizados, pessoa jurídica, estagiários, o que dificulta ainda mais a organização sindical, em uma quebra consecutiva de direitos sociais e trabalhistas conquistados.

> Assim, decidiram, através da instauração de "um regime jurídico único" para toda a administração pública, eliminar toda a autonomia das fundações públicas, e tratar de forma igual *militares e professores, juízes e médicos, promotores e administradores da cultura, policiais e assistentes sociais*; através de uma estabilidade rígida, ignorar que este instituto foi criado para defender o Estado, não os seus funcionários; através de um sistema de concursos públicos ainda mais rígido, inviabilizar que uma parte das novas vagas fossem abertas para funcionários já existentes (Pereira, 1995, p. 5, grifos nossos).

Esta argumentação expõe as bases para a flexibilização das carreiras, dos contratos de trabalho, dos salários, abrindo caminho para o fim da estabilidade dos servidores públicos ao permitir demissões, sob a alegação de excesso de quadros ou insuficiência de desempenho profissional. A política de flexibilização do trabalho no Serviço Público estabelece ainda uma divisão entre os trabalhadores ao separar os trabalhadores do núcleo estratégico, composto por trabalhadores das carreiras exclusivas do Estado, e aqueles das carreiras não exclusivas que ficam diretamente sob a responsabilidade das Agências Executivas (AEs) e das Organizações Sociais (OSs), as quais podem demitir novos contratados, devolver os estatutários para o Ministério Superior e, à disposição do regime de extinção, esses servidores encontram-se em estado permanente de tensão, pois podem ser demitidos a qualquer momento. Os salários também são atingidos, sendo o ajuste salarial, nas AEs e OSs, substituído pelo incentivo à produtividade em que *prêmios*, a exemplo da iniciativa privada, são efetivados como *bônus de resultados*; a eficiência aparece na lógica do mercado de estímulo à competitividade sob o simulacro do individualismo, em detrimento da solidariedade de classe.

A quarta e última crise no interior da Crise do Estado anunciada por Bresser é política, vista a partir: a) da crise do regime ditatorial, no pós-golpe militar de 1964; b) da realização de um pacto burocrático-capitalista, em meados dos anos 1970, momento em que o empresariado inicia o rompimento com os militares; c) de um colapso que ocorre na ambiência sócio-histórica de mobilização nacional da luta pelas Diretas Já e na Constituição de 1988.

Uma crise política, segundo Bresser, advinda do processo de 21 anos de ditadura militar no país que teve uma amplitude democrática pela retomada do Estado de direito, mas manteve um retrocesso, na esfera política, pela promulgação da Constituição de 1988 que engessa o Estado. Para o autor o novo regime, instaurado pela Nova República em 1985, e a Constituição de 1988 não ajudaram a superar a crise política. Ao contrário, o retorno aos anos 1950, "de anos dourados" da democracia no Brasil, amplia a crise fiscal pelo modo de intervenção estatal na economia, pelo sistema de proteção social. A crítica à Nova República recai no fato de que esta teria ilusão na retomada do crescimento econômico e de distribuição de renda a partir do aumento do gasto público (leia-se: serviços sociais, políticas públicas estatais) e aumento de salários. Em relação ao modelo de administração pública, alega que a Constituição de 88 retornou aos anos 1930, na implantação de uma administração arcaica por ser centralizada, hierárquica e rígida, na ideia de processo e não de produto como resultado a ser alcançado.

A defesa teórico-política de Bresser é a mesma dos ideólogos neoliberais que sustentam que o Estado de Bem-Estar Social se transformou no causador da crise, predominando uma ortodoxia do Estado "enxuto" e de realização de "parcerias", por meio das organizações da chamada sociedade civil. Neste sentido, Bresser, apesar da crítica ao governo Collor, pela corrupção, o elogia, à medida que seu governo avançou com a iniciativa da reforma da economia brasileira, ao estabelecer a abertura comercial, liberalização e privatização com ajuste fiscal de substantiva diminuição da dívida pública interna. Collor abre uma economia de ortodoxia neoliberal no Brasil, saudada pelos sociais-democratas do PSDB do governo de FHC, que segue sua orientação para consolidá-lo.

Parte dessa contrarreforma, na esfera da política estatal, apregoa a descentralização dos serviços sociais para os estados e municípios, porém sem ocorrer a devida transferência, alocação e/ou contratação de profissionais por concurso público e de recursos orçamentários e financeiros. Isso ocasiona um Estado colapsado e o processo de municipalização se efetiva pela desconcentração de serviços, sem descentralização de recursos e pessoal, o que ocasiona um atendimento público precário. A chamada crise política se encontra na intersecção dos interesses do capital no interior das classes dominantes para recompor a acumulação capitalista em sua crise estrutural; portanto, a análise de Bresser se efetiva centralmente no interior das respostas do capitalismo à sua própria crise, cuja orientação programática se assenta na lógica destrutiva neoliberal.

3.2.2 A contrarreforma do ensino superior

A contrarreforma do ensino superior, na lógica gerencial da contrarreforma do Estado, altera a natureza da universidade de Instituição Social para Organização Social (OS); é subordinada aos interesses privados, tornando-se verdadeiros oligopólios mercantis do ensino. As concepções nos dois modelos de universidade imprimem suas diferenças, a saber:

A Instituição Social tem a sociedade como referência normativa e valorativa, se percebe na divisão social e política e busca universalidade para responder às contradições sociais e políticas, inseparável das ideias de formação, criação e reflexão crítica e, portanto, da ideia de democratização do saber e da democracia, bem como não pode furtar-se afirmativa ou negativamente ao ideal socialista [...]. A Organização Social tem a si própria como referência, apresenta uma instrumentalidade voltada para ideias de eficácia e sucesso no emprego, não questiona sua existência, seu lugar na luta de classes [...] (Chaui, 1999, p. 4).

A passagem da Instituição Social para Organização Social se assenta na fragmentação de todas as esferas da vida social. A *universidade funcional* é voltada para a formação rápida de profissionais a serem requisitados com baixos salários, e a lógica de conteúdos e programas se adéqua às exigências do mercado, em direção oposta ao sentido clássico de universidade, voltada ao conhecimento e à formação acadêmica e profissional. A *universidade operacional* se caracteriza por ser flexível, de incentivo à produtividade e a resultados quantitativos; a docência é compreendida por transmissão rápida de conhecimentos e regulada por contrato de gestão, de avaliação externa por produtividade, incentivo à competição em detrimento da autonomia universitária. A lógica é a de expansão e substituição das Instituições Sociais por Organizações Sociais (OSs), definidas como "instituições de direito privado e de interesse público". A contrarreforma do ensino superior se apoia na Lei de Diretrizes e Bases (LDB) — n. 9.394/96 — e detém seus traços centrais na ótica da contrarreforma do Estado, que supõe a expansão do ensino privado, a supressão do caráter universalista e público do ensino, a redução da autonomia universitária, a liquidação da relação ensino, pesquisa e extensão, a subordinação do ensino ao mercado. O projeto de educação contido na LDB se explicita na relação custo-benefício por dois objetivos centrais: o primeiro, de natureza ideológica, ao transformar as Instituições Sociais em Organizações Sociais; o segundo, por transferir os centros intermediários de decisão para a área de influência do grande capital.

A Política do Ensino Superior no Brasil, na lógica da universidade operacional, alicerça uma racionalidade instrumental constitutiva de sucateamento e destruição do ensino público, com redução de recursos orçamentários para a educação, ausência de concursos públicos e subordinação do ensino às demandas do mercado. É imensamente favorecida a expansão do ensino privado, indicando no ano 2000 que 78,52% das instituições do ensino superior já são privadas, simultaneamente ao aniquilamento do ensino público. No governo FHC, de 1995 a 2003, o número de estudantes na rede privada cresceu 86% e na rede pública, apenas 28%. Essa diferença fez com que a rede privada, em 2002, contasse com 1.442 escolas de nível superior, enquanto a rede pública, com 195. Em 12 de junho de 2001 é criado o FIES pela Lei n. 10.260, que possibilita que os estudantes financiem em até 70% suas mensalidades, favorecendo ainda mais a iniciativa privada.

A Reforma do Estado no governo de FHC criou as fundações privadas no interior das universidades públicas; estabeleceu projetos de parceria público-privada para a pesquisa, cujo interesse é determinado pelas exigências empresariais em detrimento das necessidades sociais; e desresponsabiliza o Estado com a Educação e com o conjunto das políticas públicas. São criados cursos sequenciais de curta duração de nível superior não graduado para os estudantes de ensino médio, seguindo as metas do Banco Mundial de expansão numérica dos estudantes no ensino superior, independentemente da formação de qualidade. A universidade operacional recai na diminuição da docência, do ensino presencial, marca essencial da formação acadêmica universitária.

As inovações propostas pela LDB se explicitam por meio de: cursos sequenciais, exame nacional de curso, avaliações meramente quantitativas, graduação a distância, mestrado profissionalizante, com o objetivo de elevar de 11% a 30% os universitários entre 18 e 24 anos. A expansão acelerada do ensino superior, conforme o PNE, é estabelecida pelas metas dos organismos multilaterais do Banco Mundial[6] e Banco Interamericano de Desenvolvimento (BIRD), em consonância com o Fundo Monetário Internacional (FMI), para os países dependentes e subordinados ao capital internacional, na lógica mercantil em detrimento da qualidade formativa. Novos cursos, cursos sequenciais,

---

6. Para uma análise abrangente do debate internacional sobre Educação, consultar: Tendências da educação superior para o século XXI. CONGRESSO MUNDIAL SOBRE O ENSINO SUPERIOR. *Anais...* Paris, 5 a 9 out. 1998.

tele-ensino, ensino a distância se colocam no sentido de ajustar os cursos às necessidades do mercado: investir menos em educação, conceder diploma em menor tempo, precarizar o trabalho com menores salários, sustentar o ensino como negócio privatista para o capital.

A reforma do ensino superior do governo FHC, de forte marca economicista e privatista, retira a educação da esfera dos direitos e a coloca como um serviço disponível no mercado; sai da esfera pública e volta-se para a esfera privada. Ao sair do âmbito dos direitos, legalmente pela contrarreforma do Estado, entra para a esfera dos serviços não exclusivos do Estado, assim como ocorre com a Saúde e a Previdência Social.

A LDB, ao corroer e destruir o ensino público, laico, gratuito, universal e presencial, introduz: "a flexibilização, a qualidade e a avaliação". "Flexibilização" significa eliminar o regime único de trabalho, adaptar os currículos da graduação e da pós-graduação às demandas impostas pelo mercado, separar docência da pesquisa, vincular e subordinar a pesquisa e extensão universitária à política de mercado e não às exigências da realidade social. "Qualidade" pressupõe atender às necessidades da modernização econômica do capitalismo com padrões de produtividade, não importando "o que, o como e para que se produz", sob a lógica racional e instrumental de resultados. "Avaliação" com base na quebra da autonomia universitária por meio do "Provão" ranqueado; consequentemente, do princípio constitucional da gratuidade, pelo ensino privado, e na negação da teoria por um conhecimento meramente instrumental.

3.2.3 A contrarreforma sindical

Por meio de medidas provisórias, projetos de lei, emendas constitucionais, decretos e portarias, o governo FHC impõe flexibilização de direitos trabalhistas na lógica "do negociado sobre o legislado", e as alterações adotadas se referem a: a) Medida Provisória n. 1.523 e Lei n. 9.528/97, que tornam incompatíveis dois benefícios previdenciários, aposentadoria e auxílio-acidente; desvalorização do salário mínimo, que desde 1996 não observa os preceitos constitucionais de gastos do trabalhador com moradia, alimentação, vestuário, lazer, transporte, saúde e previdência, além da consequente queda do rendimento médio do trabalhador; b) Medidas Provisórias n. 1.709 e n. 1.779, que estipulam o trabalho em tempo parcial, suspensão do contrato de trabalho e *banco de horas*, que determina uma jornada de trabalho flexível no controle da atividade de cada trabalhador, do número e valor das horas trabalhadas e por hora trabalhada. O trabalhador passa a receber não em dinheiro, mas em folgas acumuladas em um banco de horas, as quais somente poderá usufruir quando a empresa determinar. O trabalhador trabalha mais quando demandado, ampliando-se a mais-valia relativa e deixando de contratar mais força de trabalho humano para a empresa; c) Lei n. 9.300/96, que estabelece a demissão do assalariado rural; d) Lei n. 9.525/97, que regulamenta as férias dos servidores públicos parceladas em até três vezes se ele assim desejar, podendo receber influência e/ou pressão direta da chefia; e) Lei n. 9.601/98, que define o contrato por tempo determinado, prevê redução de salário, além de outras perdas com o fim do aviso prévio, multa de 40% sobre o FGTS e redução do recolhimento do FGTS de 8% para 2%; f) PDV — Plano de Demissão Voluntária — que ameaça e estimula a demissão de trabalhadores em serviço público, reduzindo concursos públicos e cargos públicos, substituídos por trabalhadores terceirizados e celetistas sem estabilidade; g) Lei n. 9.608/98, que regulamenta o Serviço Voluntário pela obrigatoriedade do termo de adesão, o que impede vínculo empregatício e reivindicações trabalhistas. O apelo ao Serviço Voluntário diminui postos de trabalho e deixa de remunerar um trabalhador que poderia estar empregado; h) Lei n. 9.504/97, que rege um contrato de trabalho em período eleitoral sem vínculo empregatício, desobrigando-se do 13º salário, das férias, de horas extras, FGTS, direitos trabalhistas e previdenciários, com utilização dos recursos do FGTS para privatização de empresas públicas. O pagamento da multa de 40% deixa de ser feito na homologação junto ao sindicato e passa a ser realizado nas agências da Caixa Econômica Federal, o que dificulta a fiscalização pelos sindicatos dos valores pagos; reforma da previdência que, entre outras perdas, altera a contagem de tempo ao tomar por referência o tempo de contribuição e não mais o tempo de serviço (Abramides *et al.*, 2000).

3.2.4 A contrarreforma previdenciária

É no governo de FHC, em seus dois mandatos, que se implanta a contrarreforma estruturante da previdência social, cuja lógica prevalece até os dias atuais, acrescida no governo Lula. Medidas mais destrutivas ainda foram propostas por Temer, em 2017, e aprofundadas por Bolsonaro, em 2019, e encontram-se em tramitação no Congresso Nacional, o mais reacionário desde a ditadura civil-militar.

Em 1998, a Emenda Constitucional n. 20 atinge o Regime Geral da Previdência Social (RGPS) com um conjunto de medidas que retiram e restringem direitos previdenciários, tais como: a) estabelecimento de um teto nominal de R$ 1.200,00, o que correspondia, à época, a dez salários mínimos; b) as aposentadorias passam a vigorar por tempo de contribuição em vez de tempo de serviço, o que amplia e muito o tempo para a aposentadoria. É bom lembrar que, no Brasil, grande parte dos trabalhadores não tem como comprovar tempo de contribuição devido estarem submetidos a trabalhos precários, temporários, sem carteira assinada, subcontratados, por tempo determinado, além dos trabalhadores no campo que estão em grande parte submetidos a trabalhos sazonais, sem registro; c) limitação do acesso para aposentadorias especiais e para as proporcionais; permanecendo as aposentadorias especiais somente para os trabalhadores em atividades insalubres e para professores, cessando para os professores universitários; d) tentativa de vincular o tempo de contribuição à idade; e) previsão de aposentadoria complementar aos servidores públicos; f) extinção da fórmula de cálculos de benefícios prevista na Constituição; g) criação do Fator Previdenciário em 1999, que permaneceu até meados de 2015, com redução de valores até 40% como regra geral para os cálculos das aposentadorias (Silva, 2018). Assim, uma das alterações mais significativas introduzidas pela contrarreforma foi a do valor do benefício de aposentadoria. No caso das aposentadorias por tempo de contribuição, no lugar de este valor ser estabelecido pela média aritmética dos últimos 36 (trinta e seis) meses de contribuição, passou a considerar a média aritmética simples dos maiores salários de contribuição correspondentes, no mínimo, a oitenta por cento de todo o período de contribuição, corrigidos monetariamente. Sobre este cálculo é aplicado um

Fator Previdenciário, redutor que varia de acordo com a idade do segurado, ou seja, o quanto de vida ele terá depois de aposentado, segundo estimativas da Fundação IBGE (Batich, Marques e Mendes, 2003).

O receituário neoliberal foi levado às últimas consequências nos dois governos de FHC, seguindo à risca as orientações macroeconômicas do FMI para o pagamento da dívida externa e da dívida pública, retirando direitos dos trabalhadores. É nessa lógica de conjunto das contrarreformas que os direitos previdenciários se reduzem e o tempo para a aposentadoria se amplia. A financeirização da economia no mercado de capitais estabelece o domínio imperialista sobre as nações subordinadas, como as da América Latina, submetendo-se à política entreguista. Podemos afirmar que os governos de FHC estruturaram a política neoliberal do país, que tem continuidade nos governos posteriores, em que se ressalvem os programas sociais compensatórios dos governos "democrático-populares" do PT.

4. Dois Governos de Luiz Inácio Lula da Silva: a Continuidade do Neoliberalismo — 2003 a 2011

Até meados dos anos 1980, o percentual da dívida pública estava relacionado à dívida externa, que subiu de 43,5 bilhões, em 1995, para 188,4 bilhões, em 1998. No final do governo de FHC, já estava em 987 bilhões, o que correspondia a 57% de comprometimento do PIB à época (*Época Negócios*, 29 set. 2016).

Eleito presidente, Lula cumpriu o prometido em sua Carta ao Povo Brasileiro, apresentada em 22 de junho de 2002, e deu prosseguimento à política fiscal e monetária que vinha sendo realizada por FHC. Manteve os pilares da macroeconomia brasileira, câmbio flutuante e o regime de metas da inflação. O governo Lula apresentou, portanto, um conjunto de contrarreformas para realizar sua política econômica, a saber: previdenciária e tributária (2003), sindical e do ensino superior (2004 e 2005) e a trabalhista que, a princípio, seria em 2006, mas foi adiada. As contrarreformas seguiram o leito de continuidade do pacto neoliberal de manter o superávit primário, transferindo

4,25% do PIB, sob a forma de juros, para pagar os títulos da dívida pública, cujo montante foi calculado em 60 bilhões de reais para o ano de 2004.

As consequências da subordinação da política macroeconômica fiscal e de juros à imposição do FMI e dos organismos multilaterais recaíram sobre as massas trabalhadoras pelo índice de 20% de desemprego nos grandes centros urbanos, atingindo 40% dos jovens de até 24 anos. Essa política econômica ortodoxa se opõe às prioridades sociais e trabalhistas de distribuição de renda e de riqueza, de retomada do setor produtivo, da implantação de uma política agrícola e de reforma agrária e urbana, postuladas no programa de campanha eleitoral. Lula justifica a adoção dessa política de proteção aos credores por ter recebido um orçamento comprometido para o ano de 2003, utilizando-se da expressão "*herança maldita*" do governo de FHC, em seu primeiro mandato.

Ao se analisar a LDO — Lei de Diretrizes Orçamentárias —, confirma-se a continuidade de restrição do orçamento para as áreas sociais, substituindo-se por programas compensatórios, "enfeitada com uma política tipo Fome Zero" (Oliveira, 2003a, p. 40), como parte do pacto financeiro e social desenvolvido sob orientação marcadamente assistencialista. Por outro lado, o governo manteve a Lei de Responsabilidade Fiscal (LRF), que limita a aplicação do orçamento público nos estados e municípios, para cumprir os acordos do pagamento dos juros dos serviços da dívida externa de proteção aos credores internacionais. É lamentável e inadmissível um país da dimensão continental do Brasil ter somente 9% dos jovens de 18 a 23 anos nas universidades, enquanto a Argentina apresenta um índice de 40%. Imprescindível, portanto, demarcar os traços de continuidade do neoliberalismo no governo de Lula da Silva em seus oito anos de governo. Em que pesem os programas sociais voltados aos trabalhadores em extrema pobreza, estes não foram acompanhados de políticas sociais estruturantes como as de emprego, o que fez com que o social-desenvolvimentismo se caracterizasse como uma outra face do neoliberalismo.

Importante ainda destacar que, no segundo governo Lula, o setor bancário dos EEUU, que concedia empréstimos de alto risco com juros pós-fixados, para aquisição de casas, aluguel de carros, cartões de créditos, apresentou uma quebra em 2006, acarretando a elevação disparada de juros e a consequente inadimplência dos mutuários que não conseguiram saldar suas dívidas, o que ocasionou uma grande penúria. Essa crise financeira se expandiu em 2008 para todo planeta, posto que a liberalização e desregulamentação atuam de forma interligada entre o mercado financeiro global e as economias de cada país, acopladas às renúncias tributárias, o que veio a favorecer o capital produtivo e estímulo ao consumo. Nesta direção, implantaram-se no país benefícios assistenciais e previdenciários conclamando aposentados e pensionistas a consumirem, o que os levou a um endividamento ao recorrerem a empréstimos consignados em folha de pagamento e a outras operações financeiras.

A direção política dos trabalhadores, durante os dois governos de Lula da Silva e um governo e meio de Dilma Rousseff, ambos do PT, do ponto de vista da autonomia e independência de classe, esteve bastante comprometida diante da capitulação de amplos setores hegemônicos dos movimentos sociais: sindical, popular, profissional que sob a "alegação de desenvolver ações propositivas" selaram um pacto social (pacto entre as classes) na direção oposta à luta tão cara travada pela classe trabalhadora na década de 1980. Os governos do Partido dos Trabalhadores apresentaram uma complexidade maior para os setores populares, uma vez que esses governos se originaram do apoio de amplas massas e de setores organizados de trabalhadores, que resistiram à ditadura e construíram organismos independentes e classistas de luta.

4.1 A contrarreforma do ensino superior

O orçamento para o ensino superior estabelecido pelos governos de Lula da Silva representou a pequena quantia de 4,3% do PIB, semelhante ao irrisório percentual definido pelos governos de FHC. Ressalto que esse índice não corresponde sequer aos 7% anunciados no programa eleitoral, o qual previa ainda a derrubada dos vetos de FHC ao Plano Nacional da Educação configurado na Lei n. 10.172, que estabelecia a destinação de um montante de 10% do PIB para a educação nos próximos anos.

A fração do PIB para a educação no governo Lula também está em desacordo à proposta de destinação imediata, de 10% do PIB, por deliberação do II Congresso Nacional de Educação (CONED), realizado em Belo Horizonte em novembro de 1997. Os 10% do PIB, porém, se dirigiram ao pagamento dos serviços da dívida, em uma redução de 13,4% do orçamento de 2003 previsto para a educação, mantendo a redução até 2007.

A principal medida em relação às Instituições de Ensino Superior (IES) Público e Privado diz respeito à compra, pelo governo, de 20% a 25% das vagas ociosas das universidades privadas, por meio do "Programa Universidade para Todos" (PROUNI), para estudantes vindos das escolas públicas, incluindo negros e índios, "sob a máscara de auxílio aos alunos pobres das escolas públicas" (Oliveira, 2004a, p. 33). Esta medida estabelece o pagamento de mensalidades dos estudantes em escolas privadas, quando este recurso deveria destinar-se ao ensino público, estatal, laico, gratuito, ampliando o acesso e permanência dos despossuídos e pauperizados deste país, os filhos das classes trabalhadoras. A política adotada de fortalecimento do ensino privado fez com que uma parcela de estudantes, filhos das camadas mais oprimidas, assumisse como verdadeira a justificativa do Banco Mundial e dos governos contra o "modelo de universidade pública" existente no país. Ao invés de democratizá-la para os setores populares, garantindo acesso e permanência, desloca-se recurso público para a universidade privada, em que o custeio de um estudante na universidade privada corresponde a de três na universidade pública.

O governo propôs ainda que as universidades públicas recorressem a recursos "extragovernamentais", portanto privados, sendo repassados 400 milhões de reais para as entidades filantrópicas na esfera privada, cujo investimento o governo declarou não ter como fiscalizar; a partir daí, lança o favorecimento do ensino privado e mercantil em detrimento do ensino público. A grande maioria das escolas privadas se concentra apenas em atividades do ensino, desobrigando-se da pesquisa e da extensão. Cerca de 85% das unidades de ensino superior se aglutinam na esfera privada; dentre estas, 82% são filantrópicas privadas mercantis e 13% são as chamadas comunitárias, em que uma parcela expressiva aderiu ao ensino em uma perspectiva mercantil. Cabe, portanto, às universidades privadas comunitárias, que historicamente cumpriram sua função social, resistir ao neoliberalismo, reabrindo o debate em defesa da luta pela estatização (como, por exemplo, já ocorrido na PUC-SP nos anos 1980), colocando seu acúmulo teórico-acadêmico-intelectual e de produção do conhecimento a serviço do ensino público, gratuito, universal e presencial.

O ordenamento neoliberal prevê, portanto, os projetos de "parcerias público-privadas" (PPPs) de focalização em programas compensatórios à população mais pobre, como se a esta não pudesse estar voltado o ensino público no acesso e permanência. Os programas compensatórios desenvolvem ainda uma política de cotas, para os negros e para os índios; o que não altera, porém, o caráter restritivo de acesso e permanência das grandes massas trabalhadoras à escola pública, concebida aqui como escola estatal, gratuita, universal. As desigualdades sociais, econômicas, políticas e culturais se ampliam ascendentemente na sociedade de classes, na qual a política compensatória de cotas, se tomada em si mesma, desvinculada das lutas mais gerais, cria ilusões e desvia a luta das massas trabalhadoras por uma política pública universal educacional de direitos. A questão racial é estrutural e estruturante na sociedade brasileira e deve ser enfrentada, em sua particularidade, articulada à luta contra a exploração e todas as formas de opressão social, de classe, gênero, raça, etnia, orientação sexual, geracional. A maioria da população mais empobrecida do país é composta por trabalhadores(as) negros(as) que sofrem o preconceito e a discriminação racial e, nos postos de trabalho, as mulheres são as que recebem menores salários, entre elas as mulheres negras, desempenhando as mesmas funções. Torna-se oportuno afirmar que se o governo não enfrentar o problema de emprego para a juventude, não enfrentará a questão da permanência dos estudantes no ensino.

A autonomia universitária encontra-se ainda atrelada ao financiamento, que permite estabelecer contratos de gestão no "Pacto de Educação para o Desenvolvimento Inclusivo" pela expansão da educação a distância como estratégia para superar a educação presencial, o que envolve uma formação meramente numérica, massificada em detrimento da qualidade. A docência é descaracterizada como constitutiva do ensino universitário, e o ensino virtual se sobrepõe à formação; dá-se continuidade à precarização do ensino e do trabalho, pelo aumento de carga didática dos professores e do número de estudantes por sala de aula, conforme os organismos internacionais.

O argumento de que a gestão privada é mais eficiente do que a pública justifica a gestão das instituições públicas pelas fundações, consolidando as diretrizes do governo de FHC. A contrarreforma do ensino do governo Lula criou ainda nas universidades os conselhos de controle externo formados por representantes da decantada "sociedade civil", que se reduzem a empresários da educação, à burocracia sindical, além do governo. A autonomia universitária, ao contrário, pressupõe avançar na gestão por aqueles que nela trabalham e estudam, professores, funcionários e estudantes. A avaliação educacional, portanto, deve ser um meio formativo pedagógico, permanente, a ser definido no interior das universidades a partir das reais necessidades sociais.

A meta do governo Lula, a partir de 2003, se refere à ampliação de número de vagas no ensino superior, articulada à formação profissional, voltada para atender às exigências do mercado. Nessa direção, quanto maior o número de profissionais formados, maior competitividade no mercado de trabalho e, consequentemente, queda de salários. O EaD é parte da estratégia de ampliação quantitativa em cursos aligeirados, que, sob a égide de "democratização do acesso", surge como alternativa para milhares de jovens das camadas pauperizadas, pois só lhes resta esta via. Se as vagas do ensino presencial correspondem ao aumento de 93%, aqui incluído o PROUNI (repasse de recurso público para as universidades privadas), o aumento do EaD evolui para 4.500% e seu período de maior expansão se apresenta em 2008, com a oferta de 1.699.489 vagas (Vidal, 2016).

O Decreto n. 6.096 regulamenta ainda o REUNI, um programa de expansão do ensino superior, nas universidades públicas, de cursos aligeirados, de curta duração, centrados no ensino, de precarização do trabalho docente, com instalações precárias, ausência de instrumentos necessários para o funcionamento da formação universitária, como meta para ampliar numericamente as vagas, conforme exigências do Banco Mundial.

4.2 A contrarreforma sindical proposta pelo governo Lula

A contrarreforma sindical aprovada em 2005, no Fórum Nacional do Trabalho, composto por representantes dos sindicatos, dos patrões e do governo, foi apoiada pelas centrais sindicais, entre outras, pela Força Sindical e pela CUT. A direção nacional da CUT se contrapôs às decisões assumidas em seus fóruns, desde sua criação em 1983. Uma de suas propostas históricas é pelo fim do imposto sindical, cabendo aos trabalhadores a deliberação sobre a questão financeira, sendo a autossustentação financeira decisiva na luta por autonomia e liberdade sindical. No Fórum Nacional, existiu um acordo para se acabar com o imposto sindical; criou-se, porém, uma *Taxa Negocial* que pode alcançar até 13% do salário mensal do trabalhador. A condição para que o sindicato cobre dos trabalhadores de base a *contribuição negocial* encontra-se vinculada à ação sindical; para tanto, basta que o sindicato participe de uma única negociação coletiva. Outro aspecto do Projeto da Reforma Sindical se refere à necessidade de regulamentar o direito de greve, definido pela Constituição de 1988. O direito de greve será resguardado; no entanto, se a greve demorar e também não houver acordo entre as partes, poderão ser contratados trabalhadores em substituição aos grevistas, legalizando os chamados "fura-greves". Em relação à estrutura sindical, embora haja acordo das centrais sindicais para que os sindicatos de base sejam reconhecidos, é preciso que 22% dos trabalhadores sejam a eles filiados, e necessariamente o sindicato deve estar filiado a uma central sindical, o que reduz a autonomia sindical. Diminui-se a democracia sindical de base, ao restringir a organização por local de trabalho pela exigência de 200 trabalhadores nas empresas para se eleger um representante da base, ao invés dos 50 anteriormente previstos.

A Negociação Coletiva realizada pelas centrais sindicais permite passar por cima das deliberações das assembleias de base; prevalece *"o negociado sobre o legislado"*, adotado desde o projeto Dornelles, nos governos de FHC, e atende aos interesses patronais. À época, a CUT combateu esta proposta e acatou este acordo no governo Lula. Criou-se ainda a chamada *"representatividade derivada"* que permite às cúpulas das Centrais Sindicais, Federações, Confederações criarem, de cima para baixo, *"sindicatos orgânicos"*, o que ataca brutalmente os sindicatos de base em sua soberania de decidir ou não pela filiação. Esse princípio, constitutivo da CUT, é negado pela posição majoritária sem ser aprovado em seu Congresso. Em relação aos trabalhadores em serviço público, há um artigo que exclui o dirigente sindical de proteção contra a dispensa e transferência unilateral.

A Lei n. 11.196/2005 instaura a contratação por "pessoa jurídica", no processo de "pejotização", cuja flexibilização das relações de trabalho incide na completa eliminação dos direitos de proteção social, como férias,

13º salário, FGTS, aviso prévio, restando ao trabalhador recorrer à previdência privada, o que garante inúmeras vantagens para o empregador. O Projeto de Lei n. 210/2006 introduziu a lei geral das micro e pequenas empresas, denominada "Supersimples", relacionada à "subcontratação" que se rege pela forma de trabalho precário; dispensa de registro de férias nos livros das empresas; a fiscalização tem um mero caráter orientador, o que resulta em não haver aplicação de penalidades às empresas ao descumprirem direitos trabalhistas.

No segundo governo Lula, ocorrem novos ataques por meio de: diferenciação entre os direitos dos trabalhadores das micro e pequenas empresas, jovens e trabalhadores da economia informal; aumento salarial pela variação da inflação acrescida de 1,5%, sem reposição das perdas salariais. Além das perdas materiais, essas medidas dividem os trabalhadores e criam a "terceira (re)construção das classes trabalhadoras no Brasil" (Dias e Bosi, 2005); há limitação do direito de greve aos trabalhadores em serviço público ao definir 72 horas de aviso prévio para se deflagrar uma greve, prevendo a contratação temporária de servidores para substituir os grevistas.

4.3 A contrarreforma da previdência social

As principais medidas relativas à questão previdenciária ocorreram em seu primeiro ano de governo na Emenda Constitucional (EC) n. 41, de 19 de dezembro de 2003, revistas e ampliadas pela EC n. 47. de julho de 2005. As investidas foram basicamente as mesmas do governo de FHC em 1998, todavia os servidores públicos foram mais afetados nos itens dos Regimes Próprios da Previdência Social (RPPS) por meio do fim da aposentadoria integral; da vinculação do tempo de contribuição à idade para fins de aposentadoria; pela contribuição previdenciária para aposentados e pensionistas sobre a parte da remuneração que ultrapassar o valor do teto dos benefícios do RGPS; e pela possibilidade de teto para a aposentadoria dos servidores. Acrescenta-se a isso a retirada do direito de aposentadoria por tempo de contribuição para aposentados e pensionistas com baixa renda (Silva, 2018).

5. Um Governo e Meio de Dilma Rousseff — 2011 a 2016

Os governos de Dilma Rousseff do PT deram continuidade às medidas neoliberais em curso, com vários decretos e contrarreformas, entre 2011 e 2016, ocasião em que sofre o *impeachment* sem crime de responsabilidade e irrompe um golpe institucional parlamentar de direita no país.

A conjuntura nacional neste período revelou um quadro de grandes mobilizações sociais frente aos ajustes neoliberais do governo, o que ocasionou mais perdas de direitos dos trabalhadores e a ampliação da precarização do trabalho. A partir de 2012, deflagraram-se greves contra as demissões, as contrarreformas e por melhores condições de trabalho, que superaram as greves da década de 1990. Consideradas mais expressivas, qualitativa e quantitativamente, ocorreram em vários estados da federação, nas esferas da produção e da reprodução social, e foram deflagradas por operários metalúrgicos, garis, da construção civil, petroleiros, bancários, terceirizados, trabalhadores da saúde, professores e servidores das universidades públicas federais, estaduais e municipais, servidores públicos. Muitas categorias passaram por cima das direções (como as dos sindicatos de terceirizados) e da CUT (petroleiros) e se organizaram para greves econômicas e políticas. Em todo período as ocupações de terras, mobilizações por moradia e ocupação de fábricas falidas, com auto-organização dos operários, demonstraram o caráter explosivo das lutas.

Os indígenas e os quilombolas deram continuidade às reivindicações pela demarcação de áreas sob forte repressão advinda de fazendeiros, do agronegócio, das mineradoras. Movimentos contra a privatização da saúde, da educação, pelos direitos das(os) lésbicas, *gays*, bissexuais, travestis, transexuais (LGBTT), contra o racismo e genocídio da população negra e pobre dos morros e periferias das cidades, movimento e luta das mulheres, contra a criminalização dos movimentos sociais ocorreram em mobilizações generalizadas, em um processo de retomada das lutas dos trabalhadores.

As medidas neoliberais foram mais incisivas no segundo governo Dilma, e os ajustes fiscais, em 2015 e 2016, recaíram sobre cortes nos programas sociais de saúde, educação, habitação, no reajuste de servidores federais, de subvenção agrícola, suspensão de concursos públicos, ampliação da idade para aposentadoria, eliminação do abono de permanência para garantir a meta do superávit primário de 0,7% do PIB em 2016, com ataques aos trabalhadores e sequer na taxação de juros bancários às grandes empresas. Foi implantado o Programa de Proteção ao Emprego (PPE), que, na prática, é de proteção aos empresários ao prever menor número de horas trabalhadas com redução de salários. Ocorreu a promulgação dos Decretos n. 664 e n. 665, que restringiram o auxílio-pensão por morte em 50% de seu valor; o prazo do seguro-desemprego, a partir de seis meses trabalhados, foi ampliado para um ano, que com o aumento da rotatividade no emprego é inviabilizado; foi retirado o programa social Bolsa Família por ocasião do seguro-defeso, atribuído aos pescadores profissionais que exercem suas funções de forma artesanal e que paralisam suas atividades em um período determinado para preservação da espécie. As medidas recaíram sobre a classe trabalhadora; a CUT negociou com o governo o PPE, e a CONLUTAS e a Intersindical se opuseram a essas nefastas medidas, impulsionando um conjunto de mobilizações. Em 18 de setembro de 2015 ocorreu uma expressiva Marcha Nacional a Brasília, coordenada por 40 entidades do movimento sindical, social e popular contra o ajuste fiscal, que contou com 15 mil trabalhadores de todo o país.

O mote da "Pátria Educadora", utilizado no discurso de posse da presidente Dilma, se concretizou pela ampliação do recurso público à iniciativa privada, em financiamento para o FIES e o PROUNI, para os quais foram repassados 30 bilhões em 2014. A política da educação superior se apoiou em alguns parâmetros que estão sendo incorporados pelas IESs do país: competitividade, empreendorismo, mobilidade internacional, destacando a universidade no desenvolvimento econômico e social, internacionalização no ensino superior em que ocorre o crescimento do interesse do capital pela educação (Vidal, 2016).

Em junho de 2013, um movimento explosivo, de massas, se desencadeou na conjuntura nacional, com grandes mobilizações impulsionadas pela juventude que tomaram as ruas do país, na luta pela redução da tarifa dos transportes — a partir do Movimento Passe Livre (MPL) —, em São Paulo, que na sequência se alastraram pelo país, somadas por jovens empobrecidos das periferias dos centros urbanos na luta contra a alta do custo de vida, o desemprego, a precarização do trabalho, de serviços de educação, saúde, habitação e transporte. A polícia agiu com a truculência da ditadura militar, nos governos do PSDB e do PMDB, nos estados, e o PT fez coro com o autoritarismo. Entre 13 e 20 de junho de 2013, cerca de 12 prefeitos de capitais e cidades do interior reduziram o preço do transporte; jovens e trabalhadores de mais de cem cidades fizeram grandes mobilizações, bloqueio de estradas e quase um milhão de pessoas ocuparam as ruas, em sucessivos dias, de norte a sul do país. A rede Globo e grande parte da imprensa foram ao ar para enfatizar que as mobilizações deveriam ser apartidárias para minar, neutralizar a possibilidade de politização dos manifestantes para a luta anticapitalista. O movimento de massas foi heterogêneo, difuso, mas havia um sentimento generalizado de descontentamento com a precarização das condições de vida e de trabalho, e um descrédito significativo em todos os partidos da oficialidade; inúmeras vezes nas mobilizações as pessoas chegaram a reagir contra as bandeiras vermelhas, dos partidos e organizações de esquerda, por identificá-las com o PT, partido no governo federal. Os gastos com a Copa do Mundo, de 28 bilhões, em detrimento dos recursos com educação, saúde, transporte, habitação, reforma agrária, foram denunciados e geraram grandes mobilizações em 2014, com forte repressão e criminalização aos movimentos sociais.

Em 2015 e 2016, expandiu-se, ainda, um grande movimento de estudantes secundaristas com ocupação das escolas em defesa da educação pública e da merenda escolar. No estado de São Paulo, ocorreu a luta contra a reorganização educacional imposta pelo governo Alckmin, do PSDB, que precarizava ainda mais o ensino. As ocupações se estabeleceram em vários estados: São Paulo, Rio de Janeiro, Goiás, Paraná, Pará, Ceará, Minas Gerais, com auto-organização de estudantes, o que demonstrou a capacidade de luta acrescida da constituição de frentes de apoio e solidariedade ativa às ocupações.

As lutas de resistência da classe trabalhadora e da juventude com greves, mobilizações de rua, ocupação de terras, fábricas e escolas se mostraram intensas contra a exploração econômica, dominação política e opressão social. Essas lutas se alastraram por vários estados e tiveram enfrentamento com os governos estaduais e municipais, conservadores e reacionários, do Partido da Social Democracia Brasileira (PSDB) e do Partido do Movimento Democrático Brasileiro (PMDB), este último com aliança em todos os governos. A criminalização dos movimentos sociais se ampliou pela aprovação da lei antiterror, sancionada em 2016, pela presidente Dilma.

6. O Governo Golpista de Michel Temer

6.1 O contexto do golpe

Mediante a baixa popularidade do governo Dilma Rousseff, em 2016, que chegou a 65% de reprovação, por suas medidas antipopulares de ajuste fiscal e quebra de direitos, a direita encontra um solo propício para dar o golpe parlamentar que destrói a soberania das urnas que elegeu a presidente Dilma Rousseff, com 54 milhões de votos, e é deposta sem crime de responsabilidade. O golpe é também midiático, em consonância com os banqueiros, com a FIESP, sob a égide do imperialismo norte-americano. Embora em oposição ao governo de conciliação de classes do PT, pela continuidade de sua política a serviço do capital, nos posicionamos contra o *impeachment* por não haver crime de responsabilidade, passar por cima da democracia e legitimidade das urnas, o que o caracterizou como um golpe. Michel Temer, partícipe do golpe e vice-presidente, assumiu a presidência da República com a função de implantar, com celeridade, o ajuste fiscal e as medidas de destruição dos direitos sociais; as efetivadas no governo Dilma não foram consideradas suficientes pelo capital.

O Congresso Nacional, instaurado em 2014, foi considerado o mais reacionário dos últimos 50 anos, sendo superado somente em 2018, em que assume expressivamente no país a extrema-direita, juntamente com o governo do capitão reformado Jair Bolsonaro. A composição hegemônica do Congresso, em 2014, propiciou o golpe impetrado em 2016 que fora impulsionado, entre outros, pelo deputado líder da Câmara, Eduardo Cunha, do PMDB, que somente foi afastado do cargo em 5 de maio de 2016 por corrupções anteriores, o que permitiu que presidisse a famigerada sessão do dia 17 de abril de 2016 de abertura do *impeachment* contra a presidente Dilma Rousseff.

O golpe institucional parlamentar estava em curso desde dezembro de 2015, ocasião em que o PSDB entrou com recurso para impugnar, indevidamente, o resultado das eleições, consagrado a Dilma Rousseff. O golpe atendeu aos interesses da burguesia, do grande empresariado, da Federação das Indústrias do Estado de São Paulo (FIESP), da oposição de direita representada pelo PSDB e PMDB, sendo o último, até as vésperas do golpe, coligado ao governo Dilma, de partidos menores de direita a eles aliados, da grande mídia, da rede Globo, dos jornais e revistas de grande circulação, do agronegócio, da Polícia Federal, do Ministério Público, da OAB, do Movimento Brasil Livre (MBL), de direita sustentado pelos institutos liberais internacionais. Frente a um governo enfraquecido, articularam-se, interna e externamente, para manter-se no poder em defesa de seus interesses de classe a serviço do capital nacional e internacional, agora, sob a direção da direita, via *"golpe institucional"*. O PSDB, não satisfeito por ter perdido a eleição presidencial, articulou o *impeachment* a partir de uma manobra de Eduardo Cunha e Michel Temer, vice-presidente da República, ambos do PMDB, partido presente em todos os governos, com seu oportunismo e fisiologismo. Importante destacar que 70% dos parlamentares que aprovaram a admissibilidade do impedimento, sem crime de responsabilidade, estão altamente comprometidos com a corrupção. Na tarde e noite de 17 de abril de 2016, a farsa se concretizou por meio das intervenções dos(as) deputados(as) agradecendo à família, à religião, a Deus, à maçonaria, aos evangélicos, em um obscurantismo absoluto. Os parlamentares mais reacionários prestaram suas homenagens à ditadura militar e aos torturadores, caso de Jair Bolsonaro, além das críticas homofóbicas ao direito da livre orientação sexual, e sequer apresentaram argumentação referente à pauta, de existência ou não de crime de responsabilidade. Presenciamos *"um filme de horror"* instaurado sob o cretinismo parlamentar, como nos alertava Lenin. Votaram pelo *impeachment* 367 deputados de partidos de direita, PMDB, PSDB, PPS, DEM, PP, PSB, PTB, PV, além de partidos menores fisiologistas e da Rede de Marina Silva. Vale notar que grande parte desses partidos foi base de apoio e coligação do governo Dilma, até selar o compromisso com o golpe de Estado. Votaram contra o golpe 137 deputados(as) do PT, PCdoB, PSOL, PDT e PR (parte), além de um ou outro voto desgarrado do partido, sete abstenções e duas ausências. O processo de admissibilidade foi aberto e seguiu para o Senado que, em 31 de agosto de 2016, por 61 votos a favor e 20 contrários, na mesma base da composição política da câmara, afastou a presidente Dilma Rousseff, assumindo o golpista usurpador Michel Temer, instaurando-se um verdadeiro Estado de exceção no país (Abramides, 2019).

6.2 O período golpista — 2016 a 2018

Michel Temer assumiu a presidência da República e, com celeridade, encaminhou ao Congresso Nacional medidas de destruição brutal das conquistas trabalhistas, como a terceirização e a contrarreforma trabalhista que foram aprovadas; a da previdência permaneceu em tramitação no Congresso Nacional durante seu mandato, além de acelerar a tramitação de 55 projetos de lei contra os trabalhadores. A denominada *"ponte para o futuro"* propagada por Michel Temer se confirmou como *"ponte para o abismo"*. Em dois anos de seu desgoverno usurpador, o país retrocedeu ao período anterior da aprovação da Consolidação das Leis Trabalhistas (CLT), dos anos 30 do século passado, que haviam sido ampliadas com a Constituição de 1988, cujas medidas garantidas por lei vão sendo desconstitucionalizadas. A PEC n. 241, conhecida como *PEC da morte*, foi sancionada em 15 de dezembro de 2016 como Emenda Constitucional n. 95, que alterou a Constituição de 1988 ao instituir o Novo Regime Fiscal ou o Teto dos Gastos Públicos, congelando por 20 anos o orçamento para áreas sociais, como saúde, educação e assistência social, para o pagamento da dívida pública contraída pela classe dominante e retirada do direito da população para o atendimento de serviços públicos essenciais (Abramides e Marconsin, 2019).

6.2.1 A contrarreforma trabalhista

Esta contrarreforma instituiu as bases da destruição das conquistas dos trabalhadores e foi aprovada como Lei n. 13.429, sancionada pelo presidente Temer, em 11 de novembro de 2017, que estabeleceu: a) o negociado sobre o legislado; b) a terceirização irrestrita em que todas as atividades, meio e fim, poderão ser terceirizadas; c) o trabalho intermitente, que amplia a precarização do trabalho sem garantia de salário fixo; d) rescisão de contrato de trabalho retirando a exigência de que a homologação seja feita pelo sindicato ou na delegacia regional do trabalho, o que permite ampliar abusos e o não pagamento de direitos; e) jornada 12 x 36, que estabelece 12 horas de trabalho seguidas de 36 horas de descanso contrariando a Constituição, posto que, a partir da 8ª hora de trabalho, os trabalhadores não recebem hora extra, alegando que serão recompensados com o descanso posterior; f) novas regras para a Justiça do Trabalho, em que são dificultadas as entradas de ações trabalhistas; g) acordos individuais realizados sobre parcelamento de férias, banco de horas, jornada de trabalho e em escala (12 x 36), quebrando acordos coletivos, o que aumenta o assédio no trabalho, o constrangimento, a insegurança, em total desregulamentação das relações de trabalho; h) trabalho *home office* que se refere à remuneração do trabalho feito em casa; i) representação: os trabalhadores não precisam ser sindicalizados.

6.2.2 A terceirização

Uma das medidas mais destruidoras das relações de trabalho é a da terceirização, sendo cada vez mais dramática a situação dos trabalhadores terceirizados no Brasil. Em 1995, no governo de Fernando Henrique Cardoso (FHC), havia um milhão e oitocentos mil trabalhadores terceirizados; em 2005, no segundo ano do primeiro governo Lula, havia quatro milhões e cem mil trabalhadores terceirizados, o que significou 127% de aumento; em 2013, no primeiro governo de Dilma Rousseff, os dados são de 12 milhões e 700 mil, o que corresponde a um aumento de 217%; e no governo Temer atingiu 13,4 milhões. Essa lógica é parte das medidas internacionais do grande capital sobre o trabalho, a qual os empresários seguem à risca para continuar acumulando capital. Em 2016, dos 45 milhões de trabalhadores assalariados existentes, 12,7 milhões eram terceirizados e a proposta é a de transformar mais 32,3 milhões contratados também em terceirizados com a terceirização aprovada. De acordo com os índices do Departamento Intersindical de Estatística e Estudos Socio-Econômicos (DIEESE), os trabalhadores terceirizados recebem 24,7% a menos que os contratados; trabalham, em média, 47 horas semanais, 7,5% a mais do que os contratados; permanecem menos tempo no emprego, 2,7 anos contra 5,8 anos dos contratados; a média de rotatividade dos terceirizados é de 64,4% contra 33,0% dos contratados, o que significa o dobro de rotatividade; 90% dos trabalhos análogos à escravidão os envolvem; a maioria dos trabalhadores terceirizados é composta por jovens, negros, mulheres, por pessoas lésbicas, *gays*, bissexuais, travestis, transgêneros, transexuais (LGBTT) e por pessoas aposentadas, que tentam complementar suas pequenas aposentadorias; entre os trabalhadores que exercem a mesma função, as mulheres percebem menores salários que os homens, e as mulheres negras são as últimas na escala salarial; de dez trabalhadores que sofrem acidentes de trabalho, oito são terceirizados. Em 2014, 2.794 pessoas morreram por acidente de trabalho; 14.837 se tornaram incapacitadas para o trabalho; e ocorreram 737.378 acidentes de trabalho e, destes, 90% eram terceirizados.

O projeto aprovado da terceirização no governo Temer em 31 de março de 2016, que se transformou na Lei n. 13.429, ainda prevê a perda ou redução de direitos como a licença-maternidade, a licença-paternidade e o abono assiduidade. Em relação aos trabalhadores, 50% dos terceirizados são jovens; em janeiro de 2016, 19,8% desta população se encontrava desocupada e 20%, desempregada, o que expressa um quadro avassalador. Em 2018, o número de desempregados estava em 13 milhões e 400 mil, taxa que pode ser superior se acrescida dos desalentados que deixaram de procurar trabalho. A previsão com a lei da terceirização aprovada em 2017 é que, em 2022, 75% dos trabalhadores serão terceirizados, em uma situação destrutiva crescente e desoladora para o conjunto da classe trabalhadora.

O sindicalismo classista expresso na Coordenação Nacional de Lutas (CONLUTAS) e na Intersindical se contrapôs a todas as formas de terceirização, nas atividades-meios e fins. A CUT e a Central de Trabalhadoras e Trabalhadores do Brasil (CTTB) são contrárias às terceirizações das atividades-fins, mas apoiam as medidas para regulamentar as atividades-meios. O projeto aprovado em 2017 pretende terceirizar todas as esferas da economia, setores público e privado, o que colocará toda a classe trabalhadora no processo demolidor das relações de trabalho.

6.2.3 A contrarreforma previdenciária

A contrarreforma previdenciária do governo de Michel Temer em tramitação no Congresso Nacional[7] é mais um ataque brutal à classe trabalhadora.

---

7. Quando este livro foi escrito, a reforma atual da previdência não tinha sido ainda aprovada.

Sob o argumento falacioso do déficit da previdência, impõe aos trabalhadores o ônus da crise do capital. A previdência teve em 2015 um superávit de 11,2 bilhões de reais, seguida de anos anteriores também de superávit, fruto da contribuição compulsória de 8% de recolhimento mensal dos trabalhadores assalariados ou autônomos para a previdência. As empresas e os bancos acumularam uma dívida com a União ao não repassarem a porcentagem do que lhes é devida; de outro lado, o Estado nas várias esferas (municipal, estadual e federal) também não recolheu, em grande parte, o que é de sua responsabilidade; assim o déficit público é causado pelas empresas, bancos e pelo próprio Estado que não repassam o recurso devido à previdência social.

Os governos anteriores de FHC, Lula e Dilma fizeram contrarreformas da previdência pública e, desde os anos 1990, vêm sendo retirados direitos previdenciários, a saber: o aumento do tempo de contribuição e da idade para a aposentadoria, a restrição de benefícios especiais adquiridos e, praticamente, inviabilizaram a aposentadoria integral. A contrarreforma em tramitação no governo Temer amplia ainda mais a destruição de direitos ao colocar milhões de trabalhadores com cobertura mínima e outros tantos sem cobertura alguma em face da ampliação do desemprego estrutural, da avassaladora ameaça da terceirização generalizada e do forte avanço da previdência privada, que venderá seus planos privados aos trabalhadores. Para obter aposentadoria integral, o(a) trabalhador(a) deverá recolher para a previdência durante 49 anos, com o tempo mínimo de 65 anos para se aposentar, com um mínimo de 25 anos de contribuição na aposentadoria proporcional. No setor privado, há casos em que é possível o trabalhador se aposentar aos 60 anos, no caso dos homens, e 55 no caso das mulheres, desde que o tempo de contribuição atinja 30 anos para as mulheres e 35 anos para os homens. Se for aprovada essa contrarreforma haverá uma idade mínima de 65 anos, chegando a 70 anos para futuras gerações. A situação das mulheres é ainda mais alarmante; o governo ignora a realidade da grande maioria das mulheres que possuem duplas ou triplas jornadas de trabalho. Esta situação torna-se mais dramática para as mulheres negras que se encontram na base da pirâmide social, com piores salários e muitas vezes sem direitos trabalhistas garantidos, e para os deficientes as restrições serão maiores do que as atuais. As pensões serão reduzidas para 50%, com acréscimo de 10% por dependente até o limite de cinco filhos para todos os segurados (INSS e serviço público), sem poder acumular outra aposentadoria ou pensão. O benefício de prestação continuada (BPC), hoje voltado às pessoas com pouca renda, com deficiências ou idosos, será reajustado apenas pela inflação, desvinculado do reajuste do salário mínimo. Os servidores públicos que hoje possuem regras próprias para a aposentadoria seguirão as mesmas regras gerais (Leite, 2017; Abramides, 2019; Cabral, 2019).

6.2.4 Projetos de lei, decretos-lei e ajuste fiscal

De acordo com o Departamento Intersindical de Assessoria Parlamentar (DIAP), tramitam no Congresso Nacional 55 projetos de destruição dos direitos e conquistas históricas dos trabalhadores; desses, 25 estão em andamento desde 2013, ou seja, em torno de quase 50%, e os outros em torno de 50% são dos períodos anteriores. As ameaças desses projetos se referem à regulamentação de leis e emendas já aprovadas e outras a serem aprovadas, como: regulamentação da terceirização para atividades-meios e fins; retirada do direito de greve do trabalhador em serviço público; alteração da CLT com a prevalência do *"negociado sobre o legislado"*; redução da jornada de trabalho com redução de salário; redução da idade de 16 para 14 anos para inserção em regime parcial no trabalho; inviabilizar que o trabalhador demitido reclame direitos na Justiça do Trabalho; trabalho intermitente por dia e hora com prestação descontínua de serviços; extinção da multa por demissão sem justa causa; regulamentação do conceito análogo ao trabalho escravo; instituir contrato de trabalho de curta duração; ampliação da jornada aos trabalhadores rurais para 12 horas com a possibilidade de mais duas horas extras, sendo que atualmente já se contabilizam 10 horas; suspensão do contrato de trabalho; estabelecimento do Simples Trabalhista ao criar outra categoria de trabalhador com menos direitos; deslocamento e retorno do empregado até o local de trabalho não integrará a jornada de trabalho, logo, se houver acidente no percurso ou morte, os trabalhadores estarão descobertos de direitos; extinção do abono permanência.

Outras medidas de avanço da privatização e interferência em direitos sociais, de gênero, etnia e orientação sexual também estão previstas nesses ataques, como: restrição na demarcação das terras indígenas; alteração do Código Penal sobre a questão do aborto, criminalizando ainda mais as mulheres e profissionais da saúde; instituição do Estatuto da Família; retrocesso para LGBTTs e mulheres, pelo não reconhecimento desses grupos como família, ficando fora do alcance das políticas do Estado; instituição do estatuto do nascituro que ameaça os direitos reprodutivos das mulheres, inviabilizando inclusive o aborto previsto no Código Penal; aumento do tempo de internação de adolescentes no sistema socioeducativo; retirada do termo gênero do texto das políticas públicas; fim da exclusividade da Petrobras na exploração do pré-sal e que seja feita sob o regime de concessão. Cabe ainda registrar a avalanche de privatizações do governo Temer, que em 2018 apresentou 75 projetos em um verdadeiro *leilão* entreguista, entre esses os terminais portuários, ferrovias, aeroportos, energia, a maior delas a Eletrobras, estatais, Casa da Moeda, loterias, em uma submissão desenfreada ao capital internacional.

6.3 As lutas de resistência contra o governo Temer e suas medidas

A resposta dos trabalhadores frente a esses ataques se materializou por mobilizações e passeatas, barricadas, paralisação do trabalho em várias categorias, em 15 de março de 2017 e 31 de março de 2017, e pela deflagração da greve geral em 28 de abril de 2017, sendo a maior greve, qualitativa e quantitativamente, ocorrida no país, com paralisação de 35 milhões de trabalhadores, organizada por sete centrais sindicais, interferindo na produção e na circulação; porém, uma greve de um dia não seria suficiente para pôr abaixo o governo Temer.

Em 24 de maio de 2017, 150 mil trabalhadores estiveram no "Ocupa Brasília" na luta contra o governo Temer e suas contrarreformas, em que as entidades representativas da categoria e um número significativo de profissionais assistentes sociais se fizeram presentes. A manifestação sofreu forte ataque policial com prisões, pessoas feridas, semelhante à repressão realizada no período da ditadura militar. Como se não bastasse, o presidente golpista assinou um decreto que punha as forças armadas em prontidão, até 31 de maio de 2017, em um verdadeiro estado de sítio. No dia 25 de maio de 2017, mediante muita pressão, por todos os lados, acabou por retirar o decreto. As centrais sindicais aprovaram uma nova greve geral para 30 de junho de 2017, porém foi bem menor que a de 28 de abril de 2017, pelo fato de a maioria das centrais sindicais pelegas, em particular a Força Sindical, ter feito acordo com o governo na tentativa de manutenção do imposto sindical. Por outro lado, a CUT se organizou para a candidatura de Lula para presidência da República, em 2018, e não impulsionou a greve, voltando-se centralmente ao processo eleitoral. Essa concepção politicista com ilusões na institucionalidade, na política de conciliação de classes, esteve presente entre os movimentos sociais com direções petistas com a ideia de que bastavam mobilizações junto ao parlamento para evitar o *impeachment* e as contrarreformas, e não centraram forças na mobilização para greves massivas.

A maioria dos sindicatos de trabalhadores proletários encontra-se filiada à CUT ou à Força Sindical. A segunda, como sabemos, é uma central sindical que sempre fez acordo com todos os governos neoliberais, aliada ao governo golpista. Depois da greve de 28 de abril de 2017, a Força Sindical e a União Geral dos Trabalhadores (UGT), também de apoio ao governo situacionista, passaram a colaborar com Temer, na esperança de obter uma concessão quanto ao imposto sindical ameaçado. A CUT e a CTTB foram oposicionistas ao governo Temer, mas jogaram suas táticas na pressão junto ao parlamento e acabaram desmarcando a greve geral prevista para 5 de dezembro de 2017 contra a reforma da previdência. A avaliação destas centrais partiu da premissa de que Temer não teria base para aprovar a reforma da previdência, posto que os parlamentares estavam de olho nas eleições de 2018. O fato de esta manobra ocorrer não poderia desmobilizar a classe e seu potencial de luta, demonstrado fortemente na greve geral de 28 de abril de 2017. Essas concepções hegemônicas do movimento sindical do adiamento da reforma da previdência apresentaram a ilusão de que um *"governo eleito"* em 2018 viesse a alterar o rumo dessa contrarreforma. Basta lembrar que as contrarreformas da previdência já ocorreram nos governos de FHC, Lula e Dilma e a contrarreforma de Temer, ainda mais drástica, em curso, aprofundada pelo governo Bolsonaro.

Somente a classe em luta, com ação direta, em greves gerais, teria possibilidade de barrar e derrubar as contrarreformas. O dia 5 de dezembro de 2017 foi marcado por protestos e algumas categorias grevistas, independentemente das centrais sindicais majoritárias. Temer contou, de um lado, com a disposição da Força Sindical e da UGT de negociar a reforma trabalhista e, de outro, com a preocupação da CUT em levantar o PT como oposição; ambas as ações se constituíram em uma trava ao levante das massas contra o governo Temer isolado que já era, considerado o mais impopular da República, obtendo em junho de 2018 uma reprovação de 82% percentuais. Em 2018, porém, continuaram as lutas e ocupações de terra, greves por categorias, entre elas a dos caminhoneiros que se chocou com as medidas econômicas do governo Temer da alta do preço do diesel. Em que pese o caráter híbrido de interesses dos proprietários de transportes, há entre eles um conjunto de pequenos proprietários caminhoneiros que podiam chegar à penúria e recorreram ao bloqueio das estradas para a redução imediata do preço do diesel, gasolina e gás de cozinha; a eles se juntaram mobilizações de apoio, acrescidas da greve dos petroleiros que foi ameaçada com o pagamento de multas altíssimas, que os fez recuar.

A disposição de luta da classe trabalhadora demonstrada na greve geral possibilitou a presença da classe operária e de outras categorias de trabalhadores contra as medidas antipopulares e antinacionais do governo Temer. Os dois anos de golpe significaram um tormento para os explorados, mas, de outro lado, a perspectiva de *conciliação de classes,* dos governos do PT, também se constituiu em freio para a luta de classes.

A corrupção, característica do capitalismo, veio à tona nos dois anos de golpe de direita, desnudou grandes grupos empresariais, banqueiros, parlamentares e governantes nos diferentes partidos de direita, marcadamente PMDB e PSDB e seus satélites, e de oposição, na política de conciliação de classes do PT; partidos que se alternaram no poder desde 1989 até 2018. A intervenção militar no Rio de Janeiro e a suspensão da votação da reforma da previdência, em 2018, demarcaram uma mudança na situação política. O governo usurpador de Temer avançou na militarização e centralização autoritária, criou o Ministério Extraordinário da Segurança Pública que amplia a intervenção do Estado na vida social; na militarização da política e fortalecimento do Estado policial, que refletem a brutal polarização social entre a minoria burguesa e a ampla maioria oprimida. Em 14 de março de 2018, Marielle Franco, mulher negra, vereadora do Partido Socialismo e Liberdade (PSOL), defensora dos direitos humanos, com investigação sistemática contra as milícias e a ação violenta da polícia, foi brutalmente assassinada, juntamente com seu motorista, Anderson Silva, no centro do Rio de Janeiro. É fundamental rechaçar a intervenção militar no Rio de Janeiro e os assassinatos de Marielle e Anderson que, até um ano após seus extermínios, não tinham sido apurados neste estado de exceção que assolou o país.

Temer e seus aliados se organizaram para as eleições, e a prisão de Lula em 6 de abril de 2018 é parte e consequência do golpe de Estado que derrubou o governo petista. Sabemos que a corrupção não será combatida pela Lava Jato, um instrumento básico da classe dominante, e a prisão do ex-presidente é meramente política; rechaçar a prisão de Lula não significa, de maneira alguma, se alinhar à política do PT, e sim lutar pela democracia política. Nesse sentido, desde o primeiro momento, nos colocamos na defesa de sua libertação imediata e seria necessário organizar a resistência para sua soltura, porém, mais uma vez, o PT e seus aliados depositaram confiança no judiciário quando este já estava decidido pela prisão de Lula; isto se evidenciou na sessão do Supremo Tribunal Federal que votou contra o pedido de *habeas corpus*. Até a conclusão deste livro, Lula permanecia preso e não haviam sido responsabilizados os mandantes da execução de Marielle Franco e Anderson da Silva.

As massas ainda não concluíram sua experiência política com o PT, e Lula terminou seu segundo mandato com 80% de aprovação. A situação econômica mais favorável em seu governo, a volta dos empregos, os reajustes de salário mínimo acima da inflação, os programas sociais Bolsa Família e PROUNI deram uma fisionomia distinta a seu governo dos demais governos burgueses. A caça da Lava Jato ao PT se traduziu na seletividade dos processos para eliminar Lula. A ordem do capital financeiro é a de que as eleições devem ser controladas, o PT deve ser anulado, e aí na figura de Lula, seu expoente máximo, com chances absolutas de vencer as eleições de 2018, estava preso. Os setores de classe média que se colocaram favoravelmente ao *impeachment*, devido à propaganda avassaladora da direita contra o governo de Dilma Rousseff, se viram, posteriormente, desacreditados do governo Temer. Também sofreram com a alta do custo de vida, perda de postos de trabalho, desemprego e se encontraram paralisados, até uma nova investida da direita que os convenceu a votarem no capitão reformado do exército, Jair Bolsonaro, em 2018; posto que são altamente influenciados pela ideologia burguesa, dominante, pela propaganda dos meios de comunicação de massa.

Ao capital, nesta etapa de desenvolvimento histórico do capitalismo, interessa investir na direção de um futuro governo de continuidade da programática instaurada pelo Estado de exceção do governo Temer. Por outro lado, a onda eleitoral foi crescente no segundo semestre de 2018; mesmo com uma frente democrática para combater as tendências fascistas, esteve centrada e comprometida com a corrida eleitoral e aprofundando a política de conciliação de classes. Predominou o caráter antidemocrático das eleições presidenciais e as grandes massas recuadas diante dessa conjuntura vilipendiadora e sem uma direção clara de oposição ao capital e à barbárie; mediante a ofensiva da direita, foi eleito um presidente protofascista.

Há uma descrença generalizada nas instituições burguesas em decomposição, porém o campo de esquerda, na perspectiva de autonomia e independência de classe, não conseguiu se construir como uma frente classista para impor um programa anticapitalista que disputasse a consciência das massas mediante ação direta, na perspectiva de que os explorados e oprimidos tomassem para si a luta contra a burguesia e a ditadura civil entreguista.

Penso ser necessário avançar em um patamar superior de lutas a ser preparado desde a base, nos locais de trabalho, nos comitês, nos bairros, nas fábricas, nas escolas, nos movimentos sociais. Dar continuidade à luta pela construção de uma frente única anti-imperialista, anticapitalista, classista, com autonomia e independência de classe sob as bandeiras de: abaixo a contrarreforma da previdência; revogar a lei da contrarreforma trabalhista, da terceirização, a lei do congelamento dos gastos públicos; reestatização das empresas privatizadas, que se aprofundam com o governo de Bolsonaro.

CAPÍTULO V

Os anos 1990 e os primeiros 18 anos do século XXI:
desafios para o projeto ético-político profissional do serviço social brasileiro

O capítulo V trata dos desafios do projeto profissional hegemônico de ruptura com o conservadorismo, na continuidade de sua autonomia em relação aos partidos, ao governo e ao patronato, dos anos 1990 aos primeiros 18 anos do século XXI. O *PEP* consolidado reafirma sua perspectiva teórica e de práxis profissional para apreender as determinações emanadas pelo capital, com os avassaladores ataques aos trabalhadores em todas as esferas da vida social e, por outro lado, exterioriza os desafios postos à classe trabalhadora no enfrentamento contemporâneo da barbárie.

1. Caracterização do Período

Este período, na profissão, pode ser compreendido pelo aprofundamento da teoria social, no legado marxiano e na tradição marxista, pelo amadurecimento acadêmico-profissional, pelo avanço na produção teórica e de sistematização do conhecimento, pela organização da categoria nos marcos da ruptura com o conservadorismo, na luta pela conquista e manutenção da hegemonia, pelas experiências inovadoras socioprofissionais articuladas às demandas e reivindicações populares, com determinações substantivas na conformação do Projeto Ético-Político Profissional (*PEP*), assim denominado nos anos 1990, e de sua preservação. A maturidade e os arcabouços teóricos e de práxis profissional alcançados se delineiam no lastro das conquistas obtidas no processo de ebulição e vigor político do final dos anos 1970 e anos 1980, em que as assistentes sociais se reconheceram como parte da classe trabalhadora e se inseriram em suas lutas. O ponto de partida, para compreender a conjuntura a partir da década de 1990, supôs apresentar macroanálises sócio-histórica, econômico-política e ideocultural em esfera internacional, que incidiram e incidem na conjuntura do país pelo capital internacionalizado em sua fase de financeirização, com medidas destrutivas aos trabalhadores para recuperar sua acumulação.

Essas determinações estruturais e conjunturais recaem sobre a profissão e sobre o profissional de Serviço Social, em sua inserção na divisão sociotécnica do trabalho em sua condição de assalariamento. Configura-se o agravamento das múltiplas expressões da "Questão Social", base sócio-histórica da requisição da profissão, em um processo de hegemonia do capital financeiro, determinado pelos interesses do grande capital na internacionalização da economia (Chesnais, 1996) em tempos de capital fetiche (Iamamoto, 2007).

> Não se pode imaginar um sistema de controle mais devorador (que atrai tudo para si) e, nesse sentido totalitário, que o sistema capitalista globalmente dominante. Porque este, simultaneamente, sujeita a saúde não menos que o comércio, a educação, não menos que a agricultura, a arte, não menos que a indústria manufatureira, aos mesmos imperativos, cruelmente superimpondo a tudo seu próprio critério de viabilidade, desde as menores unidades de seu microcosmo aos mais gigantescos empreendimentos internacionais, e das relações pessoais mais íntimas aos mais complexos processos de tomadas de decisões dos monopólios de decisões sempre favorecendo o forte contra o fraco [...] (Mészáros, 1995, p. 41).

Como analisamos nos capítulos anteriores, tivemos no Brasil neste período situações bastante diversas a partir da democratização do país, em que o neoliberalismo foi uma constante em partidos social-democratas, democrático-populares, de direita e de extrema-direita. Sem dúvida com diferenciações em seu interior, também aqui tratadas. De outro lado, "o conservadorismo não é assim apenas a continuidade e persistência no tempo de um conjunto de ideias constitutivas da herança intelectual europeia do século XIX, mas de ideias que, reinterpretadas, transmutam em uma ótica de explicação e em projetos de ação favoráveis à manutenção da ordem capitalista. Isso aproxima os pensamentos conservador e racional, apesar de suas diferenças do mesmo projeto de classe para a sociedade" (Iamamoto, 1992, p. 23). Este entendimento supõe apreender que no movimento da sociedade disputam projetos societários distintos, e que o próprio conservadorismo se revela em neoconservadorismo, acentuadamente após o neoliberalismo que se expande em nosso continente latino-americano a partir dos anos 1990, em que as ideias e representações do mundo, a ideologia, mas também os domínios econômico, político e social tornaram-se hegemônicos internacionalmente (Rosas, 2019). Como vimos, isso somente se tornou possível devido ao conjunto de crises que se sucederam: da social-democracia e sua capitulação ao neoliberalismo, de alinhamento às políticas do capital financeiro, a crise do "socialismo real existente", a crise da esquerda e da ilusão politicista, o ressurgimento da direita e extrema-direita na esfera planetária e que, *apesar das lutas de resistência dos movimentos sociais*, não há programas e partidos revolucionários que possam auxiliar a romper a lógica demolidora do capital.

Neste capítulo, pretendo tratar de algumas das múltiplas e complexas questões que se relacionam ao *PEP* para abrir uma discussão fecunda com outros(as) pesquisadores(as), profissionais, militantes e dirigentes que possam questionar, polemizar, e também trazer novos elementos aos debates anunciados, bem como trazer questões fundamentais que se abriram, em 2019, com o surgimento da extrema-direita em nosso país, que não foram tratadas neste livro, mas que as análises nele contidas podem auxiliar na apreensão do momento e pensar perspectivas futuras. Neste último capítulo, expresso alguns desafios postos ao *PEP* pelo fato de suas direções, historicamente, estabelecerem uma vinculação com o Partido dos Trabalhadores (PT), que sofre *transformismos em seu evolver*, e quais são os desdobramentos daí decorrentes; de outro lado, contextualizo no interior do *PEP* algumas polêmicas, embates e lutas travadas na direção da resistência de nosso *PEP* no passado, no presente e para que *tenha futuro*.

2. A Relação Histórica das Direções da Categoria Profissional com a Trajetória Petista: a Questão da Autonomia Profissional e das Entidades de Organização da Categoria

Busco problematizar os desafios advindos de uma relação histórica das direções da categoria profissional com a trajetória petista, por mais de 20 anos, e que se depara com um governo que adere ao neoliberalismo:

> Caminhos e descaminhos que isenta e objetivamente, há que identificar como entrecruzados com a trajetória petista [...]. Mais mediatizada, esta relação entre os avanços profissionais e o percurso do PT manteve-se na década de 90 — precisamente a década em que a base documental fundante do projeto ético-político aparece formulada por inteiro (refiro-me ao conjunto constituído pelo Código de Ética, pela Lei de Regulamentação do exercício profissional e pelas Diretrizes Curriculares para a formação acadêmica), e se manteve, igualmente, uma forte identificação entre lideranças profissionais, acadêmicas inclusive, e militância partidária... Este enlace, tão profundo, agora experimenta a sua hora da verdade: qual a atitude das vanguardas que lutaram por quase duas décadas e que conquistaram a hegemonia no campo profissional com o projeto ético-político, vanguardas cujos membros (profissionais "de campo", docentes pesquisadores, estudantes) foram ou são militantes petistas — qual a sua atitude quando o PT implementa uma prática governamental que colide essencial e francamente com a programática política (agora claramente demarcada da prática partidária) proposta no projeto profissional (Netto, 2004a, p. 33-4).

Apresento a seguinte indagação: os descaminhos políticos do PT encontram-se diretamente vinculados à análise do projeto profissional hegemônico que esteve no lastro das políticas defendidas pelo PT, embora o projeto profissional deva ser autônomo de qualquer projeto partidário?

A posição estratégica da categoria, em uma "ação de reformas dentro da ordem",[1] ressaltava a importância da participação em canais institucionais, que, sem dúvida, pode ser desenvolvida, caso não se abra mão da luta extrainstitucional, e aqui cabe registrar que as deliberações da categoria profissional em seus fóruns organizativos desde 1989, quando se inicia a implantação de programas neoliberais, direcionaram-se para "a defesa dos direitos sociais, na luta pela sua ampliação e contra o neoliberalismo".[2] O que significa afirmar

---

1. A esse respeito, o conjunto CFESS/CRESS define sua opção estratégica para a década de 1990 em relação à atuação prioritária em conselhos de direitos e políticas públicas na esfera institucional. "Nós, militantes dos conselhos de fiscalização, compreendemos que a participação nos fóruns de discussão, formulação e controle social das políticas públicas constitui hoje uma estratégia fundamental. Trata-se de uma perspectiva de investimento e reforço nos espaços propositivos e reivindicatórios delineados na pauta de defesa da cidadania, em meio à luta democrática do país" (CFESS, 1996, p. 178-179).

2. Os CBAS — Congressos Brasileiros de Assistentes Sociais —, organizados a cada três anos pelas entidades nacionais da categoria e estudantil, fórum máximo de deliberação, reúnem em torno de 3.500 participantes de todo o país, entre profissionais (90%) e estudantes (10%). A partir de 1989, sua programática centra-se na luta de resistência contra o neoliberalismo e na defesa dos direitos sociais, na **direção sociopolítica do Projeto Ético-Político do Serviço Social Brasileiro como *processo de ruptura* com o conservadorismo**, a saber: VI CBAS, realizado de 10 a 14 de abril de 1989 em Natal, teve como temário Serviço Social: a resposta da categoria aos desafios conjunturais; VII CBAS, realizado de 25 a 28 de maio de 1992, em São Paulo, com o tema — Serviço Social e os desafios da modernidade: os projetos sociopolíticos em confronto na sociedade brasileira; VIII CBAS, realizado de 2 a 6 de julho de 1995, em Salvador, teve como temário O Serviço Social diante do Projeto Neoliberal: em defesa das políticas públicas e da democracia; IX CBAS, realizado de 20 a 24 de julho de 1998, em Goiânia, teve como temário O Serviço Social rumo ao século XXI: trabalho e projeto ético-político profissional; X CBAS, realizado entre os dias 8 e 12 de outubro de 2001, no Rio de Janeiro, teve como temário Trabalho, direitos e democracia: assistentes sociais contra a desigualdade; XI CBAS, realizado em Fortaleza (CE), de 17 a 22 de outubro de 2004, sob o tema: O Serviço Social e a esfera pública no Brasil: o desafio de construir, afirmar e consolidar direitos; XII CBAS, realizado em Foz do Iguaçu (PR), 28 de outubro a 2 de novembro de 2007, com o tema: A Questão Social na América Latina: ofensiva capitalista, resistência de classe e Serviço Social; XIII CBAS, realizado em Brasília, de 31 de julho a 5 de agosto de 2010, com o tema: Lutas sociais e exercício profissional no contexto da crise do capital; XIV CBAS, de 14 a 18 de outubro de 2013, realizado em Águas de Lindoia (SP), com o tema: Impactos da crise do capital nas políticas sociais e no trabalho do/da assistente social; XV CBAS em Olinda (PE), de 5 a 9 de setembro de 2016, com o tema: 80 anos do Serviço Social no Brasil — a certeza na frente e a história na mão; o XVI CBAS a ser realizado em Brasília (DF), de 13 a 17 de novembro de 2019, com o tema: 40 anos da "Virada do Serviço Social". Para um debate sobre agenda socioprofissional e incorporação das demandas sociais, consultar tese de doutorado de Sandra de Faria (2003).

que as reformas dos governos, a partir de 1989, se concretizaram em contrarreformas, às quais a categoria se posicionou contrariamente, juntamente com a classe trabalhadora. Essa deliberação é uma constante nos fóruns acadêmicos e do exercício profissional por meio da ABEPSS e do conjunto CFESS/CRESS, em que os CBAS expressam, sucessivamente, sua agenda sociopolítica (Faria, 2003). Porém, não há como negar, a partir das devidas mutações e tensões no campo de esquerda, que uma posição, no meio da categoria organizada das assistentes sociais, e com hegemonia, permaneceu na década de 1990, vinculada a um PT já bastante distante da perspectiva socialista de origem, apesar de permanecerem críticas e resistência ao politicismo dominante em seu interior.

2.1 Antecedentes: anos 1980 e 1990 e o projeto democrático-popular do Partido dos Trabalhadores (PT)

A construção do Estado democrático passa por concepções bastante diferenciadas no âmbito teórico, político-ideológico e partidário. Angulações analíticas deste processo se voltam para a relação com as lutas sociais no patamar de autonomia e independência de classe, tal qual conceberam os movimentos sociais classistas, do final dos anos 1970 e década de 1980, em que nossa organização político-sindical, da formação, do exercício profissional e estudantil se consolidaram fornecendo os estratos substantivos da **direção sociopolítica do PEP** no **processo de ruptura** com o conservadorismo.

A construção democrática na esfera do Estado e as lutas por direitos e políticas sociais públicas deitam raízes no processo de redemocratização, após 21 anos de ditadura militar no país. Neste sentido, a Constituição de 1988, embora aquém das reivindicações dos trabalhadores, possibilitou algumas conquistas do ponto de vista dos direitos sociais. Mecanismos institucionais foram instituídos: referendos, projetos de lei de iniciativa popular, audiências públicas, conselhos gestores de políticas públicas e de direitos no âmbito da democracia participativa. Os canais institucionais de participação popular se expressaram no interior do debate político-institucional de organização do poder estatal, como resultado de um amplo processo de mobilização nas lutas pela democratização das instituições públicas, consubstanciado na Constituição Federal de 1988 e na LOM — Lei Orgânica dos Municípios. Os principais objetivos vinculados aos institutos jurídico-institucionais, dos canais de participação dos cidadãos, se referem à democratização do Estado por meio de um maior controle social sobre os governantes e administração pública; fiscalização e controle popular sobre as obras e serviços públicos; nova relação entre Estado e sociedade ao estabelecer abertura da função pública à interferência do cidadão, em que o público é apreendido pelo interesse coletivo. Nessa direção, a Lei Orgânica dos Municípios prevê projetos de descentralização política e administrativa de participação popular na esfera estatal.

A partir de 1988, os governos democrático-populares, sob grande hegemonia do PT, como partido de massas, assumiram governos municipais em todo o território nacional. Os governos eleitos em grandes centros urbanos, como São Paulo, Porto Alegre, Belo Horizonte, Recife, Diadema e Santo André, no ABC paulista, no coração da classe operária e berço do novo sindicalismo na década de 1980, têm como uma de suas diretrizes centrais a participação popular na gestão da esfera pública, advinda daí a experiência do *orçamento participativo*, uma marca do chamado "modo petista de governar".[3] As bases desse projeto institucional se assentam na via eleitoral de democratização do Estado, que, em última análise, poderia estabelecer uma correlação de forças favorável aos trabalhadores. É importante lembrar que, na maioria dos municípios, a vitória eleitoral do PT, em 1988, deveu-se a uma conjugação de fatores que não guardavam a correspondência direta com uma organização popular existente na sociedade. A eleição de prefeitos petistas foi muito mais uma "insatisfação da cidadania com as elites da Nova República do que uma manifestação de identidade ético-política das classes populares com o projeto social e político do PT" (Construindo um modo petista de governar, 1989, p. 211). O que agrava a conjuntura neste período é a invasão, por tropas do

---

3. Essa expressão foi cunhada para identificar as principais características do PT nos governos executivos nas esferas municipal e estadual, tendo no orçamento participativo um de seus elementos constitutivos centrais (a esse respeito, consultar deliberações dos congressos do PT — Diretório Nacional, São Paulo, década de 1990).

exército, nas instalações da siderúrgica de Volta Redonda, no estado do Rio de Janeiro, por ocasião da greve dos metalúrgicos, na qual em meio à ação militar três operários foram mortos, fato que acirrou o descrédito no "desmoralizado" governo Sarney e fez com que o PT crescesse eleitoralmente e conquistasse várias prefeituras.

A via institucional deve ser concebida como um espaço de lutas (guerra de posição) e de apoio ao projeto estratégico da luta social rumo ao socialismo (guerra de movimento). Porém, o processo de luta de classes no plano extrainstitucional é elemento-chave do projeto de transformação social de ruptura e superação da ordem burguesa. A democratização do Estado, para extrair os meios para as mudanças socialistas, foi adotada pelo partido; contudo, apesar de no programa do PT ainda constar a perspectiva do socialismo, suas ações e posições na década de 1990 reafirmaram seu giro e hegemonia social-democrática. A questão eleitoral passa a ser estratégica, voltada para uma concepção *etapista, institucional* e *administrativista*, o que cria ilusões nas massas trabalhadoras, trazendo obstáculos para a luta de classes e, no limite, vinculando a luta social ao campo da institucionalidade e a ela se subordinando.

Cabe relembrar que, desde a sua origem, o PT nunca se constituiu em um partido marxista, um partido de perspectiva revolucionária; porém, o fato de o PT ter nascido das lutas sociais fez com que setores marxistas revolucionários atuassem e interferissem em seu interior, na luta pela construção do socialismo, o que o caracterizou como um partido de esquerda, o maior partido de massas da América Latina, que congregou amplos setores operários, de trabalhadores em suas fileiras desde os anos 1980. Porém, a posição majoritária e hegemônica do PT que sempre esteve na linha de frente se caracteriza pela tendência social-democrata. Em sua origem, se configurou na força política do grupo dos "113"[4] que, posteriormente, se articulou

---

4. O grupo denominado "113" é composto por trabalhadores (operários) do ABC paulista, intelectuais que se articularam como tendência interna no PT e expressava uma concepção genérica sobre o socialismo e identificada como a "ala moderada" do partido e que vai tornando-se hegemônica. Transforma-se, posteriormente, na tendência "Unidade na Luta", a força política hegemônica e majoritária no interior do PT e seu braço sindical, a "Articulação Sindical" na CUT, em direção a uma política reformista, que apresenta seu esgotamento no Governo Lula a partir de 2003, pela total integração às políticas neoliberais.

na tendência Unidade na Luta, que corresponde sindicalmente à corrente Articulação Sindical.

Em âmbito nacional, a experiência adquirida pelo PT em várias prefeituras municipais, a partir de 1989, se volta no sentido de acumular forças no plano institucional para as eleições presidenciais de 1994, contra o neoliberalismo e em defesa de políticas públicas sociais. "É necessário politizar os conflitos com o governo federal e com o capital privado. A posição política do PT é de oposição aberta ao governo Collor" (Construindo um modo petista de governar, 1989, p. 9). O PT, nesse período, se posiciona contra o neoliberalismo e indica que este impõe o maior arrocho salarial da história do país, aumentando drasticamente o desemprego e a precariedade do trabalho, e registra, em 1993, que "de cem milhões de brasileiros que vivem na pobreza, 60 milhões encontram-se em condições de miséria e nada menos do que 32 milhões em total indigência" (Encontro Nacional do PT, 1993, p. 7).

As eleições presidenciais realizadas no Brasil, em 1989 e em 1994, expressam respectivamente, em curto espaço de tempo, a polarização de dois projetos societários distintos para o conjunto da nação. De um lado, Collor de Mello, em 1989, e FHC, em 1994, como representantes das classes dominantes, apresentaram programas de governo voltados para a viabilização do projeto neoliberal de ajuste estrutural do capital; de outro, Luiz Inácio Lula da Silva, como representante dos trabalhadores, do campo e da cidade, na defesa de *um projeto "democrático e popular"* como possibilidade histórica para o aprofundamento da democracia, da soberania nacional e da redução das desigualdades.

Apesar da grande polarização ocorrida nas eleições presidenciais de 1989, quando praticamente o país se divide ao meio, e do crescimento da candidatura Lula de 14% dos votos válidos, em 1989, para 27%, em 1994, a realidade é a da derrota eleitoral do projeto *"democrático-popular"* em 1989. Essa derrota não pode ser avaliada de forma isolada; ao contrário, deve ser inserida no interior das derrotas da esquerda e dos setores progressistas registradas na América Latina, como no México, na Colômbia, no Chile, em El Salvador, no Uruguai, posto que sofreram diretamente os reflexos da ofensiva neoliberal em escala mundial. Em realidades latino-americanas, partidos intitulados social-democratas têm sido porta-vozes e realizadores do ideário neoliberal. O exemplo do governo de FHC em seus dois mandatos, 1995 a 1998 e 1999 a 2003, demonstra o comprometimento ao grande capital pela materialização dessa política. De outro lado, a social-democracia do PT, em seus dois governos, Lula e Dilma, segue com variações por programas sociais compensatórios, também o ideário neoliberal, sendo que no primeiro governo Lula essa perspectiva não era aguardada pelos militantes e simpatizantes do PT.

2.2 A institucionalidade e a política de conciliação de classes do PT

Em sua origem e desenvolvimento histórico, nos anos 1980, o PT se apresentou às grandes massas trabalhadoras como uma alternativa de esperança quanto à melhoria de suas condições de vida e de trabalho. Essa perspectiva se assenta tanto em direção à política de emprego, às políticas sociais de saúde e de educação, como a políticas públicas estatais e de reforma agrária e urbana, passíveis de serem desenvolvidas no âmbito do capitalismo e que se assemelhariam às políticas sociais redistributivas implantadas nos países centrais do capitalismo pelo Estado de Bem-Estar Social.

As possibilidades de regulação democrática, porém, se encontram fortemente comprometidas não somente nos países pobres e dependentes do capitalismo tardio, mas também, embora de forma diferenciada, nos países avançados, decorrentes da crise estrutural do capital, a partir de 1973, e em seu brutal aprofundamento na crise de 2008, no plano internacional. Esse conjunto sistêmico do capital internacionalmente forte e integrado não pode, todavia, estabelecer a inexorabilidade histórica de que as coisas estão determinadas pelo sistema orgânico-metabólico destrutivo do capitalismo triunfante. Embora a crise estrutural do capital contenha a crise e o esgotamento do keynesianismo, um partido de massas democrático e popular, pautado em reivindicações sociais e de distribuição de renda apoiado por amplas massas populares, teria condição e legitimidade para implementar políticas sociais e de emprego, no enfrentamento ao capital internacional, mesmo que no limite social-democrático capitalista.

Na década de 1990, em sua posição majoritária, o PT se constituiu em um partido que prioritariamente se preocupou com a institucionalidade e a governabilidade, consolidando-se em partido social-democrático reformista, no âmbito da gestão democrática burguesa, abandonando a formação política de seus militantes e, efetivamente, não construiu uma perspectiva teórica ao longo de sua trajetória histórica. Outro aspecto a ser registrado — a assunção do poder executivo pelos governos democrático-populares administrados fundamentalmente pelo PT — é o de que parcela significativa de trabalhadores, militantes dos movimentos sociais, assumiu cargos no executivo, com redução das lutas e muitas vezes confundindo a própria organização de massas. Ocorre ainda um esvaziamento dos núcleos de base do partido e amplos setores da CUT, da CMP e, no período mais recente, já no primeiro mandato do governo Lula, de setores do MST aderiram à política de pacto social com o governo, cujas ações sociais confundem-se com a programática estatal, permanecendo nesta política até o *impeachment* da presidente Dilma Rousseff em 2016.

A realização de pesquisas futuras é de fundamental importância para compreender de que maneira as entidades organizativas da categoria de assistentes sociais participaram da democracia representativa em todo o período de democratização institucional; e quais os seus rebatimentos no projeto ético-político da profissão, em suas dimensões teleológicas e ontológicas no ***processo de ruptura*** *com o conservadorismo*. A direção política de privilégio da ação na esfera da institucionalidade, tornando secundária a luta extrainstitucional, invade as organizações populares, sindicais, profissionais, as universidades, em um politicismo assentado na tese da "democracia como valor universal" (Coutinho, 1979). O Estado capitalista apresenta contradições em seu interior, e os trabalhadores organizados em partidos de esquerda devem travar incansavelmente a luta no terreno da institucionalidade, nas esferas do executivo e do legislativo; porém, a luta determinante se encontra na ação direta das massas no âmbito da luta de classes, independente e autônoma. Os movimentos sociais, sindical e populares, na virada dos anos 1990, ao lutarem por políticas públicas e de emprego, em suas posições majoritárias, aderiram às lutas institucionais como lutas centrais, que se configuram em posição hegemônica, embora com resistência dos setores de esquerda que se opõem à concepção politicista da luta social.

2.2.1 Debatendo a participação institucional

O rebatimento da conjuntura dos anos 1990 na profissão, do ponto de vista de suas definições estratégicas pautadas no âmbito dos direitos sociais na esfera do Estado via participação institucional pela democracia representativa, merece uma atenção particular. As ações organizativas da categoria, mas não só, de outras categorias e sindicatos de trabalhadores e movimentos sociais, direcionaram-se, fundamentalmente, nos anos 1990, para o campo dos conselhos gestores e conselhos de direitos, o que pode vir a reforçar uma *concepção politicista* que contradiz com o marco teórico assumido pela profissão, ancorado na totalidade da vida social, se essa ação prescindir das lutas de massas, autônomas e independentes, dependendo de como se desencadeia essa ação.

Em 1989, após 21 anos de ditadura civil-militar-empresarial e da transição democrática "pelo alto", de 1984 a 1988, acrescida da promulgação da Constituição em 5 de outubro de 1988, ocorreram as eleições diretas para presidência da República. A partir da redemocratização do país, grande parte das direções dos movimentos sociais e organizações de trabalhadores dirigiram sua atuação, prioritariamente, pelos instrumentos da democracia participativa (conselhos gestores, de direitos, audiências públicas), prescindindo, inúmeras vezes, das ações diretas, de massas, de grandes mobilizações e movimentos grevistas que marcaram o final dos anos 1970 e toda a década de 1980.

As negociações sindicais por meio das câmaras setoriais no âmbito do Estado e as ações nos conselhos institucionais (saúde, moradia, assistência social, da cidade, dos transportes, do idoso, pessoas com deficiência, cultura, criança e adolescente, entre outros), nas esferas municipal, estadual e federal, deslocaram a ação autônoma dos movimentos sociais para o âmbito da institucionalidade, sem a devida correspondência no plano das lutas sociais. As ações de massas, quando ocorreram, constituíram-se basicamente em um instrumento tático de negociação institucional. Na prática política, há um abandono da perspectiva histórica do socialismo e uma clara adesão à política reformista, cuja ação se pauta no discurso de que é necessário que se estabeleçam *ações propositivas,* posto que as ações radicalizadas de luta de classes foram típicas do período da ditadura militar; agora, diante da democracia, era necessário buscar sua ampliação na esfera do Estado, considerada prioritária. Ressalva ao Movimento dos Trabalhadores Rurais Sem Terra, que permanece em linha de combate por todo o período neoliberal até o final do governo de FHC; porém, a partir do governo Lula, inicia-se uma tensão entre os dirigentes do MST, em uma política de conciliação de classes e setores de base que continuaram na luta independente. Em vez de se contrapor à política neoliberal, incluindo-se aí as lutas sociais e a base social de apoio dos setores populares organizados, a tônica recai na busca da *"governabilidade"* nos governos *democrático-populares* em aliança com partidos de centro e de cariz liberal, descaracterizando sua histórica trajetória dos anos 1980.

Ao viver as experiências de governos municipais, o PT priorizou sua ação política no âmbito da institucionalidade, adotou a tese da *"democracia como valor universal"*, estabeleceu a programática governista em detrimento das lutas sociais, em uma perspectiva *politicista*. A hegemonia social-democrata põe a agenda eleitoral como prioridade para a conquista de governos, e a orientação às lutas sociais é de vinculá-las às conquistas na esfera do Estado, gradativa e progressivamente, a partir dos anos 1990.

2.3 O período Lula/Dilma

No âmbito partidário, emblemática, simbólica e praticamente a vitória do governo Lula, em 2002, representou para 53 milhões de pessoas que nele votaram a possibilidade de melhoria em suas condições de vida e de trabalho. Para as massas trabalhadoras, não estava posta a construção do socialismo por meio de processo eleitoral; contudo, não se esperava que o governo Lula do PT se curvasse à ortodoxia do neoliberalismo imposto pelo capital financeiro hegemônico. O governo Lula, com base eleitoral nos setores populares organizados, poderia alinhar-se a outros governos latino-americanos com o mesmo ideário em direção aos interesses das massas trabalhadoras, para o enfrentamento do grande capital e para o atendimento das necessidades sociais fundamentais, com distribuição de renda e de riqueza, reforma agrária e soberania nacional. Porém, o governo do PT se opõe à sua trajetória histórica, tornando-se um partido da ordem do capital ao prosseguir na programática do neoliberalismo. Isso corrobora o processo regressivo no âmbito nacional com desdobramentos para a América Latina, posto que um governo de bases populares interessa a todo o continente do ponto de vista dos trabalhadores.

O governo Lula do PT sofre uma capitulação política ao se submeter ao capital internacional, por meio do FMI e do Banco Mundial, com uma política macroeconômica determinada pela ortodoxia neoliberal de continuidade da era FHC. Não se semearam ilusões de que o governo Lula do PT construísse o socialismo pela via eleitoral na democracia burguesa; porém, os programas de campanha do PT caminhavam na direção de políticas neokeynesianas nos marcos de programas social-democráticos, reformistas, que poderiam significar um novo patamar de ganhos para as grandes massas trabalhadoras, nos limites da ordem capitalista.

Cabe relembrar que o programa do governo Lula, para as eleições de 1994, já continha profundas contradições, entre elas, a defesa dos *fundos de pensão*, além da política de governo propagada na Carta aos Brasileiros, em 2002, de continuidade às medidas macroeconômicas. Os partidos reformistas, que tiveram sua sustentação em bases sociais, como é o caso do PT no Brasil, na vitória de Lula em 2002, de seu segundo mandato, em 2006, e de sua sucessora Dilma Rousseff, em 2010 e 2014, adotaram o receituário do FMI a serviço do capital e do imperialismo. O *transformismo* petista foi sendo gestado desde os anos 1990: na campanha presidencial, de 2002, a direção partidária se compromete com o capital internacional a manter a política econômica prevista no Consenso de Washington. Durante o segundo mandato do governo Lula, pela crise do modelo neoliberal, a partir da crise do capital de 2008, ajustam-se novas medidas que passam a ser defendidas como um novo desenvolvimentismo em que a face humanitária da política social, a chamada segunda geração de ajustes, estabelece uma programática social-liberal para responder ao grande capital. "A tarefa da social-democracia periférica (PT e PSDB) tem sido de realizar a funcionalização do capital, já na sua escala global, sem ter feito antes a tarefa da redução radical da desigualdade" (Oliveira, 2003).

A complexidade do desenvolvimento capitalista, no plano internacional, pode ser analisada a partir da internacionalização e financeirização da economia, da crise nos países pós-capitalistas, da ofensiva neoliberal, do ataque ao projeto histórico do socialismo, da crise e capitulação de setores da esquerda à social-democracia e ao neoliberalismo, da ilusão na democracia formal-representativa. Estes elementos têm se constituído em dificuldades reais para a construção do projeto socialista e da manutenção da independência das entidades dos trabalhadores diante dos governos (notadamente quando estes são apoiados por setores organizados de trabalhadores), como de 2003 a 2016, 13 anos de governo do PT no país.

Os setores de esquerda do movimento sindical e popular lutaram em oposição às contrarreformas da previdência social, do ensino superior, trabalhista e sindical dos governos Lula e Dilma.[5] Esses setores encontravam-se na CONLUTAS — Coordenação Nacional de Lutas —, na CONLUTE — Coordenação Nacional de Lutas Estudantis —, na ala esquerda da CUT, nos setores que se articularam nas duas organizações da Intersindical, no ANDES — Sindicato Nacional dos Docentes das Instituições de Ensino Superior, na Assembleia Popular de Esquerda, no Povo sem Medo, entre outros, e as entidades de representação da categoria se somaram a esse processo de lutas. O PT se transformou no partido da ordem, administrando o capital no âmbito do Estado. Em junho de 2005, comprometido pelas denúncias de corrupção, favoritismo e compra de votos de parlamentares no chamado "Mensalão", o governo de Lula da Silva contraria o PT no postulado da "ética na política", que defendera com veemência na década de 1990 e que revelava um combate à corrupção e ao patrimonialismo arraigados na cultura política brasileira.

2.4 A política reformista da CUT, nos anos 1990, e a CUT governista no período petista — de 2003 a 2016

O sindicalismo combativo da década de 1980, referenciado no campo da CUT, atua defensivamente no final da década, prolongando-se de forma

---

5. Por iniciativa da direção da ABEPSS e ENESSO, no XI CBAS em Fortaleza, em 2004, foi aprovado um manifesto da categoria contra as reformas neoliberais do governo Lula: do ensino superior, sindical e trabalhista; a ABEPSS e a ENESSO estiveram presentes nas marchas ocorridas em Brasília, em 2003 e 2004, no Movimento contra as Contrarreformas, bem como nas plenárias preparatórias às mobilizações. O CFESS esteve presente na Marcha a Brasília com panfletos e faixas de apoio, em novembro de 2004.

acentuada nos anos 1990. O campo majoritário da central sindical e dos sindicatos a ela filiados privilegia as negociações desenvolvidas na esfera do Estado, nas câmaras setoriais que prescindem das lutas de massas. Aderem ao pacto social, claramente nos governos Lula e de continuidade nos governos de Dilma, transformando-se em um sindicalismo estadista a partir de 2003, abdicando da pouca resistência que ainda demonstrara nos oito anos do ferrenho neoliberalismo do governo de FHC.

A CUT da década de 1990, a partir de sua posição majoritária, abdica gradativamente das lutas históricas, adere a um sindicalismo institucionalizado, permanece atado à imediaticidade e abandona as lutas anticapitalistas em direção do socialismo. Deitam raízes as ilusões nas massas trabalhadoras de que um Estado político ampliado, pela democracia formal burguesa, atinja o socialismo por meio da institucionalidade eleitoral. Essa *concepção politicista* apresenta-se na social-democracia que influencia setores da esquerda que migram gradativamente a ela, como se *fosse possível humanizar o capitalismo*. A partir do governo Lula, a posição majoritária da CUT, por sua tendência — Articulação Sindical — vinculada à posição majoritária do PT, juntamente com a Corrente Sindical Classista, do PCdoB, expressam-se na defesa incontestável do governo Lula, desempenhando uma ação adesista de correia de transmissão do governo.

No âmbito da organização da categoria, o CFESS, os CRESS, a ABEPSS e a ENESSO se colocaram criticamente em relação aos governos do PT e contra o neoliberalismo, e durante a realização da plenária ampliada do CFESS, nos dias 29 e 30 de abril de 2006, publicaram uma nota com o objetivo de esclarecer o processo eleitoral ocorrido no Conselho Nacional da Assistência Social (CNAS), em 25 de abril de 2006, com a seguinte avaliação:

1. Eleição por seguimento (trabalhadores, entidades de assistência social e usuários) fortalece o corporativismo e o feudo de votos, despolitiza o processo, não possibilita a referência na construção da política pública de assistência social como critério central e permite situações artificiais como a que se configurou no segmento de trabalhadores;

2. A opção política das entidades sindicais do campo cutista de votar na FENAS (Federação Nacional dos Assistentes Sociais) e no CFC (Conselho Federal de Contabilistas) expressa uma ruptura com a histórica aliança

política entre essas entidades (sobretudo CUT e CNTSS) com o CFESS, aliança que vinha marcando os diversos espaços de representação em que participam, como CONANDA, CNS e CNAS;

a) predominou uma opção política do campo cutista de eleger para titularidade apenas entidades sindicais;

b) o campo sindical da CUT, apesar de fazer discurso público de reconhecimento da histórica aliança com CFESS e de sua contribuição na defesa das políticas sociais, optou por votar no Conselho Federal de Contabilidade (CFC) e não no Conselho Federal de Serviço Social (CFESS), o que mostra a deliberada intenção de impor um constrangimento político ao CFESS e preferir construir alianças com conselhos que não possuem história na defesa da política social de assistência;

3. A eleição da Federação Nacional dos Assistentes Sociais (FENAS) como titular parece indicar uma mudança na orientação programática cutista de fortalecimento da sindicalização por ramo de atividade, na medida em que elegeu uma federação profissional de representatividade questionável, já que congrega apenas seis sindicatos em cinco estados. Os assistentes sociais brasileiros, por orientação cutista, no final da década de 80, fecharam seus sindicatos estaduais e seu sindicato nacional (ANAS) para filiarem-se aos sindicatos por ramo de atividade. A base eleitoral da FENAS na assembleia do CNAS, além da CUT, CNTSS e FASUBRA (Federação de Sindicatos de Trabalhadores das Universidades Brasileiras), foi composta por federações de profissões da área da saúde (Federações dos médicos, odontologistas e farmacêuticos).[6]

O CFESS desde 1994 manteve uma atuação no CNAS por ter uma representatividade, no território nacional, à época, com aproximadamente 65 mil assistentes sociais inscritos nos CRESS em todo o país e pelo compromisso histórico da assistência social como política social pública e de dever estatal desde o processo constituinte; nas quatro eleições das quais participou para o

---

6. (CFESS/CRESS/ABEPSS/ENESSO, 2006).

CNAS, o CFESS foi a entidade mais votada, mas na eleição de 2006 o CFESS teve apenas dois votos, sendo um seu e o outro da Associação Brasileira de Educadores de Deficientes Visuais (ABEDEV), ficando na última suplência.

Este fato é elucidativo da política desenvolvida pelo campo majoritário da CUT que, em um ano eleitoral, se articula com as entidades que politicamente dão sustentação ao governo Lula (sob a direção da Articulação Sindical — PT, em aliança com a Corrente Sindical Classista — PCdoB e as entidades que se alinham na concepção e prática sindical do campo majoritário, entre elas a FENAS). Reafirmo a relevância de as entidades representativas da categoria terem permanecido autônomas e independentes, de forma combativa, na construção da *direção sociopolítica do PEP*, tal qual o construímos e consolidamos nos marcos do *processo de ruptura*. Sob essa concepção é que

> Este processo nos coloca o desafio de repensar a necessidade de estabelecer alianças com entidades capazes de assegurar autonomia nos processos democráticos, de aprofundar o debate sobre o significado das representações nos conselhos de políticas públicas, na perspectiva de superar interesses corporativos e assegurar a defesa dos direitos coletivos nos espaços autônomos de controle popular e participação sociopolítica; bem como redefinir estratégias coletivas de aliança com entidades que se situem no mesmo campo de princípio e compromissos balizados pela radicalidade democrática na defesa dos direitos.[7]

O momento estrutural e conjuntural tem apresentado às entidades de representação da categoria a necessidade de repensar as estratégias de ação no âmbito da institucionalidade, mas, sobretudo, repensar estratégias e reafirmar, como tem feito, a articulação no campo de autonomia e independência de classe em uma frente única classista de lutas anti-imperialista, anticapitalista e, portanto, contra o neoliberalismo, na defesa dos interesses da classe trabalhadora no horizonte socialista e da emancipação humana.

O movimento sindical, em 2003, começa a se reorganizar com posições diferentes no interior do campo da esquerda, a partir da capitulação da CUT

---

7. (CFESS/CRESS/ABEPSS/ ENESSO, 2006).

por sua posição majoritária. Um setor propõe a desfiliação dos sindicatos à CUT por entender que esta se esgotou com o processo de capitulação ao governo Lula e atua na CONLUTAS, com ações diretas e nas ruas (militantes do Partido Socialista dos Trabalhadores Unificados — PSTU). Outros sindicalistas vinculados às correntes de esquerda no PT (O Trabalho, Articulação de Esquerda e sua dissidência e a APS — Ação Popular Socialista) entendem que devam continuar disputando a CUT internamente, embora algumas dessas tendências reconheçam a importância de uma frente única classista e, portanto, participam da CONLUTAS nesta concepção estratégica. Outras tendências e partidos de esquerda, como a Liga Estratégia Revolucionária--Quarta Internacional — LER-QI, posteriormente Movimento Revolucionário dos Trabalhadores (MRT), o POR — Partido Operário Revolucionário — e Tendência Marxista, estão, portanto, fora do PT e participam da CONLUTAS, mas entendem que se deve travar a luta no interior da CUT para derrotar o setor majoritário burocratizado e governista, disputando-a por congregar milhares de sindicatos operários e de outras categorias expressivas de trabalhadores. Em um primeiro momento, os sindicalistas do PSOL se colocaram contrariamente à desfiliação da CUT, mas, posteriormente, avaliaram o seu esgotamento e se organizam na Intersindical, assim como os militantes sindicalistas do PCB.

    A CONLUTAS e a duas vertentes da Intersindical devem constituir-se em um instrumento importante de frente única classista, antiburocrática, que construa um programa anti-imperialista e anticapitalista no patamar de autonomia e independência de classe. A vanguarda de trabalhadores que se aglutinou em torno da CONLUTAS e Intersindical tem um papel importante na luta pela independência política dos explorados, na defesa das reivindicações e mobilizações de massa. O marxismo sempre combateu as divisões burocráticas ou ultraesquerdistas. Nesse sentido, a frente única classista na CONLUTAS e na Intersindical deve atuar como frente única, interferindo no interior da CUT para disputar suas posições políticas na base sindical e operária para romper com o governismo, burocratismo e reformismo hegemonicamente presentes na Central. A CONLUTAS e as duas vertentes da Intersindical não podem virar as costas para a CUT, posto que nela se encontram a maioria dos sindicatos e os mais estratégicos.[8] Esta é uma luta árdua, difícil, posto que:

> [...] A CUT chegou a um grau extremo de burocratização [...]: limitou ao extremo seu congresso, descaracterizou-se a representação operária, impossibilitou-se a expressão política das posições minoritárias, impôs-se a paralisia diante dos ataques dos capitalistas e encastelou sua direção (Jornal Massas, 2005, p. 6).

De modo algum, porém, uma dificuldade deve paralisar a tarefa das vanguardas militantes organizadas no campo de esquerda; elas devem buscar construir uma unidade política de ação contra a destruição dos direitos sociais e trabalhistas, em uma luta classista e autônoma.

3. Desafios e Perspectivas de Lutas Postos à Classe Trabalhadora

Os desafios para a classe trabalhadora devem ser apreendidos no âmbito da contradição capital-trabalho de crise estrutural do capitalismo, nos marcos da reestruturação produtiva e do avanço do neoliberalismo. No plano sindical imediato, o movimento dos trabalhadores tem por tarefa empreender a luta pela redução da jornada de trabalho (escala móvel de horas de trabalho), sem redução de salários; "um desemprego de 12% pode ser suprimido pela redução semanal da jornada de cada trabalhador de 12%" (Mandel, 1986, p. 8). A meta estratégica, a curto prazo, deve ser adotada internacionalmente, sendo que esta reivindicação histórica recoloca a pertinência da solidariedade de classes e estabelece a possibilidade de uma melhoria física, moral e intelectual para os trabalhadores.

---

8. A CUT tem 3.438 entidades sindicais filiadas, sendo 7.464.846 sócios das entidades sindicais e 22.034.145 de trabalhadores representados. Disponível em: cedoc.cut.org.br/. Acesso em: 12 abr. 2019.

O sistema capitalista repõe, simultaneamente, as condições materiais e as formas sociais necessárias para uma reconstrução econômica da sociedade. Portanto, o processo de lutas operárias para elevar os salários representa "apenas esforços para manter o valor dado do trabalho [...] e a necessidade de debater o seu preço com o capitalista é a necessidade de se vender — eles próprios como mercadoria" (Marx, 2004a, p. 122). No capitalismo, por mais que os trabalhadores lutem por aumento de salários, o capitalista recompõe o capital e o lucro com novas taxas de mais-valia, o que os leva permanentemente à luta por salários que mal conseguem repor as perdas salariais, portanto, a luta estratégica deve levar em conta:

> Em vez do lema conservador: "Um salário justo por uma jornada de trabalho justa!" deverá inscrever na sua bandeira esta divisa revolucionária: Abolição do sistema de trabalho assalariado! (Marx, 2004a, p. 122)

O sindicalismo contemporâneo para enfrentar os ataques do capitalismo na destruição de suas conquistas, em âmbito internacional e no Brasil, precisa superar o sindicalismo de cooptação, de culto à negociação, de conciliação de classes. Os sindicatos têm como grande desafio a tarefa de *romper a imposição da sociedade dual* que divide a classe trabalhadora e incluir, na organização e luta sindical, os dois polos de trabalhadores de um mesmo ramo de atividade econômica: os incluídos no trabalho e nele explorados e os trabalhadores em condição precária, sem carteira de trabalho assinada, contratados por tempo determinado, terceirizados, intermitentes, em um processo de lutas, horizontalizando a ação sindical em um movimento de massas, em formação política permanente, retomando a ofensiva anticapitalista e socialista.

A história traz lições. Não basta ação das massas, é necessário um projeto de classe com direção política estratégica de organização para a tomada do poder político pelo proletariado, e a realização da transição socialista por partidos e programas revolucionários. O horizonte de uma sociedade emancipada, na qual o trabalho se torne desalienado e a nova forma de trabalho se realize em sua integralidade, pelo trabalho concreto, pela produção de coisas socialmente úteis, na perspectiva da genericidade e omnilateralidade humanas.

3.1 Qual a crise da sociedade do trabalho?

A partir das transformações no mundo do trabalho, no âmbito da reestruturação produtiva pela *acumulação flexível*, há uma forte tendência teórica e ideopolítica sustentada por diversos autores que negam a teoria marxiana da centralidade da teoria do valor trabalho, indicando que existe um tipo de crise da sociedade do trabalho em que o proletariado não se configura mais como classe com potencial transformador no horizonte do projeto de emancipação humana. Em seu artigo "Marx, a crise atual e o futuro do trabalho humano", Ernest Mandel (1986) rebate essa tendência a partir de algumas análises ilustrativas: em primeiro lugar, ao adotar a concepção de que o proletariado é todo aquele conjunto de assalariados que vende a sua força de trabalho para a sobrevivência; consequentemente, o crescimento da classe trabalhadora continua como tendência predominante. A classe trabalhadora, portanto, não pode ser entendida apenas por aquela que se encontra na linha de produção imediata e que realiza trabalho produtivo. Incluem-se, portanto, os trabalhadores produtivos e improdutivos; ou seja, o trabalhador coletivo, os desempregados e os trabalhadores em serviços. A partir desses critérios, presenciamos um crescimento e não um declínio do proletariado em esfera mundial. Mandel (1986) registra, porém, a baixa relativa da classe trabalhadora empregada diretamente nas empresas capitalistas, diminuindo-se, portanto, o trabalhador estável, o operariado da fabril; amplia-se, todavia, o trabalhador em situação precária, terceirizado, temporário, no setor de serviços, com contrato parcial, que em grande parte também produz mercadoria, assim "o declínio relativo do peso social do proletariado industrial, por sua vez, não significa declínio relativo ou absoluto de seu peso econômico, ou seja, de seu poder real na sociedade" (Katz e Coggiola, 1995, p. 136). A redução da força de trabalho humana empregada na indústria não equivale à supressão de sua centralidade político-revolucionária. O que ocorre é que o peso econômico do proletariado aumenta em função da produtividade decorrente da flexibilização da gestão da força de trabalho, da automação e da informatização.

O desenvolvimento *desigual e combinado* do capitalismo produz, no interior dos países avançados e periféricos, situações diferenciadas de qualificação, desqualificação e precarização das relações de trabalho, entre países e no interior de cada país de forma diversificada; ocorre a substituição *de trabalho vivo por trabalho morto*, com ampliação da superexploração da força de trabalho, elevando-se as taxas de mais-valia relativa e absoluta.

A centralidade da categoria trabalho é dada, posto que o trabalho abstrato cumpre papel decisivo na criação da mais-valia (trabalho alienado) para a produção de valores de troca, *apesar da redução quantitativa com repercussões qualitativas no mundo produtivo* (Antunes, 1995); o capitalismo necessita, portanto, de trabalho vivo para acumular capital. A sociedade do trabalho abstrato, alienado, fetichizado, reificado, desrealizador da atividade humana se expressa na essencialidade do capitalismo, em que o homem vive a unilateralidade humana em detrimento da omnilateralidade humana.

A perspectiva emancipatória pressupõe o fim do trabalho abstrato, que produz valor de troca nas mercadorias, e manutenção do trabalho concreto, que produz valor de uso na produção de coisas socialmente úteis pela auto-organização dos produtores livremente associados; esse horizonte coloca ao operariado urbano um papel central no interior da classe trabalhadora no processo de superação da ordem do capital, pelo seu papel estratégico de produtor de valor e de mais-valia para a produção de mercadorias.

3.2 Plano de lutas no campo sindical

Neste momento de ofensiva do grande capital e de regressão histórica do ponto de vista da classe trabalhadora, a luta sindical coloca para os setores de esquerda a necessidade de uma frente única autônoma, classista, anti-imperialista, anticapitalista, antiditatorial do governo golpista de Temer e de sua continuidade no governo de extrema-direita de Jair Bolsonaro, militarizante e fascistizante, recém-empossado em 2019 e que requer análise e combates permanentes. Essa necessidade imediata e histórica da classe trabalhadora apresenta obstáculos advindos da determinação do grande capital, mas não só, diante da assunção da programática neoliberal por governos democráticos e populares. De outro lado, a adesão governista, por parte das direções majoritárias de grandes setores do movimento sindical popular e sem-terra, no período de 2003 a 2016, apresenta ainda um quadro político de dificuldades para a perspectiva classista. Os trabalhadores devem cerrar fileiras, e o polo combativo tem-se movido nesta direção: no plano imediato na luta contra a contrarreforma trabalhista e terceirização, aprovadas em 2017 pelo governo de ditadura civil de Michel Temer, a contrarreforma previdenciária em tramitação (2019) e exigência da revogação imediata de todas as medidas de flexibilização impostas pelo neoliberalismo (banco de horas, terceirização, contrato temporário, trabalho intermitente, entre outras); fim da perseguição aos dirigentes sindicais, ratificação da Convenção 158 contra as demissões imotivadas; ultra-atividade das convenções coletivas (se não há acordo com os patrões, prevalece a convenção anterior); fim do negociado sobre o legislado; fim do poder normativo da Justiça do Trabalho. Na concepção e prática sindical historicamente construída, está colocada a bandeira de reafirmar as lutas em defesa da garantia e ampliação dos direitos por liberdade e autonomia sindical; ratificação da Convenção 87 da OIT; soberania das assembleias de base; livre filiação dos sindicatos às centrais sindicais; garantia plena dos direitos trabalhistas e do direito de greve; garantia dos direitos sindicais dos trabalhadores em serviço público (Convenção 151 da OIT).

Uma base programática da frente classista e antiburocrática deve contemplar e retomar as lutas permanentes em uma perspectiva histórico-classista de: a) defesa de vida das massas por salário mínimo de acordo com as necessidades reais das famílias trabalhadoras, escala móvel das horas de trabalho, escala móvel dos salários, saúde pública a todos, aposentadoria mantida pelo Estado a todos aos 30 e 25 anos de trabalho; b) defesa da elevação cultural dos explorados: ensino público e gratuito a todos e em todos os níveis, expropriação sem indenização do ensino privado, sistema único estatal de ensino sob o controle de quem estuda e trabalha, escola vinculada à produção social, jornada de trabalho da juventude compatível com os estudos; c) combate à dominação e à opressão imperialista: autodeterminação dos povos, não pagamento das dívidas interna e externa, expropriação do grande capital industrial e financeiro, fim do intervencionismo econômico e militar das potências sobre os povos oprimidos e nações periféricas; d) combate à opressão latifundiária sobre os trabalhadores no campo, expropriação sem indenização dos latifúndios e do agronegócio, entrega da terra aos trabalhadores sem terra, controle operário da agroindústria; e) combate à repressão capitalista, direito irrestrito de greve, revogação de toda legislação antigreve, fim da violência latifundiária contra os trabalhadores rurais, fim da violência contra a juventude e de toda a discriminação de classe, gênero, raça, etnia, orientação sexual e geracional; f) combate ao entreguismo da burguesia nacional pelo fim das contrarreformas neoliberais, rompimento de todos os acordos com FMI/BIRD, nacionalização de toda fonte de riqueza natural, recuperação das estatais privatizadas; g) fim do sistema capitalista: transformação da propriedade privada dos meios de produção em propriedade social.

4. Desafios Contemporâneos do *PEP* do Serviço Social Brasileiro

Na década de 1990, *o Projeto Ético-Político Profissional de ruptura com o conservadorismo (PEP)* apresentou um conjunto de avanços e também de desafios na conjuntura sócio-histórica analisada. Os avanços se referem às (re)elaborações teórico-metodológicas, técnico-operativas e ético-políticas na formação e no exercício profissional e em suas experiências organizativas e socioprofissionais.[9] Para estabelecer uma interlocução permanentemente crítica com o projeto hegemônico do Serviço Social brasileiro que coletivamente construímos, apresento alguns impasses e polêmicas que considero desafios centrais a serem debatidos. Outras análises e derivações são possíveis e, certamente, muitos não compartilharão da angulação aqui colocada; mesmo porque, no movimento da profissão, há setores plenamente integrados às políticas neoliberais, assim como estiveram (e estão) integrados às políticas

---

9. A produção acadêmico-teórica e de sistematização profissional de saberes do Serviço Social tem adquirido relevância para a formação e o exercício profissionais. Ela se encontra documentada em livros, revistas científicas, teses de doutorado e mestrado, TCCs e iniciação científica nos cursos de graduação, caderno de teses dos CBAS, em que há uma sistematização das práticas interventoras nos vários espaços sócio-ocupacionais, e caderno de resoluções e teses do ENPESS — Encontro Nacional de Pesquisadores em Serviço Social, organizado pela ABEPSS. Este material teórico-metodológico, ético-político e técnico-operativo é expressão do acúmulo investigativo na profissão.

desenvolvimentistas e técnico-modernizadoras no passado e no presente, e outros que capitularam com a aproximação do PT ao neoliberalismo. Porém, o que nos interessa é dar continuidade ao legado do projeto profissional tal qual o construímos e consolidamos, com autonomia e independência de qualquer partido e governo, no processo de conquista da hegemonia teórica e política no âmbito da totalidade das relações sociais no modo de produção capitalista.

4.1 Transitoriedade sindical ainda inconclusa no século XXI

Na década de 1990, um dos desafios postos às assistentes sociais dizia respeito à questão sindical decorrente dos desdobramentos de sua política, coletivamente deliberada, de fechamento dos sindicatos de categoria e da ANAS — para inserção nos sindicatos de ramos de atividade, conforme decisão do II CONCUT em 1986, e das Assembleias Nacionais Sindicais da ANAS — Associação Nacional de Assistentes Sociais em 1987/1989/1991 e 1994.

> Encerra-se o ciclo de organização político-sindical dos assistentes sociais por categoria profissional. O fato de sindicalmente os assistentes sociais se inserirem por ramo de atividade econômica não deixa de colocar uma questão de que a profissão continua tendo o seu significado social no interior da divisão sociotécnica do trabalho (Abramides, Cabral, Faria, 2000, p. 4).

Entre a decisão da CUT, em 1986, e o processo de transição dos sindicatos e da ANAS para o seu fechamento, o sindicalismo combativo da CUT, dos anos 1980, sofre o impacto das transformações do mundo do trabalho, da implantação do neoliberalismo, do giro social-democrático de sua direção e posição majoritária e de um arrefecimento no que se refere à implantação da nova estrutura sindical por ramo de atividade econômica. Em relação às organizações sindicais profissionais, a categoria de assistentes sociais foi a única que extinguiu seus sindicatos, havendo um recuo de outras categorias. A posição político e organizativa assumida fez com que os profissionais se inserissem nos Sindicatos por Área de Contratação de Trabalhadores em

Serviço Público, como os Sindicatos Municipais, ou nos Sindicatos Gerais de Trabalhadores em Serviço Público, como no SINSPREV — Sindicato de Previdenciários —, SINDISAÚDE — Sindicato da Saúde —, ou seja, nos espaços sócio-ocupacionais em que a categoria se inscreve, majoritariamente, em sua condição de assalariamento.

O movimento de dissolução dos Sindicatos de Assistentes Sociais ocorreu concomitantemente à criação e ao fortalecimento dos Sindicatos Gerais e por Contratação, o que reforça, politicamente, a deliberação unânime da categoria do fechamento dos sindicatos específicos. De outro lado, o incentivo à participação e à filiação aos Sindicatos de Contratação ou Gerais pode ser verificado pela taxa de sindicalização de assistentes sociais de 30%, enquanto a média de filiação de outras categorias de trabalhadores aos sindicatos está em torno de 19%; a porcentagem é considerada elevada em relação aos índices médios de sindicalização no país.[10]

A década de 1990 torna também precária as condições de trabalho no Serviço Público, e a assistente social sofre as mesmas condições que afetam o conjunto da classe trabalhadora, na particularidade dos trabalhadores em Serviço Público, bem como em sua atividade profissional, no âmbito das políticas públicas e que permanecem e se ampliam até os 18 primeiros anos do século XXI. As consequências em relação a esses trabalhadores no processo de implantação e consolidação do Estado neoliberal referem-se a: diminuição de postos de trabalho e de realização de concursos públicos, terceirização, contratos temporários, por projetos e por meio de entidades conveniadas (OSCIPs, OSs e ONGs) e com menores salários, contratos por pessoa jurídica (PJ), contrato por cooperativas em que os trabalhadores arcam com os benefícios que seriam de responsabilidade das empresas ou do Estado, flexibilidade das relações de trabalho e dos direitos trabalhistas conquistados, mecanismos de polivalência nas funções de trabalho, PDV — Programas de Demissões Voluntárias —, quebra do Regime Jurídico Único, incentivo ao trabalho voluntário em detrimento de postos de trabalho, com consequente aumento do desemprego. A situação dos trabalhadores em Serviço Público

---

10. A esse respeito, consultar: SILVA, Ademir. *Pesquisa sobre mercado de trabalho*. São Paulo: PUC-SP e CRESS-SP, 2000; *Anuário dos trabalhadores*. 6. ed. São Paulo: Dieese, 2005.

leva os sindicatos a uma ação defensiva de manutenção dos empregos, além da necessidade premente da luta por preenchimento de postos de trabalho vagos, advindos dos anteriormente ocupados por aposentados, demissionários e falecidos que não foram repostos em sua maioria.[11]

Apesar da inserção significativa das assistentes sociais em Sindicatos de Trabalhadores em Serviço Público, pelo processo de filiação a esses sindicatos, é visível a ausência de comissões sindicais que deem conta das singularidades das diferentes categorias. Nesta direção, são exemplos: o redesenho de postos de trabalho, a necessidade da retomada da luta por concursos públicos, os dados de postos em vacância, a atualização dos planos de carreiras, que fez com que esses sindicatos deixassem, por um grande tempo, em segundo plano as lutas específicas, e os profissionais encontraram-se pulverizados, apesar de estarem filiados aos sindicatos gerais ou por contratação.

Parte expressiva do sindicalismo na esfera pública, notadamente em cidades administradas por governos "democrático-populares", que tinha hegemonia em sua direções de sindicalistas vinculados à tendência majoritária da CUT — "Articulação Sindical" —, empreendeu, por toda a década de 1990, uma ação sindical que oscilava entre a autonomia sindical e a cooptação estadista, aderindo centralmente ao chamado "sindicato cidadão".[12] Voltado às políticas públicas e participando das experiências de Conselhos de Políticas e Câmaras de Negociações, prescindiu de mobilizações. Ressalvam-se os enfrentamentos dos trabalhadores em Serviço Público com o governo de FHC nas lutas contra a contrarreforma do Estado; bem como as lutas contra as Contrarreformas da Previdência Social, Sindical, Trabalhista, do Ensino Superior que se realizaram nos governos FHC, Lula, Dilma e no governo golpista de Temer.

---

11. Os dados da pesquisa referente ao mercado de trabalho de assistentes sociais da Prefeitura do Município de São Paulo (PMSP) realizada na SAS — Secretaria da Assistência Social — apresentam que existem 400 cargos de assistentes sociais em vacância, portanto, já aprovados como cargos de carreira. A PMSP não realiza concurso público para a carreira de assistente social desde 1988 (resultado da pesquisa de Rosângela M. Batistoni e Dilcéia Adeodata Bonetti, Faculdade de Serviço Social, PUC-SP, 2004).

12. A ideia de "sindicato cidadão" é amplamente disseminada a partir da década de 1990 pelo setor majoritário da CUT em sua concepção social-democrática de sindicalismo, em que a luta pela democracia e pela cidadania passa a ser referência central para o movimento sindical, nessa concepção sindical. É nessa década que a CUT se filia à CIOSL (Confederação Internacional das Organizações dos Sindicais Livres). Consultar deliberações dos Congressos da CUT na década de 1990 — CUT Nacional — São Paulo.

Por outro lado, as categorias profissionais que mantiveram seus sindicatos específicos pouco avançaram em conquistas, posto que a resposta do Estado de desmonte das políticas, dos serviços e das relações de trabalho no Serviço Público esteve amplamente disseminada a partir das contrarreformas do governo FHC, com consequências desastrosas para os estados e municípios. O caminho da construção do ramo de atividade econômica na organização sindical tem a possibilidade de romper com a fragmentação das categorias, favorecendo a unidade de ação nas lutas conjuntas e coletivas dos trabalhadores empreendidas nos espaços sócio-ocupacionais, na qualidade de trabalhadores coletivos. Porém, é necessário imprimir uma direção classista para avançar a organização dos trabalhadores, principalmente em um momento de regressão histórica, nos âmbitos internacional e nacional, e de capitulação aos processos de democratização reformista de governos estaduais e municipais.

A avassaladora investida neoliberal, a precariedade das condições de trabalho e o esfacelamento das políticas públicas, a quebra e destruição de direitos, o sindicalismo "cidadão e propositivo", em substituição ao sindicalismo de combate, a condição defensiva em que se encontra o sindicalismo diante da ofensiva neoliberal e reestruturação produtiva, o giro sindical à social-democracia, a ilusão na democracia burguesa, o viés politicista da ação sindical, a luta no espaço da institucionalidade e no privilégio dos canais jurídico-institucionais de democratização do Estado neutralizaram o processo de luta autônoma e independente da classe trabalhadora, ao longo dos últimos 30 anos, desde a implantação do neoliberalismo e reestruturação produtiva no país.

A deliberação da ANAS e dos sindicatos de assistentes sociais pela organização e inserção dos profissionais nos ramos de atividade econômica ocorreu em um momento de vigor do *novo sindicalismo*, em meados dos anos 1980, em uma conjuntura bastante diversa daquela vivenciada no processo de transição dos sindicatos de categoria profissional para a inserção nos Sindicatos Gerais, de Contratação e de alguma maneira nos sindicatos de "embriões" de ramos de atividade econômica.[13] Tangenciar o processo de *transitoriedade* da

---

13. Exemplo de sindicato embrião: sindicato dos bancários, que deveria se expandir para todo o ramo financeiro.

organização sindical das assistentes sociais nos âmbitos estadual e nacional abrange o período de 1989 a 1994, até a extinção da ANAS. Porém, a transitoriedade inconclusa permanece até os dias atuais (2019). Pode-se afirmar que esta é marcada por um conjunto de contradições no interior do próprio *novo sindicalismo* que se metamorfoseia em um *sindicalismo "da ordem"*, funcional a toda reorganização do capital, posto que subordinado à supremacia da democracia do Estado burguês.

A transmutação sindical no campo do *novo sindicalismo* acontece no momento de reestruturação do capital no país, cujas medidas de ampliação da superexploração da força de trabalho humano, a dilapidação do Estado pela desresponsabilização de suas funções públicas, e de ampliação do processo mercantil e privado sob hegemonia neoliberal internacional recaem sobre as massas trabalhadoras, que respondem por intermédio de suas direções na agenda *"da ordem"* em nome da *"conquista democrática"*. Democracia, porém, realizada somente do ponto de vista da política institucional, com uma ditadura social, econômica e cultural, e do ponto de vista do processo eleitoral, bastante desigual, subordinada ao poder econômico, de classe da burguesia. Democracia e capitalismo são incompatíveis pela própria antinomia. Democracia pressupõe governo de maioria, somente possível em um processo de transição socialista, com a tomada do poder político pela classe trabalhadora sob direção do operariado e sob sua hegemonia de classe.

A questão de organização das entidades sindicais ganha fôlego se for sustentada em processos vivos, reais, ativos, de mobilização e lutas dos trabalhadores. Nesse sentido, há um esvaziamento das entidades sindicais da categoria por prescindirem de base concreta e material de suas lutas.

> Um dos vetores de explicação desse processo heterogêneo e inconcluso pode ser caracterizado pelo esgotamento de uma forma de organização — de categoria profissional —, pelo florescimento da organização dos trabalhadores em Serviço Público, de campanhas salariais unificadas e o fim das negociações por categorias na esfera pública (exemplo significativo são os pisos salariais de categorias aprovados e/ou vetados e não cumpridos), dependendo consequentemente de lutas unificadas dos trabalhadores por área de atividade, incluídas as reivindicações específicas das categorias profissionais (Abramides, Cabral, Faria, 2000, p. 7).

De 1989 a 1994, das 28 entidades sindicais de assistentes sociais por todo o país, 23 se extinguiram por processos bastante diferenciados: muitas entidades realizaram seminários, assembleias, de forma a orientar seus filiados a se inserirem e construírem os sindicatos por ramo de atividade econômica; outras entidades estavam esvaziadas, outras encerraram temporariamente suas atividades e foram retomadas posteriormente, até porque a categoria sequer havia deliberado por sua extinção. Por exemplo, o Sindicato do Rio de Janeiro, que junto com os Sindicatos de Alagoas, do Ceará, de Caxias do Sul e do Rio Grande do Sul permaneceram funcionando, acrescido do Sindicato de Assistentes Sociais do Estado de São Paulo, reativado em 2003, com o total de seis sindicatos de categoria de assistentes sociais, apesar da deliberação e orientação nacional da ANAS que, em seus congressos, delibera por unanimidade pela extinção dos sindicatos de categoria e inserção no ramo de atividade.[14]

No ano 2000, a manutenção dos cinco sindicatos conduziu à criação da FENAS — Federação Nacional dos Assistentes Sociais —, que se filiou à CUT e à CNTSS — Confederação Nacional dos Trabalhadores em Seguridade Social. Cabe lembrar que parte das direções desses sindicatos e da FENAS se encontrava sob a direção da Corrente Sindical Classista, linha política do PCdoB, no movimento sindical, aliada da Articulação Sindical na CUT, em um primeiro momento e, posteriormente, ao PT e à própria articulação sindical.

De acordo com informação obtida no *site* da FENAS[15] em 2019, havia 19 sindicatos de assistentes sociais reativados e destes 11 filiados à FENAS em 2016; de outro lado, não há sequer informações em relação a conquistas obtidas, as que existem relacionam-se à ação da FENAS junto aos conselhos de direitos no plano institucional. A partir de 2002, as dirigentes sindicais da

---

14. Em 2003, a partir de um chamamento da categoria na Assembleia Legislativa com apoio da Deputada Estadual do PC do B, Ana Maria Martins, decidiu-se pela reativação do Sindicato dos Assistentes Sociais do estado de São Paulo sem previamente haver nenhuma discussão ampla com a categoria e, passando por cima da deliberação assumida em 1992 de extinção do Sindicato da categoria e inserção dos profissionais nos Sindicatos gerais, por ramo de atividade econômica. Nessa ocasião, criou-se uma diretoria provisória, por um ano, para encaminhar a documentação de legalidade do sindicato. Até o momento, o mesmo não tem expressividade na categoria.

15. http://www.fenas.org.br/sobre.php. Acesso em: 25 março 2019.

FENAS se alinharam à posição majoritária da CUT —Articulação Sindical —, que corresponde à posição majoritária do PT denominada Unidade na Luta. Passaram a percorrer o país para a retomada de sindicatos por categoria que, em 2017, se ampliaram para 19 sindicatos. Estabeleceram esta retomada e têm se colocado em oposição à hegemonia conquistada pelo conjunto CFESS/CRESS e ABEPSS e, de outro lado, ampliaram os sindicatos governistas atrelados ao PT. A partir dos anos 2000, fruto das várias reformas sindicais ocorridas, a exigência de número de profissionais para se formar um sindicato é mínima, o que permite que com pouca representatividade se forme um sindicato. Isso significa dizer que no país hoje há uma infinidade de sindicatos "de fachada" em muitas categorias e que se mantêm à custa do imposto sindical.

O processo de deliberação da ANAS sobre a nova estrutura sindical contou, inclusive, com o apoio político da Corrente Sindical Classista de extinção dos sindicatos de categoria profissional e inserção nos ramos de atividade; embora naquele período essa tendência não estivesse na CUT, e sim na Central Geral dos Trabalhadores — CGT — formada por sindicalistas vinculados às correntes reformistas, de resultados e pelegas do movimento sindical, que romperam com a decisão de fundar a CUT em 1983.

Reafirmar que o caminho não é a retomada de sindicatos de categoria profissional, mas ação em *sindicatos amplos* que congreguem o conjunto de trabalhadores de uma determinada área da economia significa acoplar essa direção à concepção sindical classista. No processo de transição sindical da categoria, deve-se considerar, ainda, que dirigentes sindicais da categoria passaram a atuar politicamente em outras frentes: nos governos democráticos e populares a partir de 1989, nas associações de docentes no âmbito das universidades, e outros, notadamente, na Previdência Social, na saúde e nos sindicatos municipais. A presença de assistentes sociais no Sindicato dos Previdenciários de São Paulo (SINSPREV/SP), que participaram ativamente do Sindicato das Assistentes Sociais e da ANAS, pôde contribuir no sentido de incorporar as reivindicações e lutas específicas no interior das lutas gerais dos previdenciários, nas esferas estadual e nacional. O mesmo não ocorre em outros sindicatos gerais ou de contratação, o que é reconhecido inclusive pelas suas direções, e esta efetivação tem muito por ser construída. Destacam-se ainda,

[...] a aproximação dos CRESS junto aos Sindicatos por ramos de atividade, buscando canalizar as demandas sindicais de forma a fortalecer a categoria dos assistentes sociais junto àqueles sindicatos; — criar espaço de discussão em cada Estado em relação ao processo de organização e formação política da categoria; — onde há Sindicato de Assistentes Sociais que se estabeleça uma relação de respeito e parceria com os CRESS, formalizando a relação e considerando o princípio de respeito e autonomia das entidades e suas especificidades; — ao ser implantada pelo conjunto CFESS/CRESS pesquisa nacional sobre mercado de trabalho ver a possibilidade de incorporar o levantamento sobre as diversas formas de organização da categoria (CFESS/CRESS, 1997, p. 4).

O balanço do período indica que esse envolvimento se deu de forma bastante diferenciada nos estados. O conjunto CFESS/CRESS não atua na esfera sindical, pela sua própria natureza, porém tem contribuído com a construção do ramo de atividade por meio de articulação com as entidades de sindicatos gerais e/ou contratação, no sentido de interpretar a situação da categoria profissional, diante das suas atribuições profissionais nos vários espaços ocupacionais e realizando debates com a categoria para que se insira nos sindicatos por ramo de atividade. A CNTSS — Confederação Nacional dos Trabalhadores em Seguridade Social —, criada na década de 1990, abarca os sindicatos das áreas da saúde, previdência e assistência social e tem como meta a organização de um único sindicato que abranja esses três setores, tanto no âmbito privado como no público.

Reafirmo a pertinência da organização sindical por ramo de atividade econômica e apresento alguns de seus desafios atuais:

a) a necessidade de realização de uma pesquisa para saber das(os) profissionais que atuam no serviço público quantas(os) estão contratadas(os) por concurso público e quantas(os) estão nas OSCIPs, nas entidades conveniadas terceirizadas, cujas relações de trabalho são mais precarizadas, muitas por pessoa jurídica e muitas pelo sistema de cooperativa em que trabalhadoras(es) são destituídas(os) de direitos;

b) a necessidade de aglutinar no mesmo ramo de atividade todos os trabalhadores, independentemente de sua forma de contratação (carteira assinada, temporários, parciais, pessoa jurídica), posto que são trabalhadores coletivos exercendo as mesmas funções, e com contratos e salários diferenciados, rebaixados;

c) assistentes sociais que são terceirizadas, contratadas como pessoas jurídicas, precarizadas, assim como outros trabalhadores de um mesmo ramo devem se unificar sindicalmente e não criar um sindicato de uma única categoria, posto que os outros(as) trabalhadores(as) também sofrem a mesma precarização em suas condições de trabalho;

d) assistentes sociais atuando em espaços sócio-ocupacionais nas esferas estadual e federal em que não há sindicatos deveriam se organizar, juntamente com outros trabalhadores desses espaços profissionais para a construção do sindicato do ramo;

e) realização de uma pesquisa atualizada pelo conjunto CFESS/CRESS para sabermos, do total de 161.023 assistentes sociais existentes no país, quantos estão sindicalizados, em que sindicatos, com que concepção sindical; destes 31.716 se localizam no estado de São Paulo, o que significa um quinto da categoria profissional;

f) cabe um levantamento no sentido de localizar a militância das(os) assistentes sociais nos sindicatos de ramos e nas oposições sindicais para uma análise mais aprofundada da organização sindical e inserção profissional, para uma articulação nas lutas em uma direção combativa em consonância com nossas lutas imediatas e históricas;

g) a recente aprovação da lei da terceirização, em 2018, que abrange atividades-meios e atividades-fins, apresenta um conjunto de desafios para a classe trabalhadora que poderá ter em um mesmo espaço sócio-ocupacional trabalhadores(as) vinculados(as) a muitas empresas terceirizadas, cada qual com um sistema de trabalho, de contrato, de salário, atomizando os trabalhadores, não mais com sindicatos abrangentes, horizontais, mas vários sindicatos, agora de empresas. Um desses desafios, portanto, é o de aglutinar em um ramo de atividade o conjunto de trabalhadores, independentemente de sua forma de contratação, posto que são trabalhadores coletivos que atuam na esfera da produção e reprodução social, o que pressupõe organizar a classe para sua ação organizativa e de luta;

h) registra-se a necessidade permanente de inserir na formação profissional o conhecimento sobre o sindicalismo, da trajetória histórica da organização política/sindical, da organização sindical das assistentes sociais nos ramos de atividades que existem no serviço público, em que 78,16% das assistentes sociais se inserem profissionalmente;
i) no interior dos sindicatos de ramos é importante criar, como tem sido criadas, comissões para tratar das questões particulares das categorias profissionais, enquanto as questões gerais são tratadas pelos trabalhadores por ramo;
j) cabe um levantamento no sentido de localizar a militância de assistentes sociais nos sindicatos de ramos e nas oposições sindicais para uma análise mais aprofundada da organização sindical e inserção profissional, para uma articulação nas lutas em uma direção classista (Abramides, 2018).

Pelos elementos aqui constituídos, entre outros que poderão ser acrescidos, o caminho de construção do sindicato por ramo de atividade econômica tem um campo aberto a ser percorrido e que *avançará, à medida que o sindicalismo retome seus processos de mobilização e lutas desde os locais de trabalho,* partindo da realidade das configurações do mundo do trabalho no processo de reestruturação produtiva. A questão sindical deve responder às reais necessidades dos trabalhadores e buscar, autonomamente, a melhor forma de organização sindical, a partir da construção de sindicatos mais amplos e abrangentes, em que a organização dos trabalhadores por ramo de atividade econômica possa auxiliá-la para enfrentar as lutas vinculadas ao mundo do trabalho ainda mais precário pela *acumulação flexível.*

4.2 Assistência social: política pública de direito e/ou programa social compensatório?

Importante relembrar que a Assistência Social, política pública de direito, foi conquistada como tal no marco regulador da LOAS — Lei Orgânica da Assistência Social —, no sistema da Seguridade Social, juntamente com a Saúde e a Previdência Social. A categoria profissional, por intermédio de suas organizações, desempenhou um papel central em sua elaboração, no sentido de romper com a herança histórica do assistencialismo no plano institucional. Por outro lado, cabe ressaltar que de fato pouco se avançou no âmbito da implementação dessa política pública de direitos na esfera estatal. As políticas sociais públicas da assistência social se configuraram, substantivamente, em *programas compensatórios* na programática neoliberal nos dois governos de FHC com o Programa Comunidade Solidária (1995 a 2002). No século XXI, os dois governos de Lula da Silva (2003 a 2010) e um governo e meio de Dilma Rousseff (2011 a 2016) adotaram o projeto social-desenvolvimentista ou neodesenvolvimentista que *"é sustentado pela combinação da financeirização, crescimento econômico e políticas sociais compensatórias"* (Mota, 2012, p. 42, grifos da autora); portanto, o social-liberalismo, sob a égide de um novo desenvolvimentismo, se caracteriza como uma variante do neoliberalismo. Diante da crise externa de 2008, "a política econômica social-liberal, com pitadas de novo desenvolvimentismo, está a serviço da política econômica do capital financeiro internacional e nacional em todas as suas frações-finança, comércio, agroindústria, logística, etc., e que, aliás, estão cada vez mais integradas com o processo de concentração e centralização d*o capital,* algo típico em um momento de crise" (Castelo, 2013, p. 135, grifo nosso).

Estabeleço a seguinte indagação: ao retomar a Assistência Social como política pública de direito, notadamente nos governos democrático-populares, a profissão não se circunscreveu prioritariamente a essa política, em um movimento inverso ao anterior — o de sua negação —, limitando a profissão à própria política da Assistência Social, em um reducionismo do próprio Serviço Social, em relação ao acúmulo produzido em sua trajetória histórica? Essa tem sido uma questão recorrente na profissão. Cabe, portanto, enfrentar teoricamente esse *fio invisível da política pública da Assistência Social*; o seu limite estruturante, posto que não pode ser concebida em si mesma, autonomamente desvinculada de um plano estatal de implementação de políticas sociais universais e de políticas de emprego. A competência técnica no âmbito do exercício profissional e uma intencionalidade redistributiva da política de Assistência Social são insuficientes. A análise, portanto, deve se orientar por duas dimensões; de um lado, qualificar-se pela sustentação da defesa de uma política pública de direito, que não se confunde com o assistencialismo benemerente e caritativo dos primórdios; e de outro, compreender que a política de Assistência Social é extremamente funcional ao neoliberalismo ao limitar-se a programas compensatórios, de contrição das massas pauperizadas e de sustentação política dos governos neoliberais, na perpetuação das desigualdades sociais inerentes ao capitalismo. Os programas compensatórios se perfilam em ancoradouro à reestruturação do capital, no âmbito do Estado, sob a lógica da internacionalização e financeirização da economia.

Acrescentam-se a desarticulação permanente entre as três políticas na esfera da Seguridade Social e a ausência de uma política de emprego, agravada pela desresponsabilização do Estado, diante das políticas públicas e dos direitos sociais. Estes passam a ser destruídos na lógica do receituário neoliberal do FMI e do Banco Mundial para a América Latina, em 1989, e, posteriormente, por ajustes de segunda geração (Mauriel, 2013), por alguns autores denominada Pós-Consenso de Washington e, por outros, uma nova versão do Consenso de Washington. Estas implicações rebatem diretamente na ação profissional, se considerarmos que o espaço sócio-ocupacional da política de assistência social congrega um número expressivo de profissionais, após a área da saúde, de maior contingente empregador dos profissionais, pois o que se verifica nesta conjuntura é a "administração tardo-capitalista da miséria" (Netto, 2010, p. 31).

4.3 As relações de exploração de classe e opressão de gênero, raça, etnia e sexualidades, e seus desafios para a formação e exercício profissional

As relações de exploração de classe e as opressões sociais de gênero/raça, etnia e sexualidades são constitutivas do Projeto Ético-Político Profissional (*PEP*) de ruptura com o conservadorismo. Os fundamentos contra a exploração de classe, opressão e dominação social permeiam a formação e o exercício profissional por meio das Diretrizes Curriculares, de 1996, do Código de Ética, de 1993, no âmbito da produção e reprodução das relações sociais que foram tematizadas no decorrer deste livro, bem como as principais lutas a elas referenciadas.

Neste subitem, quero ressaltar algumas lacunas que têm sido detectadas, notadamente na questão étnico-racial, mas que têm rebatimento em outras referências nas lutas contra as opressões. A questão étnico-racial expressa seu significado no interior das relações sociais como estruturante dessas relações, imanente à formação sócio-histórica, de herança escravocrata, no tardo capitalismo brasileiro, cujos efeitos se manifestam intensamente no país, no interior da desigualdade de classe. De outro lado, a questão de gênero, que tem sua gênese na sociedade patriarcal, adquire particularidades na formação sócio-histórica do modo de produção capitalista, em que as desigualdades a ele inerentes são acrescidas da questão das sexualidades, em que o estigma, o preconceito e a discriminação são brutais em uma sociedade periférica, atrasada, conservadora e discriminatória, com alto grau de feminicídio, homo, lesbo e transfobia.

No Brasil contemporâneo, 54% da população é composta por negros, ou seja, pretos, em sua maioria, e pardos; são os trabalhadores negros, com maior incidência, as mulheres trabalhadoras negras as que mais sofrem exploração de classe e opressão social, e entre elas as mulheres transexuais. Basta recorrer aos índices demonstrativos das relações de trabalho para se constatar que as mulheres negras, para desempenhar as mesmas funções, encontram-se na base da pirâmide social, com menores salários. De outro lado, a violência praticada contra as transexuais denuncia o país em recorde de assassinatos, acrescido do extermínio da população jovem, pobre e negra das periferias e morros dos grandes centros urbanos, seguido de ameaças e assassinatos de militantes indígenas, sem-terra, e da não demarcação de suas áreas. A barbárie é evidenciada por meio de grupos paramilitares, milicianos, com execuções sumárias que têm se ampliado após o Estado de exceção vigente no governo golpista de Temer, em 2016, e que certamente alastra maior preocupação com o governo com característica neofascista e militarizado, de extrema-direita que assumiu em 2019.

Historicamente, desde o final dos anos 1970, as entidades sindicais da categoria atuaram de forma articulada aos movimentos das mulheres trabalhadoras, feministas, movimento negro unificado e, a partir dos anos 1990, ampliaram-se essas lutas sob a direção do conjunto CFESS/CRESS, ABEPSS e ENESSO aos seguimentos LGBTTs no horizonte das lutas sociais no interior da luta de classes, conforme explicitado em capítulos anteriores.

Mais recentemente, cabe destacar que entre os Grupos de Trabalho e Pesquisa da ABEPSS — GTPs —, criados em 2010, um deles direciona-se à temática do "Serviço Social, relações de exploração, opressão de gênero, raça, etnia, sexualidades", incentivando pesquisadoras(es), organizando revistas, oficinas regionais descentralizadas e debatendo a inserção dos respectivos subtemas nos projetos pedagógicos dos cursos na formação profissional, nas esferas da graduação e da pós-graduação, pois não basta que esta orientação esteja contemplada nos instrumentos normativos da profissão. Concomitantemente, o conjunto CFESS/CRESS tem desenvolvido uma programática de ação com debates, seminários, denúncias, cartazes, agendas, com posicionamentos e lutas concretas a cada situação de exploração, opressão, discriminação, preconceito e violências étnico-raciais, de gênero, e de sexualidades. Cabe ainda demarcar a importância de pesquisas de TCCs, dissertações de mestrados, teses de doutorado, pesquisas de campo, no trabalho profissional, bem como publicação de artigos, revistas e livros sobre a temática na área do Serviço Social; todavia, é essencial revelar como o GTP tem identificado lacunas ainda existentes no projeto de formação profissional. Desde 2010, no Encontro Nacional de Pesquisadoras(es) em Serviço Social (ENPESS) da ABEPSS, há uma resolução no sentido de que essa temática e seus subtemas sejam incluídos nos Projetos Pedagógicos dos cursos de graduação e de pós--graduação de forma correlacional e transversal.

Segundo análise do relatório do subgrupo do GTP da ABEPSS sobre a questão étnico-racial, é fundamental que se estabeleça a incorporação dos conteúdos étnico-raciais

> [...] em um conjunto de disciplinas e atividades de ensino, pesquisa e extensão que promovam na graduação e pós-graduação uma gradativa e efetiva superação

da secundarização ou "tematização" da questão étnico-racial na formação, muitas vezes apreendida no viés culturalista e/ou como um segmento a ser abordado no conjunto da sociedade [...] acrescidos de que "vários estudos apontam para os riscos desta fragmentação e silenciamento/secundarização do debate na formação no Serviço Social no âmbito da graduação e da pós-graduação" (Elpídeo, Valdo e Rocha, 2018, p. 429).

Esta atenção se encaminha no sentido de que a temática seja universalmente tratada nos cursos, e não somente por meio de oficinas ou núcleos optativos, sendo esta uma tarefa prioritária, do ponto de vista da teoria social, como totalidade da vida social a ser assimilada no processo de formação profissional de ruptura com o conservadorismo. As estatísticas revelam que mais de 80% da população, que se encontra em extrema pobreza, é composta de trabalhadoras(es) negras(os), grande parte jovem, em que a atuação profissional se volta, fundamentalmente, por meio de serviços e programas sociais ofertados institucionalmente, muito aquém das necessidades e demandas reais. São essas(esses) trabalhadoras(es) que cotidianamente sofrem as maiores mazelas das múltiplas expressões da questão social (desemprego, subemprego, trabalho temporário, intermitente, terceirizado sem carteira assinada, sem cobertura da proteção social, violência, extermínio, criminalização, perda de direitos), expressão da reestruturação produtiva e do neoliberalismo, que se tornam ainda mais duros em governos que seguem à risca o capital internacional na financeirização da economia, acrescidos de um neoconservadorismo e/ou reacionarismo de direita (caso do Brasil a partir de 2016).

Por último, posto que as observações anteriores dão sustentação ao que se segue, quero chamar a atenção para uma questão analítica que me *parece central*, qual seja, a necessidade de superar uma visão meramente identitária, por segmento específico étnico-racial, de gênero, sexualidade, incluindo o geracional, presente em alguns movimentos sociais que, longe de tratar da particularidade, como uma categoria de mediação entre a singularidade e a universalidade, se limitam à noção da especificidade autorreferida desvinculada da questão da classe social, notadamente em movimentos que acabaram por receber uma influência das teorias "*pós-modernas*" ou *culturalistas,* que negam a existência de classes sociais e, portanto, desconsideram as macroanálises e são autoexplicáveis, em sua aparência imediata, fenomênica; ou ainda visões funcionalistas centradas no ideário de "empoderamento" a partir de uma noção da autorreferência no indivíduo, ofuscando e/ou amortecendo a consciência social, coletiva da classe, corroborando com o conformismo do *fim da história de triunfo do capitalismo*. Por outro lado, há setores que, ao tratarem da questão da classe, lateralizam a questão étnico-racial, de gênero, de sexualidade, que não corresponde à perspectiva da totalidade, e muitas vezes vem marcada de uma concepção determinista, economicista, comum a concepções vinculadas a uma visão etapista, do processo de transformação social e, portanto, também não apreendem a particularidade como mediação. Vale ainda ressaltar que a raça é uma só, *a raça humana,* portanto a visão biologizante, eugenista do branqueamento, que imperou durante séculos, e ainda se perpetua, em continuidade ao projeto de dominação e opressão burguesa de classe, deve ser fortemente combatida do ponto de vista do legado marxiano.

No Brasil, porém, há um **racismo estrutural** que é constitutivo do próprio projeto de dominação burguesa, de classe, portanto, a luta *antirracista é uma luta política e analítica na perspectiva dos movimentos sociais classistas, marxistas, contra a herança escravista que arraigadamente perdura no século XXI*: originária da aristocracia colonial, de continuidade na burguesia nascente, se desenvolveu e ideologicamente se alastrou como projeto da classe dominante para a sociedade. Na teoria do ser social do legado marxiano há uma indissociabilidade entre singularidade, particularidade e universalidade que compõe a totalidade da vida social. Portanto, as categorias teóricas também se inter-relacionam, como já amplamente tratado, tendo a base material (produção social) seu momento predominante no modo capitalista de produção, na sociedade de classes, em que o trabalho é a categoria fundante do ser social, com prioridade ontológica em relação às outras categorias, reafirmando Lukács de que não há hierarquia de valor entre as categorias. Assim, a luta contra as opressões se articula à luta contra a exploração da classe trabalhadora, e essa luta é integrada e deve ser tratada teoricamente, na práxis política e no trabalho profissional, nesta direção da totalidade da vida social.

4.4 O projeto de formação profissional — reafirmando as diretrizes curriculares: polêmica e questões para o debate

O projeto de formação profissional é resultado de um amplo processo de discussão no âmbito das unidades de ensino, com participação de docentes, discentes e supervisores de campo, nas oficinas regionais e nacionais da ABEPSS. Culmina com a aprovação das diretrizes curriculares que completou, em 2016, 20 anos. A maturidade teórica adquirida pela categoria profissional nesse processo supera as lacunas do currículo anterior e reafirma: a direção social do curso; o significado social da profissão na divisão sociotécnica do trabalho; a profissão compreendida no âmbito da produção e reprodução social; a fundação sócio-histórica da profissão expressa nas manifestações da "Questão Social"; a totalidade da vida social; o trabalho como categoria fundante do ser social; a condição de assalariamento profissional; a articulação entre projeto profissional e projeto societário da classe trabalhadora.

A categoria trabalho, de centralidade ontológica, fundante do ser social, e todo arcabouço do legado marxiano, na perspectiva da totalidade da vida social, encontram-se contemplados nas diretrizes curriculares definidas em 1996, no projeto de formação profissional, o que reafirma nosso PEP. Porém, torna-se necessário o debate em torno de interpretações e polêmicas presentes a partir da incorporação das diretrizes curriculares aprovadas em 1996. O primeiro aspecto a ser tratado relaciona-se a uma inadequação do ponto de vista do legado marxiano presente no seguinte pressuposto:

> O processo de trabalho do Serviço Social é determinado pelas configurações estruturais e conjunturais da questão social e pelas formas históricas de seu enfrentamento, permeada pela ação dos trabalhadores, do capital e do Estado, através das políticas e lutas sociais (ABESS, 1997, p. 60-1).

Marx se refere no livro *O capital*, volume I, ao processo de trabalho,

> [...] como unidade do processo de trabalho e processo de formação de valor, o processo de produção é processo de produção de mercadorias; como unidade

do processo de trabalho e processo de valorização, é ele processo de produção capitalista, forma capitalista de produção de mercadorias (Marx, 1988, p. 155).

[...] A própria mercadoria é unidade de valor de uso e valor, seu processo de produção tem de ser unidade de processo de trabalho e processo de formação de valor (*Idem, ibidem*, p. 148).

O processo de valorização nada mais é do que um processo de formação de valor prolongado até certo ponto. O processo de trabalho se apresenta no processo de formação de valor em seu aspecto quantitativo, cujo tempo gasto pela produção de valor de uso é o tempo médio de trabalho socialmente necessário. O valor da força de trabalho, mercadoria primeira para o capital, "é determinado pelo valor dos meios de subsistência necessários para produzir, desenvolver, manter e perpetuar a força de trabalho" (Marx, 2004c, p. 89).

O processo de trabalho para Marx é, portanto, processo de valorização estabelecido pela relação entre os homens e a natureza, em que os elementos simples do processo de trabalho são: a atividade orientada a um fim ou o trabalho mesmo, seu objeto, seus meios. O primeiro elemento constitutivo do processo de trabalho é o próprio trabalho, atividade dirigida a um fim, posto que não há trabalho sem finalidade, sem teleologia, em que o homem estabelece a prévia ideação, a antecipação pelo trabalho como atividade humana, que somente a ele pertence. O homem antecipa em seu pensamento, constrói alternativas, o que não significa dizer que o que projetou se realize, assim como ele havia elaborado em seu pensamento.

O segundo elemento do processo de trabalho é o objeto que se constitui da própria natureza: água, terra, minério, peixe. O objeto de trabalho não tem vontade, não tem teleologia. "Toda matéria-prima é objeto de trabalho, mas nem todo objeto de trabalho é matéria-prima. O objeto de trabalho é apenas matéria-prima depois de já ter experimentado uma modificação mediada por trabalho" (Marx, 1988, p. 143). A matéria-prima se configura, portanto, no próprio objeto do trabalho por meio de trabalho anterior. O objeto modificado é transformado em produto pela ação humana (carvão, óleo, grão), em que produtos não se restringem somente aos resultados, mas também se constituem nos processos de trabalho.

O terceiro elemento constitutivo do processo de trabalho são os meios de trabalho que "não são só medidores do grau de desenvolvimento da força de trabalho humana, mas também indicadores das condições sociais nas quais se trabalha" (Marx, 1988, p. 144) e o processo de trabalho se extingue no produto; o processo de trabalho se vincula ao processo de valorização, ao processo de criação de valor.

O processo de trabalho, como o apresentamos em seus elementos simples e abstratos, é atividade orientada a um fim para produzir valores de uso, apropriação do natural para satisfazer as necessidades humanas, condição natural eterna da vida humana, e, portanto, independente de qualquer forma dessa vida, sendo antes igualmente comum a todas as suas formas sociais. Por isso não tivemos necessidade de apresentar o trabalhador em sua relação com outros trabalhadores. O homem e seu trabalho, de um lado, a Natureza e suas matérias, do outro, bastavam (Marx, 1988, p. 146).

Na sustentação do Núcleo de Fundamentos do Trabalho Profissional das Diretrizes Curriculares, depara-se com um problema cuja raiz é a mesma, ou seja, de deslocar os elementos constitutivos do processo de trabalho para o âmbito da atividade profissional ao identificar o fazer da profissão com os elementos do processo de trabalho, com seus meios e produtos;

> A profissionalização do Serviço Social como uma especialização do trabalho e sua prática como concretização de um processo de trabalho que tem como objeto as múltiplas expressões da questão social. Tal perspectiva permite recolocar as dimensões constitutivas do fazer profissional articuladas aos elementos fundamentais de todo e qualquer processo de trabalho: o objeto ou matéria-prima sobre a qual incide a ação transformadora; os meios de trabalho — instrumentos, técnicas e recursos materiais e intelectuais que propiciam uma potenciação da ação humana sobre o objeto; e a atividade do sujeito direcionada por uma finalidade, ou seja, o próprio trabalho. Significa ainda reconhecer o produto do trabalho profissional em suas implicações materiais, ideopolíticas e econômicas [...] (ABESS, 1997, p. 66).

O processo de trabalho no desenvolvimento das forças produtivas, no capitalismo, está subordinado ao processo de valorização (produção de valor e mais-valor) em que a utilização da força de trabalho humana pertence ao capitalista, em uma relação de compra e venda da força de trabalho, constituindo-se em mercadoria, assim tratado por Marx em *O capital*. No debate e definição das diretrizes curriculares, é relevante e necessária a atenção dedicada às estratégias profissionais articuladas aos referenciais teórico-metodológico, técnico-operativo e ético-político de mediações reflexivas, operativas e interventivas da atividade profissional como práxis social, como trabalho profissional. Entretanto, não pode se confundir processo de trabalho como se fora de uma profissão, *assim penso que deveríamos nos remeter ao trabalho da assistente social e não a processo de trabalho do Serviço Social*. Podemos compreender os profissionais como trabalhadores assalariados inseridos em processos de trabalho, considerando que o seu primeiro elemento constitutivo é o próprio trabalho, atividade dirigida a um fim, tanto no trabalho produtivo como no trabalho improdutivo, este último a ser tratado por Marx (1978) no capítulo VI, inédito.

Decorrente do debate sobre trabalho produtivo e trabalho improdutivo surge entre as(os) autoras(es) uma interpretação diferenciada nas Diretrizes Curriculares no que se refere à compreensão do Serviço Social como trabalho prático ou práxis educativa.[16] Em minha avaliação aqui, trata-se de uma polêmica no interior do campo marxista, pois tanto as(os) autoras(es), que argumentam que a profissão se constitui como trabalho, como as(os) autoras(es) que compreendem a profissão como prática ou práxis educativa apresentam sua sustentação teórica no legado de Marx.

Em relação à compreensão teórica da *profissão como trabalho* encontramos larga bibliografia, tendo como referência inaugural as argumentações de Iamamoto, em várias obras, bem como na formulação das diretrizes curriculares do projeto de formação profissional, de 1996, em que um dos núcleos de fundamentação se refere diretamente ao trabalho profissional. Esta defesa encontra sustentação em Marx, ao analisar que o primeiro elemento

---

16. Sobre essa polêmica (Serviço Social como trabalho, ideologia ou prática), consultar sobre trabalho: ABEPSS (1996); Iamamoto (1998); Almeida (1997); Granemann (1998). Sobre ideologia ou prática, consultar: Lessa (2000); Costa (2000); Guerra (2000); Ramos (2000); Gomes (2000); como práxis educativa: Netto e Braz (2006).

do processo de trabalho, atividade dirigida a um fim, ou seja, o próprio trabalho pode ser considerado trabalho produtivo ou trabalho improdutivo (Marx, 1978, capítulo VI — inédito). O trabalho improdutivo não produz valor e mais-valor; portanto, não cabe a relação com os outros elementos constitutivos do processo de trabalho: matéria-prima e os meios de trabalho, tampouco em relação aos produtos, posto que todos atuam na cadeia produtiva orgânica e metabólica do capital no processo de criação de valor e mais-valor na produção de mercadoria

A profissão do Serviço Social, inserida, centralmente, na esfera da reprodução, pode ser compreendida como trabalho improdutivo. Embora também atue na esfera da produção seu trabalho é considerado improdutivo, pois não produz diretamente mercadoria. No capitalismo contemporâneo, muitas categorias que outrora não produziam mercadorias já a realizam, porém é necessário que se façam análises concretas das situações concretas para saber o tipo de trabalho desenvolvido.

Para Marx, o trabalho improdutivo se relaciona à produção de valores de uso, vendida como serviço, que não se constitui diretamente em produtiva, é desenvolvida por um conjunto de trabalhadores assalariados nos setores de comércio e serviços, nas esferas pública e privada, em que não há produção de valor, trabalhos geradores de antivalor. Nessa direção, insere-se o trabalho da assistente social, majoritariamente.

A condição de assalariamento estrutura o capital, desestrutura o ser social e possibilita a unidade de classe dos assalariados na luta contra o capital. Ressalva-se, porém, que não se incluem na noção de classe trabalhadora os gestores do capitalismo, mesmo sendo assalariados, posto que estão a mando do capital; os que vivem da especulação de juros; a pequena burguesia rural e urbana que pode ser aliada tanto do capital, como da classe trabalhadora.

Na complexidade das relações e dos processos de trabalho, no momento da reestruturação do capital, mais e mais trabalhadores que outrora não eram produtivos passam a sê-lo, a partir das novas estratégias do capital para recuperar suas taxas de lucro. Outros, porém, passam a ser trabalhadores improdutivos diante das novas funções que desenvolvem, não produzindo diretamente mais-valor Nesse sentido, são fundamentais pesquisas que analisem na contemporaneidade as alterações da força de trabalho na investida do capital no processo de acumulação flexível (na esfera da produção e da circulação). Reafirmo, portanto, que a interpretação da profissão como trabalho tem sustentação em Marx, conforme analisado.

Em relação aos autores que não consideram Serviço Social como trabalho, podemos citar Sérgio Lessa (2000, p. 53), ao afirmar que:

> [...] o Serviço Social não cumpre a função mediadora entre os homens e a natureza; essa identificação é incompatível à centralidade ontológica do trabalho; a função organizadora dos homens difere de sua objetivação na produção. A função social das atividades humanas voltadas à organização dos homens para que a sociedade se reproduza é ontologicamente distinta da função social do trabalho... Há uma diferença ontológica fundamental entre organizar a vida social para tornar possível uma dada produção material e produzir os bens materiais.

Netto e Braz (2006, p. 43-4), a partir do legado marxiano e lukacsiano, definem as várias expressões da práxis social, a saber:

— práxis voltadas para o controle e a exploração da natureza e formas voltadas para influir no comportamento e na ação dos homens. No primeiro caso, que é o trabalho, o homem é o sujeito e a natureza é o objeto; no segundo caso, trata-se da relação de sujeito a sujeito, daquelas formas de práxis em que o homem atua sobre si mesmo (como na práxis educativa e na práxis política).

— os produtos e obras resultantes da práxis podem objetivar-se material ou idealmente: no caso do trabalho, sua objetivação é necessariamente algo material, mas há objetivações (por exemplo, os valores éticos que se realizam sem operar transformações numa estrutura material qualquer).

A partir desta análise, depreende-se que para Netto e Braz o Serviço Social como profissão se constitui como práxis educativa, na relação dos homens com os outros homens, como fonte de objetivação secundária.

Substantivamente, os argumentos teóricos apresentados por Lessa, Netto e Braz se sustentam no legado marxiano dos componentes abstratos e simples, constitutivos do trabalho e do processo de trabalho e sua vinculação ao processo de valorização da sociedade capitalista, produtora de mercadorias, bem como no autor húngaro György Lukács, ao estabelecer a objetivação primária, dada pelo trabalho, na relação dos homens com a natureza, e nas objetivações secundárias pelas relações dos homens com os outros homens, entre elas a práxis educativa.

Lukács retoma o legado marxiano da prioridade ontológica da categoria trabalho, argumentando que se funda um complexo de outros complexos e de práxis sociais em um conjunto de mediações que se expressa a partir do trabalho e das necessidades e possibilidades por ele geradas. A processualidade social é distinta no plano ontológico dos processos naturais, posto que a consciência, determinada pelo ser, desempenha um papel fundamental na vida social, no mundo dos homens. O ser social expressa suas capacidades humanas por meio da consciência, da liberdade, da sociabilidade, da universalidade. Essas capacidades se materializam na relação do homem com a natureza, pela objetivação primária do trabalho e em objetivações secundárias que são estabelecidas a partir da relação dos homens com os outros homens por meio da educação, da ciência, da arte, da filosofia, da técnica, da religião, da cultura, da ética, da estética, entre outras que pertencem exclusivamente aos homens. O salto ontológico expresso na atividade humana é dado pelo trabalho que se constitui no momento predominante da constituição do ser social, "modelo de toda práxis social, de toda conduta social ativa" (Lukács, 2013, p. 33).

Costa (2000, p. 100), uma das autoras que compreendem o Serviço Social como um complexo ideológico no âmbito da práxis social, baseia-se, teoricamente, no autor marxista húngaro e afirma:

> [...] Essas novas possibilidades e necessidades geradas pelo trabalho só podem ser atendidas por complexos e práxis sociais que não sejam trabalho, do contrário se estaria afirmando que o trabalho funda a si mesmo. Assim, o caráter do trabalho como atividade fundante do ser social não significa a redução da práxis humana ao trabalho, mas que outras práxis igualmente importantes se desdobram a partir dele no interior da malha de mediações que constitui o processo de reprodução social.

A condição de Costa sustenta, portanto, que: as atividades profissionais têm por finalidade atuar no âmbito das relações entre os homens; o Serviço

Social, como práxis social, encontra-se na esfera de uma posição teleológica secundária que se refere a processos sociais estabelecidos nas relações dos homens entre si, que atuam sobre os atos de consciência dos indivíduos; a atividade profissional deve ser compreendida como ideologia na concepção de Lukács,[17] em um complexo que pressupõe uma função social na relação entre os homens na vida cotidiana.

Uma nota ainda na direção da polêmica tratada: há um consenso na tradição marxista de que o trabalho se objetiva na relação do homem com a natureza, assim como de que o trabalho possui duas dimensões, teleológica e ontológica, e se constitui o modelo da práxis e de que as profissionais assistentes sociais são trabalhadoras, em sua condição de assalariamento na divisão sociotécnica do trabalho. A divergência está em se conceber a profissão como trabalho, práxis educativa ou ideologia; todas as análises, porém, apresentam sustentação na obra de Marx, conforme exposto. Por outro lado, é importante superar a inadequação teórica nas diretrizes curriculares em um único aspecto, o que vincula imediatamente o processo de trabalho à profissão, embora já haja um debate teórico sobre esta questão.[18]

4.5 Contrarreforma no ensino superior: implicações para o Serviço Social, desafios e lutas necessárias

Selada a partir do governo FHC, a contrarreforma no ensino superior atingiu o conjunto dos cursos do país. Novas modalidades de cursos ampliaram a subordinação da universidade aos interesses do capital, entre eles

---

17. Lukács define a posição teleológica primária como o ato típico do trabalho através do qual há possibilidade de encaminhar um processo evolutivo do ser social, em que a reprodução dos indivíduos, da sociabilidade e da fala tendem a se tornar cada vez mais sociais (Costa, 2000, p. 103). Com o desenvolvimento social, criam-se complexos parciais formados por posições teleológicas secundárias, "que são o solo ontológico no interior do qual surge e se desenvolve o complexo ideológico no contexto da totalidade social" (Costa, 2000, p. 105).

18. O processo de desenvolvimento da Pesquisa Nacional sobre o Balanço da Implantação das Diretrizes Curriculares desencadeado pela ABEPSS, em 2006, junto às unidades de ensino, e pela realização das Oficinas Nacionais descentralizadas pode representar um momento de rico debate e aprofundamento das questões apresentadas para uma maior compreensão teórica e analítica de nosso projeto de formação profissional.

os cursos sequenciais, a educação a distância e os mestrados profissionalizantes, que se caracterizam por serem cursos que priorizam a quantidade em detrimento da qualidade, seu aligeiramento e adequação às exigências do mercado, ou seja, à produtividade, à flexibilidade e à racionalidade na lógica instrumental.

4.5.1 As diretrizes curriculares e a contrarreforma do ensino superior no Brasil

O debate e a definição do projeto de formação profissional do Serviço Social brasileiro e a proposta de diretrizes curriculares, no período de 1994 a 1996, são inerentes ao *processo de ruptura* com o conservadorismo. Torna-se essencial demarcar alguns aspectos quanto à sua implantação: os limites da institucionalidade em relação à sua aprovação; os processos de aligeiramento de cursos que exigiram um claro posicionamento político das entidades da categoria; a proliferação do ensino privado em detrimento do ensino público; as dificuldades de implementação das diretrizes curriculares; a questão da avaliação.

Uma primeira observação recai na ampliação ascendente do ensino privado no país em relação à escola pública, nos dois governos de FHC, com continuidade nos governos de Lula da Silva e Dilma, em consonância à orientação do Banco Mundial para a política de ensino superior no país. Entre 1998 e 2003, no período do segundo mandato de FHC e início do governo Lula (neste último em menor escala), há um crescimento de 107% de cursos presenciais de graduação, em grande parte na esfera privada.

Em 1998, existiam 6.950 cursos de graduação, em 2003, totalizavam 15.006 cursos (Boschetti, 2004b); em 2016, totalizavam 34.366 cursos oferecidos para a graduação (INEP, 2016). À primeira vista, esses dados significam uma ampliação do ensino voltado para jovens entre 18 e 24 anos que chegava a 9% no ensino superior e amplia-se para 16% no referido período. Porém, a expansão privada do ensino é majoritária, em consonância com a orientação macroestrutural dos organismos internacionais. Em 2016, foram contabilizadas 2.407 instituições de ensino superior, sendo 2.111 na iniciativa privada e 296 nas instituições estatais, o que corresponde a oferta a 75,3% na esfera privada e 24,7% na esfera pública (INEP, 2016), incluindo-se nessa ampliação modalidades que buscam um aligeiramento no processo de formação com cursos de curta duração e ensino a distância. Essas medidas na lógica empresarial e mercantil destroem o sentido público e universal do ensino superior e tornam precário o trabalho profissional.

O ensino privado se expande também para o Serviço Social que, de 79 cursos existentes nos anos 2000, se amplia para 147, em 2004; desses 20,4% em escolas públicas, o que corresponde a 30 cursos, e 79,6% em escolas privadas, correspondendo a 117 cursos; as regiões Sul e Sudeste totalizam 76,1% do ensino privado de Serviço Social no país (Boschetti, 2004b, p. 21). É preciso dizer que 50% desses cursos foram abertos entre os anos de 1998 e 2000, com maior intensidade entre 2000 e 2001. Nesse período se estabelecem uma efervescência do debate, definição e implantação das diretrizes curriculares aprovadas em 1996. Um expressivo número de unidades privadas de ensino, criadas nesse processo, encontra-se fora dos debates e da apreensão de seu conteúdo, apesar do chamamento da ABEPSS para que estas também se incorporem às oficinas, independentemente da filiação à entidade, o que nem sempre ocorre. Muitas unidades contrataram profissionais de Serviço Social para formulação do projeto pedagógico do curso, de acordo com as diretrizes da ABEPSS; porém, tão logo o projeto é aprovado pelo MEC, ocorrem demissões e precariedade do ensino que não garantem um mínimo de qualidade.

Um aspecto a ser considerado é o de que embora o sistema de abertura, credenciamento e avaliação dos cursos possua um instrumental cujos parâmetros se assentem nas diretrizes curriculares, os quais foram estabelecidos em debate da área e elaborados pela comissão de especialistas, indicada pela ABEPSS, sua aplicação segue uma lógica instrumental. Consequentemente, coloca as avaliações acima da média, em um desvio que favorece a aprovação da maioria dos cursos, independentemente de suas grandes lacunas, o que favorece ainda mais a lógica privada de expansão do ensino superior. Muitas unidades de ensino se encontram vinculadas à Secretaria Estadual de Educação, como se verifica nos estados de São Paulo e Minas Gerais, que, pela sua autonomia, se desobrigam de conceder a aprovação dos cursos baseada nas diretrizes curriculares aprovadas em âmbito federal, o que prejudica ainda mais o projeto de formação profissional definido pela categoria.

A esses elementos, acrescenta-se o fato de o Conselho Nacional da Educação (CNE) ter aprovado parte das diretrizes curriculares e suprimido aspectos centrais que descaracterizam o projeto de formação profissional. O primeiro se relaciona à proposta do CNE de redução das 2.700 horas para integralização dos cursos acrescida de mais 15% de horas em estágios curriculares, o que totaliza um curso de 3.105 horas e, no interior desse, 5% em atividades complementares organizadas pedagogicamente no projeto de formação profissional. A Resolução do CNE n. 15, de 13 de março de 2002, define em seu artigo 3º: "A carga horária do curso de Serviço Social deverá obedecer ao disposto em Resolução própria que normatiza a oferta do curso de bacharelado". No período de 2002 a 2004, muitas unidades de ensino propuseram que os cursos totalizassem 2.700 horas, incluído o estágio, tornando precária a formação profissional. O CNE propõe que os cursos totalizem 2.700 horas, o que não é aprovado após um processo de lutas, em que a ABEPSS foi uma das protagonistas junto ao CNE, que define a carga horária de 3.000 horas para um conjunto de cursos.

Em referência ao item "Conteúdos Curriculares", o Parecer 492/2001 do CNE apenas destaca que os conteúdos devem estar estruturados nos Núcleos de Fundamentação Teórico-Metodológicos da Vida Social, Formação Sócio--histórica da Sociedade Brasileira e do Trabalho Profissional, desconsiderando os conteúdos das diretrizes curriculares definidas pela ABEPSS. A ausência desses conteúdos descaracteriza e fragiliza, do ponto de vista teórico e de concepção, o projeto de formação profissional. Ressaltamos o significado político e pedagógico do processo coletivo de construção e deliberação das diretrizes curriculares e do processo de avaliação nos fóruns da ABEPSS, antecipando-se ao MEC e reafirmando os pressupostos teóricos que balizam o projeto de formação profissional. Porém, as questões anunciadas colocam entraves para a implementação das diretrizes curriculares que requer acompanhamento, capacitação e estratégias permanentes na defesa do projeto de formação e de educação pública de qualidade. Isso exige mobilização e lutas no interior da categoria, articuladas ao movimento mais amplo de defesa do ensino e do trabalho, nos quais a ABEPSS tem participado.

4.5.2 Os cursos sequenciais

Os cursos sequenciais previstos na LDB são inspirados nos *community colleges* americanos, em que a qualificação encontra-se diluída, podendo estar em uma das áreas fundamentais do conhecimento ou formar um campo multidisciplinar (Iamamoto, 2004). A legislação apresenta duas modalidades desses cursos superiores não graduados, a saber: de complementação de estudos — de destinação coletiva ou individual — e de formação específica. Os cursos sequenciais de complementação de estudos devem estar vinculados a um ou mais cursos da graduação, os de destinação individual têm duração variada e são propostos pelos candidatos, já os de destinação coletiva são definidos pela instituição quanto à oferta, carga horária e integralização.

A compreensão das entidades da categoria sobre os cursos sequenciais de complementação de estudos é de que eles podem significar um mecanismo de contribuição ao processo de formação continuada, desde que sigam os critérios de:

> [...] viabilizarem-se a partir do projeto ético-político profissional; possibilitar a qualificação da categoria profissional por meio desses cursos; restringir a oferta de curso de complementação de estudos a graduandos e graduados em Serviço Social e outras áreas para garantir a interdisciplinaridade; a oferta desses cursos para graduandos deve ser considerada como complementar e não integralizadora do curso no currículo (ABEPSS, 2000, p. 173-4).[19]

Os cursos sequenciais superiores de formação específica compreendem 1.600 horas ou 400 dias letivos em curta duração, vinculados à área do saber. Fornecem diplomas, embora não ofereçam grau; preparam quadros técnico-instrumentais para o mercado, com salários menores que aos formados pelos

---

19. A diretoria da ABEPSS, na gestão 1998-2000, realiza um Seminário Nacional, em dezembro de 1999, precedido de oficinas regionais sobre "A política de ensino superior no Brasil: a regulamentação da LDB e as implicações para o Serviço Social", com as entidades nacionais — CFESS e ENESSO —, momento em que se delibera contra os cursos sequenciais de formação específica, posto que eles tornam precária a formação profissional. Consultar a revista *Temporalis*, ano I, n. 1, jan. a jul. 2000.

cursos graduados. Seu sentido perverso se aplica às mais variadas situações e cria ilusões nos trabalhadores quanto ao ingresso na universidade. Realizado como curso de segunda linha, cria postos de trabalho sob denominação genérica; permite que todos concorram, contudo, via de regra, os mais qualificados, graduados, têm maior chance de adquirir a vaga, mas com um salário rebaixado pela existência dos cursos de curta duração.

A ABEPSS, na formação, o conjunto CFESS/CRESS no exercício profissional e a ENESSO na organização estudantil vinculam permanentemente formação e exercício profissional em uma mesma *direção sociopolítica* que fortalece a ação unitária das entidades em uma programática comum.

4.5.3 Os mestrados profissionalizantes

Os mestrados profissionalizantes na lógica da LDB, regulamentados pela Portaria n. 080, de 16 de dezembro de 1998, da Coordenação de Aperfeiçoamento de Pessoal de Ensino Superior (Capes), visam "à formação de profissionais pós-graduados para elaborar novas técnicas e processos". Nesse sentido, diferenciam-se dos mestrados acadêmicos que "visam ao aprofundamento de conhecimentos, ou técnicas de pesquisa científica, tecnológica ou artística".

Sob a lógica de dar flexibilidade à educação, no neoliberalismo, os mestrados profissionalizantes se expressam por: a) maior agilidade, rapidez, menor custo, qualificar o corpo docente em 30% do quadro de doutores e mestres exigidos pela LDB em detrimento da qualidade e natureza dos mestrados acadêmicos de formação de docentes; b) responder às exigências do mercado de trabalho mais hierarquizado para melhor qualificação na competitividade de postos de trabalho reduzidos diante da precariedade do trabalho e do desemprego; c) tendência gradativa de supressão dos mestrados *lato sensu* na pós-graduação, substituindo-os por mestrados profissionais, em detrimento da pesquisa e da qualidade acadêmica. Os Encontros Nacionais de Pós-graduação realizados em dezembro de 2005 e 2012, em Recife (PE), e os encontros posteriores reafirmaram a posição da ABEPSS contrária à implantação dos mestrados profissionalizantes, que permanece nas entidades da categoria e estudantil do Serviço Social.

4.5.4 O ensino a distância

O ensino a distância (EaD) é um dos elementos constitutivos da contrarreforma do ensino superior no Brasil, por intermédio da LDB/1996, que segue o receituário do FMI e do Banco Mundial, a ser aplicado nos países de economia atrasada. A legislação a distância em seu artigo 80 prevê que "o poder público incentivará o desenvolvimento e a veiculação de programas de ensino a distância em todos os níveis e modalidades de ensino e de educação continuada", sendo que, em 1998, o governo de FHC regulamenta esse artigo pelo Decreto n. 2.494/98. O incentivo da esfera governamental para os programas de ensino a distância previu a abertura de 700 mil novas vagas, o que impulsionou o caminho para a expansão da privatização, em uma diminuição gradativa do ensino presencial e a correspondente ampliação de cursos semipresenciais e a distância. A partir de 1995, tem-se o maior crescimento de ensino a distância; de 200 mil estudantes no EaD, em 1990, esse número aumentou em 2005 para 1.137.908, considerados os alunos de todas as modalidades de ensino. Em relação aos cursos de graduação e pós-graduação, no ano 2000, contabilizavam dez cursos, mas em um período de quatro anos foram ampliados para 106 cursos. Foram credenciados 18 estados da Federação para a realização dos cursos de EaD, correspondendo a: Norte, 11.644 alunos; Nordeste, 57.982 alunos; Centro-Oeste, 23.588 alunos; Sudeste, 163.887 alunos; Sul, 52.856 alunos, totalizando 309.957 alunos, o que corresponde a um terço do total de estudantes existentes nos cursos de EaD em todos os níveis. De 2004 a 2006, o aumento de alunos nas instituições autorizadas pelo MEC foi de 150%. Se em 2004 eram 309.957, em 2006 eram 778.48 alunos no EaD.

Em 2016, conforme dados do INEP, 44% das vagas para o ensino superior são de EaD. Estudo realizado por Vidal em 2016 indica que, em 2002, as vagas presenciais eram de 1.773.087 e as de EaD, 24.384 e, em 2014, segundo o último relatório do INEP, as vagas presenciais foram de 3.545.297 e as do

EaD, de 2.800.358 (Vidal, 2016, p. 79). Pode-se afirmar que o governo FHC desencadeou o processo do EaD, porém foi no governo Lula e de continuidade no governo de Dilma Rousseff (de 2003 a 2013) que a expansão vertiginosa do EaD ocorreu. Em que pese a ampliação do ensino presencial, sabemos que esta se deu majoritariamente na iniciativa privada, acrescida do incentivo do recurso público a ela, com repasse por meio do PROUNI, inaugurado no governo de Lula da Silva. O percentual das vagas nas universidades privadas de 2002 a 2014 se mantém em 88%, oscilando para 89% a 91%, e as vagas nas universidades públicas ficam com 12%, 11% e 10% das vagas ao longo desse período (Vidal, 2016, p. 57).

O EaD é concebido para ser um ensino massivo, contraposto à universalização do ensino público, estatal, laico, em todos os níveis. Prevê o número reduzido de tutores e técnicos em detrimento dos educadores presenciais, flexibilizando direitos. A portaria de número 4.059/2004 do MEC, no governo Lula, determina que "as universidades e institutos de ensino superior poderão introduzir até 20% dos cursos na modalidade semipresencial". O processo educacional e as tecnologias devem ser analisados no interior das relações econômicas e sociais presentes no capitalismo. A tecnologia e sua aplicação podem e devem ser utilizadas no processo educacional; no entanto, não pode ocorrer a substituição do ensino presencial pelo ensino virtual, de lucratividade, em que as tecnologias na educação se fundem com o capital financeiro a seu serviço.

As entidades da categoria ABEPSS, CFESS/CRESS e ENESSO [20] pronunciaram-se contrárias à implementação de cursos de graduação a distância, reafirmando: educação como direito, indissociabilidade entre ensino, pesquisa e extensão, processo formativo básico na perspectiva da totalidade e criticidade na apreensão da realidade social. Na particularidade do curso de Serviço Social, defendem a importância do ensino presencial em todas as fases do processo formativo; realização do estágio supervisionado de modo presencial com acompanhamento dos supervisores acadêmicos e de campo; realização de pesquisa e investigação em toda formação profissional.

---

20. (ABEPSS/CFESS/CRESS/ENESSO, 2006).

Nesse sentido, os cursos de graduação a distância (EaD) "se confrontam radicalmente com os nossos compromissos e princípios e colidem com os conteúdos, habilidades e competências previstas nas diretrizes curriculares para os cursos de serviço social".

4.6 Lutas gerais da categoria com o movimento da educação

A educação que queremos e pela qual lutamos não está no âmbito do capitalismo. Em uma sociedade de classes, convive uma escola de classes. A universidade que queremos pressupõe a transformação radical da sociedade, o fim da propriedade privada dos meios de produção, o fim das classes. No plano imediato da política educacional lutamos, juntamente com o movimento da educação, pelas bandeiras de lutas definidas coletivamente:

a) 10% para a educação, para que os 400 milhões que se destinam à filantropia sejam direcionados para o ensino público estatal; b) pela autonomia da universidade em todos os seus aspectos: pela indissociabilidade entre ensino, pesquisa e extensão; c) por uma universidade pública, laica, gratuita, universal, para que a produção do conhecimento esteja voltada para os interesses concretos postos pela realidade social; d) que a universidade cumpra sua finalidade social; portanto, sua *direção social* deve se voltar para a grande massa de trabalhadores, democratizando o acesso e a permanência, e a luta para que o recurso público seja destinado à escola pública; e) pela mudança na orientação das políticas de focalização de acesso; f) para que a rubrica de assistência estudantil seja reinserida no orçamento objetivando assegurar material pedagógico, alimentação em restaurantes universitários, subsídios para transporte, moradia estudantil; g) por bolsas de IC — Iniciação Científica, como parte do trabalho acadêmico, para todos os estudantes que atenderem aos requisitos democraticamente estabelecidos com ampla participação estudantil; h) para que os aposentados sejam mantidos em folha de pagamentos do MEC e tenham assegurada a paridade com os ativos; i) extinção das fundações privadas de apoio; j) valorização da carreira docente e dos técnicos administrativos e realização de concursos públicos; k) livre organização sindical; lutar para impedir que haja abertura da educação como área de investimento estrangeiro, combater as políticas de ajuste estrutural do Banco Mundial e do FMI; l) pela cooperação solidária e não mercantil entre os povos[21] (ANDES, 2005, grifos nossos).

A luta pelo ensino de qualidade na agenda do movimento da educação (estudantes, professores e funcionários) supõe a luta contra a contrarreforma do ensino superior em curso em nosso país. Lutar por uma reforma do ensino superior progressiva prevê que se estabeleçam garantia de ensino público universal como política e como direito; estatização sem indenização de toda a rede particular de ensino, sob o controle dos que nela estudam e trabalham; constituição de um Sistema Único de Ensino, em que se exclui o ensino pago como condição para garantir o direito democrático de acesso ao ensino superior a todos; defender com mobilização as reivindicações estudantis e da educação contra a contrarreforma do ensino superior dos diferentes governos, combater, portanto, a ideia de uma educação determinada pelos interesses mercantilistas do empresariado da educação.

A educação é expressão de relações econômicas e sociais; portanto, em uma sociedade de classes, não há possibilidade de universalização das políticas, uma vez que a burguesia e o Estado a seu serviço não têm interesse em oferecer escola para todos, porque, em essência, exploram força de trabalho para recuperar taxas de lucro e acumular capital. Implantados nos países de tardo capitalismo, a burguesia nacional e o reformismo social-democrático, subservientes ao imperialismo, mostraram-se incapazes de realizá-las; é necessário, portanto, que se tenha uma posição histórica,

> [...] consequente, ou seja, proletária e revolucionária, fazer a defesa da solução das tarefas democráticas sob a estratégia da revolução social, que transformará a propriedade privada dos meios de produção em propriedade coletiva, Somente o modo de produção baseado na propriedade e na distribuição coletiva colocará à disposição de todos a escola e o conhecimento (Oliveira, 2004a, p. 36).

---

21. Agenda para a Educação Superior no Brasil — XXIV Congresso do ANDES — Sindicato Nacional dos Docentes do Ensino Superior, 24 de fevereiro a 1º de março de 2005, Curitiba (PR) (consultar *Caderno de Resoluções do Congresso*, Brasília, 2005).

5. As Lutas da Categoria sob a Direção das Entidades de Formação — ABEPSS do Exercício Profissional — Conjunto CFESS/CRESS, Articuladas com a Representação Estudantil — ENESSO

O *PEP* sofreu mutações, reorganizações, embates e muitos desafios, mas sua direção social-hegemônica, conforme amplamente tratada neste livro, permanece e se fortalece na perspectiva que a conquistamos. Essa conquista não pode, em momento algum, nos tirar, como não tem nos tirado, de um processo permanente de debate e combate, no interior da categoria e no conjunto da classe trabalhadora, na articulação entre projeto profissional e projeto societário na direção da emancipação humana. Este livro pretendeu resgatar os pontos centrais de lutas e desafios elucidados, com destaque para as medidas em curso do momento parasitário do capitalismo internacionalmente dominante, acentuado pelo avanço da extrema-direita no país, com consequências cada vez mais destrutivas à classe trabalhadora.

A programática de ação das entidades de representação da categoria ABEPPS/CFESS/CRESS e estudantil, ENESSO, tem se consubstanciado ao longo destes 40 anos em:

a) luta pela continuidade de nosso projeto, com qualidade, na formação e no exercício profissional;
b) luta contra a exploração, opressão e qualquer tipo de discriminação e preconceito social de classe, gênero, raça, etnia e orientação sexual;
c) articulação entre ensino, pesquisa e extensão;
d) direcionamento da pesquisa com interesse social na formação e no exercício profissional;
e) luta contra a ditadura e pela redemocratização do país;
f) luta contra as medidas neoliberais e contrarreformas do Estado, do ensino superior, previdenciária, trabalhista e sindical dos governos FHC, Lula, Dilma e Temer, e as que estão em curso da extrema-direita do governo Bolsonaro, com participação nas mobilizações e greves no período;

g) luta contra a terceirização e todas as formas de precarização, e de destruição das relações de trabalho, aqui incluídos o trabalho escravo e o infantil como expressão da barbárie;

h) luta contra os ajustes fiscais em curso de flexibilização e destruição dos direitos sociais e trabalhistas, e de redução das políticas e programas sociais;

i) luta contra a violência sobre as mulheres e em defesa de suas lutas, entre elas, as de salário igual para trabalho igual e descriminalização e legalização do aborto compreendido como um direito reprodutivo, constitutivo dos direitos humanos;

j) luta contra o racismo e genocídio da população negra e pobre dos morros e das periferias;

k) luta contra a homo, lesbo e transfobia, pelo direito à livre orientação sexual;

l) luta contra a criminalização dos movimentos sociais;

m) luta pela continuidade da autonomia e independência de nossas entidades em relação a qualquer governo, ao Estado e ao patronato, assim como as construímos e consolidamos;

n) articulação com as lutas e os movimentos sociais sindicais e populares classistas;

o) incentivo para que os profissionais se organizem sindicalmente por ramo de atividade econômica;

p) denúncia e luta contra todas as formas (neo)conservadoras, reacionárias, racistas, fundamentalistas, desumanizadoras, mercantis de destruição da vida;

q) defesa da saúde e educação pública, laica, gratuita, universal, de qualidade;

r) recursos públicos para a esfera pública estatal e defesa intransigente do orçamento da seguridade social e fim da vinculação de receitas da União — DRU;

s) contra o ensino a distância (EaD) e os mestrados profissionalizantes;

t) contra os pacotes, decretos, projetos e ajustes fiscais dos vários governos, de cunho privatista e de destruição de direitos sociais e trabalhistas, com drástica redução do orçamento nas áreas sociais para pagar os juros da dívida externa e da dívida pública que estão a serviço dos banqueiros, das grandes empreiteiras e do capital internacional;

u) contra o golpe de direita no Congresso Nacional em 2016 que aprovou a admissibilidade do *impeachment* da presidente Dilma Rousseff e que destruiu a soberania do voto, assumindo o vice-presidente golpista Michel Temer;

v) contra as medidas e pacotes do governo golpista de direita de Michel Temer que se aprofundaram na destruição das conquistas dos trabalhadores, contra a lei da contrarreforma trabalhista, Lei n. 6.787/16, e a mais nefasta, a da terceirização, de n. 13.429;

w) apoio às jornadas de junho de 2013 pelo passe livre, habitação, educação e saúde;

x) continuidade de apoio ao movimento grevista que se expandiu a partir de 2014 com metroviários, metalúrgicos, garis, professores, estudantes e funcionários das universidades federais e estaduais, trabalhadores em serviço de saúde, educação e limpeza; bancários, terceirizados; construção civil e greve geral contra as contrarreformas;

y) apoio às ocupações de escolas e lutas dos estudantes secundaristas contra as medidas de destruição do ensino, na luta pelo ensino de qualidade;

z) contra os 55 projetos que estão tramitando no Congresso Nacional de desconstitucionalização e retirada de direitos dos trabalhadores e Projeto n. 257/216, que atinge diretamente o serviço público;

z1) apoio às ocupações de terras urbanas e rurais e em defesa da reforma agrária e urbana, e que seja garantido o direito à terra, à moradia, à demarcação das terras indígenas, quilombolas e comunidades tradicionais, o direito para população em situação de rua e de catadores(as) de materiais recicláveis;

z2) movimento contra a privatização da saúde, em defesa do SUS e na defesa da legalização das drogas, com ênfase na política de redução de danos para situações de uso prejudicial submetida ao controle social;

z3) apoio e solidariedade aos trabalhadores que lutam em todos os países contra o capitalismo e as medidas de "austeridade" impostas aos trabalhadores;

z4) solidariedade internacional a todos os povos oprimidos;

z5) defesa do povo palestino;

z6) pela retirada das tropas militares do Haiti;

z7) contra o governo de extrema-direita que vigora no país com o capitão reformado Jair Bolsonaro.

Esta programática se faz presente em nossas entidades e, cotidianamente, em nossas ações na práxis profissional e também na práxis política, nas lutas sociais como trabalhadoras e com as(os) trabalhadoras(es) classistas. Nesse sentido, reafirmamos a bandeira do CRESS-SP de 2016: "Em direitos da classe trabalhadora não se mexe", e a consigna dos trabalhadores na Greve Geral de 2017: "Nenhum direito a menos".

ALGUMAS CONSIDERAÇÕES FINAIS

O livro teve por objeto a **direção sociopolítica** do projeto ético-político na ambiência econômica, sócio-histórica, ideopolítica e cultural do país. A análise se baseou em um **balanço do processo de ruptura** do *Serviço Social brasileiro com o conservadorismo* em uma perspectiva histórico-ontológica, na esfera macroestrutural do capitalismo, no plano internacional e por seus rebatimentos nas diferentes conjunturas do país nas quatro últimas décadas.

A realidade social se constitui na referência da profissão inscrita na divisão sociotécnica do trabalho, o que pressupôs a análise das lutas sociais nos anos 1980 e do avanço do neoliberalismo, a partir dos anos 1990, que vem expressando, até as duas primeiras décadas do século XXI, novos desafios mediante a resposta do capital à sua própria crise em que recai, sobre as massas trabalhadoras, um processo de barbárie social.

O **processo de ruptura com o conservadorismo** expressou sua referência pública no III CBAS em 1979, no *"Congresso da Virada"*, em que os profissionais deliberam por uma **direção sociopolítica** de compromisso com os interesses imediatos e históricos da classe trabalhadora. A organização sindical das assistentes sociais, nos anos 1980, e sua *vinculação com o movimento social* são *determinantes* na construção do *PEP*, dos anos 1990, que estabelece uma articulação entre *projeto profissional* e *projeto societário* na direção emancipatória. Do ponto de vista sindical, a categoria cumpriu sua organização e avançou para a inserção nos sindicatos gerais e ramos de atividade econômica, porém esta transitoriedade, ainda inconclusa, apresenta um conjunto de desafios a serem enfrentados, advindos das exigências das novas configurações e inserções no mercado de trabalho mais precarizado.

O processo de *ruptura profissional*, ao largo de 40 anos, contou com uma categoria fortemente organizada que nos anos 1980, articulada organicamente ao movimento sindical, bem como aos movimentos populares combativos, na década de 1990, avançou do ponto de vista teórico-filosófico; na produção e sistematização do conhecimento; na articulação com as ciências humanas e sociais, nos marcos da teoria do legado marxiano e da tradição marxista, na interlocução crítica com outras correntes teóricas e continuidade na articulação com os movimentos sociais.

A formação profissional rompeu com o conservadorismo teórico em 1982, e as lacunas, posteriormente identificadas, foram tratadas nas Diretrizes Curriculares de 1996; têm na categoria trabalho a centralidade da formação profissional, ao reconhecer a produção material como momento predominante da produção social no âmbito da totalidade da vida social. Em relação ao exercício profissional, ocorreu o processo de democratização das entidades, bem como a definição do Código de Ética de 1986, que rompeu com o neotomismo, e do Código de 1996 que superou as lacunas anteriores, avançando do ponto de vista teórico-filosófico em suas dimensões teleológica (finalidade social) e ontológica em sua direção social na perspectiva da emancipação humana.

As intercorrências determinadas pelas crises macroestruturais apresentaram novos desafios diante da reestruturação do capital que avançou destrutivamente pela acumulação flexível, neoliberalismo e investida da pós-modernidade de forma mais incisiva, no Brasil, a partir da década de 1990, quando a categoria profissional se posicionou firmemente contra o neoliberalismo em defesa dos direitos sociais historicamente conquistados. Nesse sentido, a análise das confluências das crises macroestruturais, seus rebatimentos no continente latino-americano e na particularidade do caso brasileiro, nos fornece o solo sócio-histórico determinante para, a partir dos elementos constitutivos da realidade, repensar táticas e estratégias para que o nosso *projeto tenha futuro, articulado às lutas imediatas e históricas da classe trabalhadora*.

Desafios de outra natureza se ampliaram à medida que o país esteve sob a direção do partido, do qual os dirigentes da categoria (simpatizantes ou militantes) estiveram sob forte influência, o PT dos anos 1980, mas também dos anos 1990, quando foram privilegiadas as lutas institucionais, e o qual na entrada dos anos 2000 deu continuidade na esfera federal ao neoliberalismo, subordinado aos interesses do capital. Neste momento, reafirmamos a autonomia e a independência de nossas entidades representativas, como foram construídas e atuaram em relação a todos os governos e partidos, e juntamente com os movimentos sociais nos opusemos ao neoliberalismo. A realização de um golpe institucional de direita no país, em 2016, com celeridade na destruição de direitos pelo governo Temer e suas contrarreformas, aos quais nos opusemos, acrescida, na sequência, pela vitória eleitoral de Bolsonaro pela extrema-direita em 2018, abre, sem dúvida, uma nova etapa de luta de classes no país, em que há necessidade da formação de uma frente classista dos trabalhadores, dos movimentos sindicais, populares e específicos, ampliando com todos que queiram isolar e derrotar o governo Bolsonaro. Lutar, portanto, contra a extrema-direita, as contrarreformas, o desmonte da nação, em uma perspectiva anti-imperialista e anticapitalista rumo à construção de uma sociedade igualitária, libertária, socialista.

Uma das grandes dificuldades analisadas se expressou na transformação da CUT classista, dos anos 1980, para um sindicalismo reformista nos anos 1990 e um sindicalismo governista, a partir do governo Lula, em 2003, até 2016, no governo de Dilma Rousseff. Do ponto de vista sindical, desde a década de 1990, abandonou suas formas organizativas democráticas e horizontais, substituindo-as por formas burocratizadas; rompeu com o critério de proporcionalidade nas direções, tão caro ao sindicalismo classista. As ações diretas foram substituídas pelas negociações sindicais, com o patronato e o Estado prescindindo das lutas sociais de massas. Do ponto de vista da organização sindical, decidimos por unanimidade pela construção e inserção da categoria profissional nos ramos de atividade econômica ou por contratação, desde o final dos anos 1980, embora tenhamos muitos desafios, posto que esta transitoriedade sindical permanece inconclusa, conforme amplamente debatida, e um setor da categoria, apesar da deliberação unânime congressual, criou a FENAS e recriou sindicatos de categoria pelo país.

No âmbito da formação e do exercício profissional, recuperamos a trajetória de lutas, conquistas e desafios da categoria profissional, e nos posicionamos contra as contrarreformas do ensino superior (governo FHC,

Lula e Dilma) e seus desdobramentos, como: cursos sequenciais, mestrados profissionalizantes, educação a distância para os cursos de graduação, assim como nos opusemos às contrarreformas sindical, trabalhista, previdenciária dos governos FHC, Lula, Dilma e Temer e, no momento em que encerro este livro, estamos conjuntamente com os trabalhadores na luta contra a contrarreforma da previdência, demolidora de todos os direitos, proposta por Bolsonaro que, de forma demolidora, destrói a previdência social.

No debate teórico, expus a polêmica que circunda o interior do campo marxista a partir das diferentes formulações da profissão, como trabalho, práxis ou ideologia, sendo que em todas elas as(os) autoras(es) encontram sustentação no legado marxiano. Em outra tematização, sugere-se a revisão de um dos aspectos das diretrizes curriculares, a de que o processo de trabalho não se vincula imediatamente às profissões. Registrei ainda o ataque das teorias pós-modernas, reafirmando a centralidade da categoria trabalho em suas dimensões ontológica e teleológica, na qual todas as outras determinações da práxis já se articulam, tal qual nosso *PEP* orienta. Retomo o protagonismo do proletariado na transformação radical da sociedade por sua inserção no modo de produção capitalista (produção de valor e de mais-valor), e a necessidade de programas e partidos revolucionários na luta pelo fim da exploração da força de trabalho humano na direção da construção do socialismo.

Outro conjunto de questões foi anunciado, mas sei dos limites objetivos de um livro, o que não significa que não indique os desafios para uma reflexão e ação futuras (teórica e político-organizativa). Salientei os limites dos programas compensatórios implantados nos governos FHC, Lula e Dilma, desvinculados de políticas estruturantes, bem como a necessidade da continuidade da luta por políticas sociais, com clareza de que o capitalismo não as universaliza. Levantei ainda a necessidade de aprofundamento e superação das lacunas na formação profissional em relação às opressões de gênero, raça, etnia e sexualidades em sua articulação com a luta contra a exploração de classe no capitalismo, na atenção entre singularidade, particularidade e universalidade na teoria social.

Um dos aspectos que precisamos coletivamente repensar (entidades da categoria) diz respeito a uma aproximação mais efetiva junto à categoria profissional, no sentido de uma formação continuada permanentemente crítica e comprometida com as reivindicações e os interesses dos profissionais, incentivando-os a uma articulação profissional por área temática e de inserção sindical nos ramos de atividade econômica. Do ponto de vista da teoria, devemos combater a visão liberal de cidadania, equidade, justiça social que têm sido apropriadas pelos partidos da ordem e social-democratas e que têm servido para ampliar as desigualdades; trabalhei com a concepção de democracia socialista, como um dos supostos do combate teórico ao politicismo dominante em setores da esquerda que abandonaram a perspectiva socialista e, consequentemente, o projeto emancipatório.

A realidade no país e no planeta, no século XXI, não é a mesma dos anos 80 e 90, do século XX. O capital e o neoconservadorismo se ampliaram com medidas demolidoras aos trabalhadores. Em 2016, ocorreu um golpe de direita que destituiu a presidente Dilma Rousseff, sem crime de responsabilidade e, em 2019, assumiu a presidência do país, por via eleitoral, o capitão reformado Jair Bolsonaro, de extrema-direita, que representa um retrocesso civilizatório. Essa quadra histórica nos apresenta um *desafio mobilizador coletivo* (Netto, 2016), que nos exige mais estudos, análise, pesquisas teóricas, históricas e de recuperação de práxis profissional. Um dado a ser relembrado é o de que o Serviço Social aparece entre os dez cursos mais procurados do país (INEP, 2016), porém a maioria dos estudantes está inserida nos cursos a distância (EAD) e aí se coloca uma grande questão: como trazer esse contingente de profissionais para a perspectiva hegemônica construída e consolidada, considerando sua formação e condição de assalariamento, como trabalhadores e se somarem ao *PEP*? Estou convencida de que temos de enfrentar esse *desafio mobilizador na necessidade, "de insistir em um forte investimento na pesquisa e na elaboração conducentes a uma nova história é mais que necessário"* (Netto, 2016, p. 68, grifos nossos), reafirmando o *PEP* e enfrentando os desafios que aí estão e outros que virão para que nosso projeto tenha futuro.

REFERÊNCIAS

ABEPSS. Relatório do Seminário Nacional ano de 2000. *Temporalis*, ano I, n. 1, jan. a jul. 2000.

_____. 20 anos de relações sociais e Serviço Social no Brasil: esboço de uma interpretação histórico-metodológica. *ABEPSS — Fortuna Crítica*, 2002.

_____. Formação do assistente social no Brasil e a consolidação do Projeto Ético-Político. *Serviço Social & Sociedade*, São Paulo, ano XXV, n. 79, edição especial — Serviço Social: Formação Profissional, p. 72-81, set. 2004.

_____. Disponível em: www.abepss.org.br. Acesso em: 23 março 2019.

ABEPSS/CFESS/ENESSO. Política do ensino superior no Brasil: a regulamentação da LDB e as implicações para o Serviço Social. Relatório final do seminário. *Temporalis I*, Reforma do ensino superior e Serviço Social, Revista da ABEPSS, ano I, n. 1, p. 169-79, jan. a jun. 2000.

ABESS. *Caderno Abess VII*. São Paulo: Cortez, 1997.

_____. *Diretrizes curriculares e pesquisa em Serviço Social*. São Paulo: Cortez, 1998.

ABEPSS. Diretrizes Gerais para o Curso de Serviço Social (Com base no Currículo Mínimo em Assembleia Geral Extraordinária de 08 de novembro de 1996). Rio de Janeiro: ABEPSS, 1996. http://www.abepss.org.br/arquivos/textos/documento_201603311138166377210.pdf. Acesso em: 12 maio de 2019.

ABESS/CEDEPSS. Proposta básica para o Projeto de Formação Profissional. *Serviço Social & Sociedade*, O Serviço Social no século XXI, São Paulo: Cortez, ano XVII, n. 50, abr. 1996.

_____. Diretrizes gerais para o curso de Serviço Social com base no currículo mínimo aprovado em assembleia geral extraordinária de 8 de novembro de 1996.

Cadernos ABESS, Formação profissional: trajetórias e desafios, edição especial, São Paulo: Cortez, n. VII, p. 58-76, 1997.

ABRAMIDES, Maria Beatriz Costa. Reforma do ensino superior sob a lógica neoliberal. *PUC Viva*, Faces da educação — reforma universitária, ano 6, n. 21, p. 21-9, jul. a set. 2004.

_____. *O Projeto Ético-Político do Serviço Social brasileiro*. 2006. Tese (Doutorado) — Programa de Estudos Pós-graduados em Serviço Social, Pontifícia Universidade Católica, São Paulo.

_____. A organização político-sindical dos assistentes sociais: trajetória de lutas e desafios contemporâneos. *Serviço Social & Sociedade*, Serviço Social, História e Trabalho, São Paulo: Cortez, n. 97, p. 85-108, jan. a mar. 2009a.

_____. O significado do papel político do III Congresso Brasileiro de Assistentes Sociais. *Serviço Social & Sociedade,* O Congresso da Virada e os 30 anos da revista, São Paulo: Cortez, p. 728-39, set./dez. 2009b.

_____. Sindicalismo e Serviço Social. *In*: RAICHELIS, Raquel; VICENTE, Damares; ALBUQUERQUE, Valéria (Orgs.). *A nova morfologia do trabalho no Serviço Social*. São Paulo: Cortez, 2018.

_____. Desafios da resistência: as lutas de enfrentamento da classe trabalhadora no Brasil. *In*: DIAS, Luís Antônio; SEGURADO, Rosemary (Orgs.). *O golpe de 2016*: o golpe, razões e consequências. São Paulo: Intermeios/PIPEQ, 2019.

_____; CABRAL, Maria do Socorro Reis. *O novo sindicalismo e o Serviço Social*: trajetória e processos de luta de uma categoria: 1978-1988. São Paulo: Cortez, 1995.

_____; _____; FARIA, Sandra. Transitoriedade inconclusa. CBAS, 10. *Caderno de Teses — ABEPSS/ CFESS/ENESSO*, Rio de Janeiro, 2000.

_____; DURIGUETTO, Maria Lúcia (Orgs.). *Movimentos sociais e Serviço Social*: uma relação necessária. São Paulo: Cortez, 2016.

_____; MARCONSIN, Cleier. Crise capitalista contemporânea e os golpes contra a classe trabalhadora. *In*: SILVA, Ademir Alves da; PAZ, Rosângela Dias Oliveira da (Orgs.). *A sanha neoliberal contra os direitos sociais*: denunciar e resistir. São Paulo: Paulinas, 2019.

_____; MAZZEO, Solange Carvalho; FINGERMANN, Trofimena Mafalda Felícia Noschese. *Repensando o trabalho social*: relação entre Estado, instituição e população. São Paulo: Cortez, 1980.

ABRAMIDES, Maria Beatriz Costa et al. Reforma sindical e reforma trabalhista: em direitos não se mexe. *PUC Viva*, Reforma sindical, São Paulo: Hucitec, ano 6, n. 23, p. 97-103, jan. a mar. 2000.

ALMEIDA, José M. de et al. A contrarreforma sindical/trabalhista: banquete para o grande capital e os burocratas sindicais. *PUC Viva*, Reforma sindical, ano VI, n. 23, jan. a mar. 2005.

ALMEIDA. N. L. *Serviço Social na contemporaneidade*: trabalho e formação profissional. São Paulo: Cortez, 1998.

ALVES, Giovanni. *O novo (e precário) mundo do trabalho*: reestruturação produtiva e crise do sindicalismo. São Paulo: Boitempo, 2000.

ANAS. *Cadernos de Resoluções da III Assembleia Nacional Sindical de Assistentes Sociais*. Belo Horizonte, 1989.

_____. *Cadernos de Resoluções da IV Assembleia Nacional Sindical de Assistentes Sociais*. Campinas, 1991a.

_____. *O Serviço Social nas relações sociais*: movimento e alternativas de políticas sociais. São Paulo, 1991b.

_____. *Refletindo sobre a organização dos assistentes sociais*. CBAS, 7. São Paulo, 1992.

ANDERSON, Perry. Balanço do neoliberalismo. *In*: SADER, Emir; BORÓN, Atílio (Orgs.). *Pós-neoliberalismo*: as políticas sociais e o Estado democrático. São Paulo: Paz e Terra, 1995. p. 9-28.

ANDES. *Agenda para o ensino superior*. CONGRESSO DO ANDES, 24. Curitiba, 2005.

ANTUNES, Ricardo. *Adeus ao trabalho?* Ensaio sobre as metamorfoses e a centralidade do mundo do trabalho. São Paulo: Cortez; Campinas: Editora da Unicamp, 1995.

_____. Trabalho, restruturação produtiva e algumas repercussões no sindicalismo brasileiro. *In*: _____. *Neoliberalismo, trabalho e sindicatos*: reestruturação produtiva no Brasil e na Inglaterra. 3. ed. São Paulo: Boitempo, 1999a. p. 71-84.

_____. Os sentidos do trabalho: ensaio sobre a afirmação e a negação do trabalho. São Paulo: Boitempo, 1999b.

_____. *Adeus ao trabalho? Ensaio sobre as metamorfoses e a centralidade do mundo do trabalho*. São Paulo: Cortez, 1995; Campinas: Editora da Unicamp, 2000.

_____. *A desertificação neoliberal no Brasil*: Collor, FHC, Lula. Campinas: Autores Associados, 2004.

BARROCO, Maria Lúcia Silva. O novo Código de Ética Profissional do assistente social. *Serviço Social & Sociedade*, São Paulo: Cortez, n. 41, 1993.

_____. *Ética e Serviço Social*: fundamentos ontológicos. São Paulo: Cortez, 2001.

_____. Os fundamentos sócio-históricos da ética. In: _____. *Ética*: fundamentos sócio-históricos. 3. ed. São Paulo: Cortez, 2010. (Col. Biblioteca Básica.)

_____; TERRA, Sylvia Helena. *Código de Ética do/da assistente social comentado*. São Paulo: Cortez, 2012.

BATICH, Mariana; MARQUES, Rosa Maria; MENDES, Aquilas. Um balanço da reforma FHC, 2003. Disponível em: http://www.scielo.br/scielo.php?pid=S0102-88392003000100011&script=sci_abstract&tlng=pt. Acesso em: 12 maio 2019.

BATISTA, Genildo. *A esquerda e o neoliberalismo no Brasil*. Texto elaborado para o gabinete do deputado federal Ivan Valente (PT), São Paulo, 1995. (Mimeo.)

BATISTONI, Rosângela et al. Proposta curricular da Faculdade de Serviço Social da PUC-SP. *Cadernos ABESS*, Diretrizes Curriculares e Pesquisa em Serviço Social, São Paulo: Cortez, n. 8, nov. 1998.

BEHRING, Elaine Rossetti. *Brasil em contrarreforma*: desestruturação do Estado e perda de direitos. São Paulo: Cortez, 2003.

BENEVIDES, M. V. M. Introdução. Representação e democracia direta: elementos fundamentais. In: _____. *A cidadania ativa*: referendo, plebiscito e iniciativa popular. São Paulo: Ática, 1991. p. 10-48.

BOSCHETTI, Ivanete. Seguridade social e Projeto Ético-Político do Serviço Social: que direitos para qual cidadania? *Serviço Social & Sociedade*, Serviço Social: Formação e Projeto Político, São Paulo: Cortez, ano, XXV, n. 79, p. 108-32, nov. 2004a.

_____. O desenho das diretrizes curriculares e dificuldades na sua implementação. *Temporalis*, O ensino do trabalho profissional: desafio para a afirmação das diretrizes curriculares e do projeto ético-político, Revista da ABEPSS, ano IV, n. 8, p. 17-30, jul. a dez.2004b.

BOTTOMORE, Tom. *Dicionário do pensamento marxista*. Rio de Janeiro: Jorge Zahar Editor, 1983.

BRAGA, Ruy. *A rebeldia do precariado*: trabalho e neoliberalismo no sul global. São Paulo: Boitempo, 2017.

BRAZ, Marcelo. Notas sobre o Projeto Ético-Político. *In: Assistente social*: ética e direitos. 5. ed. rev. e ampl. Rio de Janeiro: CRESS, 2008. p. 78-85. (Coletânea de Leis e Resoluções.)

_____. O Projeto Ético-Político do Serviço Social. *In*: BARATA, Joaquina; BRAZ, Marcelo. *Direitos sociais e competências profissionais*. 2009. Belém do Pará: ABEPSS. v. 1, p. 188-201.

CABRAL, M. S. R. Reforma previdenciária em tempo de capital financeiro. *In*: SILVA, Ademir Alves da; PAZ, Rosângela Dias Oliveira da (Orgs.). *A senha neoliberal contra os direitos sociais*: denunciar e resistir. São Paulo: Paulinas, 2019.

CADERNO DE TESES. ANAS/ABESS/CFAS. CBAS, 7. São Paulo, 1992.

CASTELO, Rodrigo. O canto da sereia: social-liberalismo, novo desenvolvimentismo e supremacia burguesa no capitalismo dependente brasileiro. *Em Pauta*, Rio de Janeiro, n. 31, 1º sem. 2013.

CBAS. CONGRESSO BRASILEIRO DE ASSISTENTES SOCIAIS, 3. *Anais*... São Paulo, 1979.

CENEAS. Pesquisa sobre salário mínimo profissional. *Serviço Social & Sociedade*, São Paulo: Cortez, n. 10, 1982.

CFAS. *O Código de Ética de 1986*. Brasília: CFAS, 1986.

CFESS. *Código de Ética Profissional do assistente social*. Brasília: CFESS, 1993.

_____. Disponível em: www.cfess.org.br. Acesso em: 12 abril 2019.

_____. Serviço Social a caminho do século XXI: o protagonismo ético-político do conjunto CFESS/CRESS. *Serviço Social & Sociedade*, O Serviço Social no Século XXI, São Paulo: Cortez, ano XXVII, n. 50, p. 172-90, abr. 1996.

_____ (Org.). *Assistentes sociais no Brasil*: elementos para o estudo do perfil profissional. Realização UFAL/CRESS. Brasília: CEFESS, maio 2005.

_____. 30 anos do Congresso da Virada. Começaria tudo outra vez se preciso fosse. SEMINÁRIO NACIONAL: 1979-2009. Brasília, 2009.

_____. *Direito se conquista*: a luta dos/das assistentes sociais pelas 30 horas semanais. Brasília, 2011.

_____; CRESS. Resoluções do Encontro de Luziânia, 1997.

CHAUI, Marilena. A universidade operacional: atual reforma do Estado ameaça esvaziar a instituição universitária com sua lógica de mercado. *Folha de S. Paulo*, São Paulo, 9 maio 1999.

CHESNAIS, François. *A mundialização do capital*. São Paulo: Xamã, 1996.

_____. *A finança mundializada*. São Paulo: Boitempo, 2005.

CONCUT, 1. *Caderno de resoluções*. São Paulo, 1983.

CONCUT, 2. *Caderno de resoluções*. São Paulo, 1986.

CONCUT, 3. *Caderno de resoluções*. São Paulo, 1988.

CORIAT, Benjamin. *Pensar pelo avesso o modelo de trabalho e organização*. Rio de Janeiro: UFRJ/ Revan, 1994.

CONSTRUINDO um Modo Petista de Governar. Deliberações dos Congressos do PT: Diretório Nacional, 1989.

CRESS-SP. *Legislação brasileira para o Serviço Social: coletânea de leis, decretos e regulamentos para instrumentação da(o) assistente social*. São Paulo: CRESS-SP, 2004.

COSTA, G. M. da. Aproximação ao Serviço Social como complexo ideológico. *Temporalis II*, Diretrizes curriculares: polêmicas e perspectivas, Revista da ABEPSS, p. 95-117, jul. a dez. 2000.

COUTINHO, Carlos Nelson. *A democracia como valor universal*: nota sobre a questão democrática no Brasil. São Paulo: Livraria Editora Ciências Humanas, 1979.

_____. Pluralismo: dimensões teóricas e políticas. *Cadernos ABESS*, Ensino em Serviço Social: pluralismo e formação profissional, São Paulo: Cortez, n. 4,p. 5-17, maio 1991.

CSP/CONLUTAS. Disponível em: http://www.adufmat.org.br/2015/index.php/comunicacao/noticias/item/1325-relatorio-do-seminario-nacional-da-csp-conlutas--sobre-terceirização. Acesso em: 13 junho 2019.

CUT. Centro de Documentação e Memória Sindical da CUT, 1998. Disponível em: <cedoc.cut.org.br>. Acesso em: 13 junho 2019.

DIAP aponta 55 projetos contra os trabalhadores. Disponível em: http://www.sindbancarios.org.br/diap-aponta-55-projetos-que-ameacam-direitos-em-tramitacao--no-congresso-nacional/. Acesso em: 23 maio 2019.

DIAS, Edmundo F.; BOSI Antonio. Estado, capital, trabalho e organização sindical. *Outubro*, n. 12, 2005.

ELPÍDEO, Maria Helena; VALDO João Paulo da Silva; ROCHA Roseli. Equipe de elaboração do Documento Base: Subsídios para o debate sobre a questão étnico-racial na formação em Serviço Social. *Temporalis*, Brasília, ano 18, n. 36, p. 422-34, 2018.

ENCONTRO NACIONAL DO PARTIDO DOS TRABALHADORES, 8. Resoluções, 1993.

ESQUERDA DIÁRIO. Disponível em: — http://www.esquerdadiario.com.br/mundo-operario. Acesso em: 23 maio 2019.

FALEIROS, Vicente de Paula. *O que é política social*. São Paulo: Brasiliense, 1986.

FARIA, Sandra de. *Produção de conhecimento e agenda socio-profissional no Serviço Social brasileiro*. 2003. Tese (Doutorado em Serviço Social) — Pontifícia Universidade Católica, São Paulo.

FENAS. Disponível em: www.fenas.org.br/sobre.php. Acesso em: 14 maio 2019.

FERNANDES, Florestan. *A revolução burguesa no Brasil*. Rio de Janeiro: Zahar, 1986a.

_____. *Que tipo de República?* São Paulo: Brasiliense, 1986b.

_____. *Nova República?* Rio de Janeiro: Zahar, 1986c.

_____. A grande civilização. *Folha de S.Paulo*, São Paulo, 20 fev. 1995.

FERNANDES, Neide Aparecida. *Atuação do CRESS-SP em relação às denúncias éticas*: 1993 a 2000. 2004. Dissertação (Mestrado) — Programa de Pós-graduação em Serviço Social, Pontifícia Universidade Católica, São Paulo.

FIORI, Luis. Os moedeiros falsos. *Folha de S.Paulo*, São Paulo, 3 jul. 1994.

FREDERICO, Celso. *O jovem Marx 1843-1844*: as origens da ontologia do ser social. São Paulo: Cortez, 1995.

FUKUYAMA, Francis. O fim da história? *The National Interest*, n. 16, p. 3-18, 1989.

GALVÃO, Andréia. A reconfiguração do movimento sindical no governo Lula. *In*: BOITO JR., Armando; GALVÃO, A. (Orgs.). *Política e classes sociais no Brasil dos anos 2000*. São Paulo: Alameda Casa Editorial/Fapesp, 2012. p. 191-226.

GENRO FILHO, A. A democracia como valor operário e popular: resposta a Carlos Nelson Coutinho. *Encontros com a Civilização Brasileira*, n.17, p. 195-202, 1979.

GOULART, Patrícia Martins; LACAZ, Francisco Antonio de Castro; LOURENÇO, Edvania Ângela de Souza. Crise do capital e o desmonte da previdência social no Brasil. *Serviço Social & Sociedade*, São Paulo: Cortez, n. 130, p. 467-8, set./dez. 2017.

GOUNET, Thomas. O toyotismo e as novas técnicas de exploração na empresa capitalista. *Debate Sindical*, São Paulo, n. 10, 1992.

GRAMSCI, Antonio. *Os intelectuais e a organização da cultura*. 7. ed. Rio de Janeiro: Civilização Brasileira, 1989.

GRANEMANN. *Serviço Social na contemporaneidade*: trabalho e formação profissional. São Paulo: Cortez, 1998.

GUERRA, Yolanda. Instrumentalidade do processo de trabalho e Serviço Social. In: Revista *Serviço Social & Sociedade*, n. 62. São Paulo: Cortez, 2000.

HARVEY, David. *Condição pós-moderna*: uma pesquisa sobre as origens da mudança cultural. 6. ed. São Paulo: Loyola, 1992.

HOBSBAWM, Eric. *A era dos extremos*: o breve século XX — 1914-1991. São Paulo: Companhia das Letras, 1996.

IAMAMOTO M. V. *Renovação e conservadorismo no Serviço Social*: ensaios críticos. São Paulo: Cortez, 1992.

_____. *Serviço Social na contemporaneidade*: trabalho e formação profissional. São Paulo: Cortez, 1998.

_____. Transformações societárias, alterações no mundo do trabalho e Serviço Social. *Ser Social*, Brasília: UnB, n. V, p. 45-70, 2000a.

_____. Reforma do ensino superior e Serviço Social. *Temporalis I*, Reforma do ensino superior e Serviço Social, Revista da ABEPSS, ano I, n, 1,p. 35-80, jan. a jun. 2000b.

_____. Projeto profissional, espaços ocupacionais e trabalho do assistente social na atualidade. *In*: CFESS. *Parecer de atribuições privativas (do assistente social em questão)*, 2002.

_____. A Questão Social no capitalismo. *Temporalis*, Revista da ABEPSS, ano II, n. III, p. 9-32, 2004.

IAMAMOTO M. V. *Serviço Social em tempo de capital fetiche*. São Paulo: Cortez, 2007.

_____; CARVALHO, R. *Relações sociais e Serviço Social no Brasil*: esboço de uma interpretação histórico-metodológica. São Paulo: Cortez/Celats, 1982.

IAMAMOTO M. V.; FERREIRA, I. B.; CARDOSO, F. G. Os cursos sequenciais na reforma do ensino superior. *Temporalis I* — Reforma do ensino superior e Serviço Social, Revista da ABEPSS, ano I, n. I, p. 159-64, jan. a jun. 2000.

IASI, Mauro. Artigos sobre a conjuntura. Disponível em: https://blogdaboitempo.com.br/category/colunas/mauro-iasi/. Acesso em: 23 maio 2019.

INEP. Disponível em: www.inep.gov.br. Acesso em: 15 jun. 2016.

JAMESON, Fredric. A lógica cultural do capitalismo tardio. *In*: _____. *Pós-modernismo*: a lógica cultural do capitalismo tardio. São Paulo: Ática, 1996. p. 27-79.

JORNAL MASSAS. Massas, CONLUTAS e CONLUTE como organismos de frente única: contra a cisão das organizações de massa. São Paulo, 2005 (Textos sobre a Frente Única e a Unidade Sindical).

KATZ, Cláudio; COGGIOLA, Osvaldo. *Neoliberalismo ou crise do capital?* São Paulo: Xamã, 1995.

KONDER, Leandro. *Barão de Itararé*. São Paulo: Editora Brasiliense, 1983.

KURZ, Robert. *O colapso da modernização*: da derrocada do socialismo de caserna à crise da economia mundial. São Paulo: Paz e Terra, 1992.

LEITE, Ariana Celis. *(Des)Proteção previdenciária e saúde do trabalhador*: formas de resistência coletiva. 2017. Dissertação (Mestrado) — Programa de Estudos Pós-graduados em Serviço Social, Pontifícia Universidade Católica, São Paulo.

LÊNIN, V. I. *O Estado e a revolução*. São Paulo: Hucitec, 1987.

LESSA, Sérgio. O processo de produção/reprodução social: trabalho e sociabilidade. *Capacitação em Serviço Social e política social*: reprodução social, trabalho e Serviço Social. Brasília: CEAD/UNB/CFESS/ABEPSS, Módulo II, 1999. p. 21-33.

_____. Serviço Social e trabalho: do que se trata? *Temporalis II*, Diretrizes curriculares: polêmicas e perspectivas, Revista da ABEPSS, p. 35-8, jul. a dez. 2000.

LUKÁCS, György. *Ontologia do ser social*: a falsa e a verdadeira ontologia de Hegel. São Paulo: Editora das Ciências Humanas, 1979.

_____. *Marx e o problema da decadência ideológica*. 1982. (Mimeo.).

_____. *Para uma ontologia do ser social*. São Paulo: Boitempo, 2013. v. II.

MAIOR, Jorge Luiz Souto. Disponível em: https://blogdaboitempo.com.br/category/colunas/jorge-luiz-souto-maior-colunas/. Acesso em: 12 out. 2018.

MANDEL, Ernest. Marx, la crise actualle et L'avenir du travail humain, *Quatrième Internacionale*, n. 20, maio 1986. (Tradução para o português de José Almeida de Souza Júnior — Xerox.)

MARX, Karl. La ley general de la acumulación capitalista. *In*: _____. *El capital*. Tradução de Wenceslao Roces. México, Fondo de Cultura Económica, 1946-1947. t. I.

_____. Os manuscritos econômico-filosóficos de 1844. *In*: _____. *Manuscritos econômico-filosóficos e outros textos escolhidos*. São Paulo: Abril Cultural, 1974a. (Col. Os Pensadores.)

_____. Para a crítica da economia política. *In*: _____*Manuscritos econômico-filosóficos e outros textos escolhidos*. São Paulo: Abril Cultural, 1974b. (Col. Os Pensadores.)

_____. *O capital*. São Paulo: Editora Ciências Humanas, 1978. Livro I, capítulo VI (inédito).

_____. *O capital*. 3. ed. São Paulo: Nova Cultural, 1988. v I.

_____. *A questão judaica*. 2. ed. São Paulo: Editora Moraes, 1991.

_____. Prefácio. *In*: _____. *Para a crítica da economia política*. São Paulo: Nova Cultural, 1999. (Col. Os Pensadores.)

_____. Salário, preço e lucro. *In*: ANTUNES, R. (Org.). *A dialética do trabalho*: escritos de Marx e Engels.— São Paulo: Expressão Popular, 2004a.

_____. Trabalho produtivo e trabalho improdutivo. *In*: ANTUNES, R. (Org.). *A dialética do trabalho*: escritos de Marx e Engels.— São Paulo: Expressão Popular, 2004b.

_____. Processo de trabalho e processo de valorização. *In*: ANTUNES, R. (Org.). *A dialética do trabalho*: escritos de Marx e Engels.— São Paulo: Expressão Popular, 2004c.

_____. *O XVIII Brumário de Luís Bonaparte*. São Paulo: Boitempo, 2011.

_____; ENGELS, Friedrich. *A ideologia alemã*. São Paulo:Expressão Popular, 2009.

_____; _____. *Manifesto do Partido Comunista*. São Paulo: Cortez, 1998.

_____; _____. *Textos sobre educação e ensino*. São Paulo: Centauro, 2004.

MAURIEL, Ana Paula Ornellas. Desenvolvimento, pobreza e políticas sociais. *Em Pauta*, Rio de Janeiro, n. 31,.1º sem. 2013.

MAXWELL/PUC-Rio. Reforma trabalhista e sindical do governo Lula. Disponível em: https://wwww.maxwell.vrac.puc-rio.br/12873/12873_6.PDF. Acesso em: 12 out. 2018.

MAZZEO, Antonio. Disponível em: carlos-https://youtu.be/Ri6vkanP9X0-Léxico Marx#1-Golpe e Bonapartismo. Acesso em: 12 maio 2019.

MÉSZÁROS, István. *Marx*: a teoria da alienação. Rio de Janeiro: Zahar, 1981.

_____. A ordem de reprodução social metabólica do capital. Tradução de Ana Maria Acioli Lima. SIMPÓSIO INTERNACIONAL: LUKÁCS E OS DESAFIOS TEÓRICOS CONTEMPORÂNEOS. Paris, 1995. (Mimeo.)

_____. *O poder da ideologia*. Tradução de Magda Lopes. São Paulo: Ensaio, 1996.

_____. *Para além do capital*. São Paulo: Boitempo, 2002.

MILIBAND, Ralph. Reflexões sobre a crise dos regimes comunistas. *In*: BLACKBURNE, R. (Org.). *Depois da queda*: o fracasso do comunismo e o futuro do socialismo. Rio de Janeiro: Paz e Terra, 1993. p. 21-35.

MONTAÑO, Carlos. *Terceiro setor e questão social*. São Paulo: Cortez, 2002.

MOTA, Ana Elizabete. *Cultura da crise e seguridade social*: um estudo sobre as tendências da previdência e da assistência social brasileira nos anos 80 e 90. São Paulo: Cortez, 1995.

_____ (Org.). *Desenvolvimento e construção de hegemonia*: crescimento econômico e reprodução da desigualdade. São Paulo: Cortez, 2012.

NETTO, J. P. *Democracia e transição socialista*: oficina de livros. Rio de Janeiro: Oficina de Livros, 1990.

_____. *Ditadura e Serviço Social*: uma análise do Serviço Social no Brasil pós-64. São Paulo: Cortez, 1991a.

_____. Notas sobre marxismo e Serviço Social, suas relações no Brasil e a questão do ensino. *Cadernos ABESS IV*, Ensino em Serviço Social: pluralismo e formação profissional, São Paulo: Cortez, p. 76-96, maio 1991b.

_____. *Capitalismo monopolista e Serviço Social*. São Paulo: Cortez, 1992.

_____. *Crise do socialismo e ofensiva neoliberal*. São Paulo: Cortez, 1995. (Col. Questões de Nossa Época.)

_____. Transformações societárias e Serviço Social: notas para uma análise prospectiva da profissão no Brasil. *Serviço Social & Sociedade*, O Serviço Social no Século XXI, São Paulo: Cortez, ano XXVII, n. 50, abr. 1996.

NETTO, J. P. *A construção do Projeto Ético-Político do Serviço Social e a crise contemporânea*: capacitação em Serviço Social e política social. Brasília: CEAD/UNB/ABEPSS/CFESS, Módulo 1, 1999.

_____. A reforma do Estado e impactos no ensino superior. *Temporalis I*, Reforma do Ensino Superior e Serviço Social, Revista da ABEPSS, ano I, n. 1, p. 11-34, jan./jun. 2000.

_____. A esquerda e as duas almas do governo Lula. *Jornal do Brasil*, Rio de Janeiro, 19 jan. 2003.

_____. A conjuntura brasileira: o Brasil posto à prova. *Serviço Social & Sociedade*, Serviço Social: Formação Profissional e Projeto Político, edição especial, ano XXV, n. 79, set. 2004a.

_____. Cinco notas a propósito da Questão Social. *Temporalis III*, Revista da ABEPSS, ano II, 2004b.

_____. Uma face contemporânea da barbárie. ENCONTRO INTERNACIONAL "CIVILIZAÇÃO OU BARBÁRIE", 3. Serpa, 30/31 out. a 1º nov. 2010.

_____. O Projeto Ético-Político do Serviço Social brasileiro. *Lusíada, Intervenção Social*, n. 42/45, 2º sem. 2013 a 1º sem. 2015.

_____. Para uma história nova do Serviço Social no Brasil. *In*: SILVA, Maria Liduína de Oliveira e (Org.). *Serviço Social no Brasil*: história de resistências e de ruptura com o conservadorismo. São Paulo: Cortez, 2016. p. 50-76.

_____; BRAZ, Marcelo. *Economia política*: uma introdução crítica. São Paulo: Cortez, 2006. v. I. (Col. Biblioteca Básica de Serviço Social.)

NOGUEIRA, Paulo Batista. *O Consenso de Washington*. São Paulo: Pedex, 1995.

OLIVEIRA, Erson Martins. Crítica à política educacional do governo PT. *PUC Viva*, Imperialismo: manifestações e consequências, ano VI, n. 20, p. 79-83, jul. a set. 2004a.

_____. Reforma educacional do governo PT/LULA. *PUC Viva*, Faces da educação: reforma universitária, ano VI, n. I, p. 31—9, jul. a set. 2004b.

OLIVEIRA, Francisco de. *Aula inaugural nas Ciências Sociais USP*. (mimeo) São Paulo, 1. semestre 2003.

OLIVEIRA, Francisco de. O Enigma de Lula: ruptura ou continuidade? *Margem à Esquerda — Ensaios Marxistas*, São Paulo: Boitempo, n. 1, p. 37-41, maio 2003b.

PEREIRA, Bresser. *A reforma do aparelho do Estado e a Constituição brasileira*. Brasília: MARE (Ministério de Administração e Reforma do Estado), 1995.

POMAR, Valter. Novos rumos para o governo Lula: documentos da articulação de esquerda (2000-2004). CONFERÊNCIA NACIONAL, 3. Resoluções. Cajamar: Editora Página 13, 2000.

POR/MASSAS. Disponível em: http://pormassas.org/-. Artigos sobre o Golpe e a organização autônoma dos trabalhadores, n. 556, 558, 560, 561, 563, 565, 566. Acesso em: 12 fev. 2018.

RAICHELIS, Raquel. *Legitimidade popular e poder público*. São Paulo: Cortez, 1988.

RAMOS, Maria Helena Rauta; GOMES, Maria de Fátima Cabral Marques. Trabalho produtivo e trabalho improdutivo: uma contribuição para pensar a natureza do Serviço Social enquanto prática profissional. *Temporalis*. Brasília: ABEPSS, ano I, n. 2, p. 59-94, 2000.

RANIERI, Jesus José. *Alienação e estranhamento em Marx*. Dos Manuscritos Econômicos--Filosóficos de 1844 à Ideologia Alemã. Tese de Doutoramento. Campinas: Unicamp, 2000.

RODRIGUES, Ítalo Marcos. Diretrizes curriculares do curso de Serviço Social: o processo de implementação das diretrizes na regional ABEPSS — Sul II — TCC — FSS — PUC-SP, 2001.

ROSAS, Fernando. *Salazar e os fascismos*. Lisboa: Tinta da China Edições, 2019.

SANTOS, Cleusa. *Reforma ou revolução?* 1998. Tese (Doutorado em Serviço Social) — Pontifícia Universidade Católica, São Paulo.

SERRA, Rose M. S. *Crise de materialidade no Serviço Social*: repercussões no mercado de trabalho. São Paulo: Cortez, 2000.

_____. Alterações no mundo do trabalho e repercussões no mercado profissional do Serviço Social. In: _____.*Trabalho e reprodução*: enfoques e abordagens. São Paulo/Rio de Janeiro: Cortez/PETRES/URJ/FSS, 2001. p. 151-6.

_____. *Pesquisa sobre condições de trabalho dos assistentes sociais do estado do Rio de Janeiro — junto aos setores estatal, empresarial e sem fins lucrativos* (Cf. Serra, 1998, 2000, 2001).

SILVA, Ademir Alves. *A profissão do Serviço Social no limiar do novo século*. São Paulo: PUC-SP-CRESS-SP, 1996. (Mimeo.) Resultado da pesquisa sobre mercado de trabalho dos assistentes sociais no estado de São Paulo, realizada em 1996, Faculdade de Serviço Social da PUC-SP e CRESS-SP.

SILVA, Ademir Alves. Diretrizes curriculares e o mercado de trabalho. *PUC Viva*, A função social da universidade: para onde vai a PUC?, n. 4, mar. 1999.

SILVA, Maria Lúcia Lopes da. Contrarreforma da previdência sob o comando do capital financeiro. *Serviço Social & Sociedade*, São Paulo: Cortez, n. 131, p. 130-54, jan/abr. 2018.

SILVA, M. Ozanira da Silva e (Coord.). *O Serviço Social e o popular*: resgate teórico-metodológico do projeto profissional de ruptura. São Paulo: Cortez, 1995.

SIMIONATTO, Ivete. As expressões ideoculturais da crise capitalista da atualidade. *In*: *Crise Contemporânea, Questão Social e Serviço Social*. Capacitação em Serviço Social e Política Social — Módulo I. Brasília: CFESS/ABEPSS/CEAD/UNB, 1999. p. 79-90.

SOARES, L. T. *Os custos sociais do ajuste neoliberal na América Latina*. São Paulo: Cortez, n. 78, 2000. (Col. Questões de Nossa Época.)

SOCIALISMO Científico. Revista Teórica da Tendência pelo Partido Operário Revolucionário, São Paulo: Graphum, ano VII, n. 8, maio 2003.

_____. Teses sobre a crise política do governo do PT/Lula. São Paulo: Graphum, ano IX, n. 11, edição especial, set. 2005.

SOUSA, Luiza Erundina de. *Exercício da paixão política*. São Paulo: Cortez, 1991.

SWEEZY, P. M. *Teoria do desenvolvimento capitalista*. 4. ed. Rio de Janeiro, Zahar, 1976.

TOLEDO, Caio Navarro. A modernidade democrática da esquerda: adeus à revolução? *Crítica Marxista*, São Paulo: Brasiliense, v. I, n. 1, p. 27-38, 1994.

TONET, Ivo. O pluralismo metodológico: um falso caminho. *Serviço Social & Sociedade*, São Paulo: Cortez, ano XVI, n. 48, p. 35-57, ago. 1996.

TROTSKI, Leon. *Escritos sobre sindicato*. Campos de Goytacazes: Kairós, 1978.

_____. Programa de transição: a agonia do capitalismo e as tarefas da IV Internacional. *Cadernos Marxistas*, São Paulo: Editora Instituto José Luís e Rosa Sundermann, maio 004.

TUMELERO, Silvana. *Debatendo o terceiro setor*. Florianópolis: Editora da UFSC, 1999. p. 17-23.

VIDAL, Karina C. *O ensino a distância*: um reflexo da expansão mercantilizada da educação superior e os impactos no Serviço Social. 2016. Dissertação (Mestrado) — Pontifícia Universidade Católica, São Paulo.

VIEIRA, Evaldo Amaro. As políticas sociais e os direitos sociais no Brasil: avanços e retrocessos. *Serviço Social & Sociedade*, Política Social e Direito, ano XXVIII, n. 53, p. 67-79, mar. 1997.

YAZBEK, Maria Carmelita (Org). Projeto de revisão curricular da Faculdade de Serviço Social da PUC-SP. *Serviço Social & Sociedade*, ABESS — Formação Profissional, São Paulo: Cortez, ano V, n. 14, p. 29-103, abr. 1984.

_____. A política social brasileira nos anos 90: a refilantropização da "questão social". *Cadernos Abong*, n. 3, série especial — Subsídios à Conferência Nacional de Assistência Social, out. 1995.

_____. *O Serviço Social como especialização do trabalho coletivo. Capacitação em Serviço Social e Política Social*: reprodução social, trabalho e Serviço Social — Módulo II. Brasília: CEAD/UNB/CFESS/ABEPSS, 1999. p. 89-99.

_____. Pobreza e exclusão social: expressões da questão social no Brasil. — *Temporalis*, *Revista da ABEPSS*, segunda edição, ano II, n. 3, p. 36-40, 2004.

_____. O Serviço Social e o movimento histórico da sociedade brasileira. *In*: LEGISLAÇÃO Brasileira para o Serviço Social. São Paulo: CRESS-SP, 2005. p. 13-29.

GRÁFICA PAYM
Tel. [11] 4392-3344
paym@graficapaym.com.br